Outdoor mit dem

TASCHENMESSER

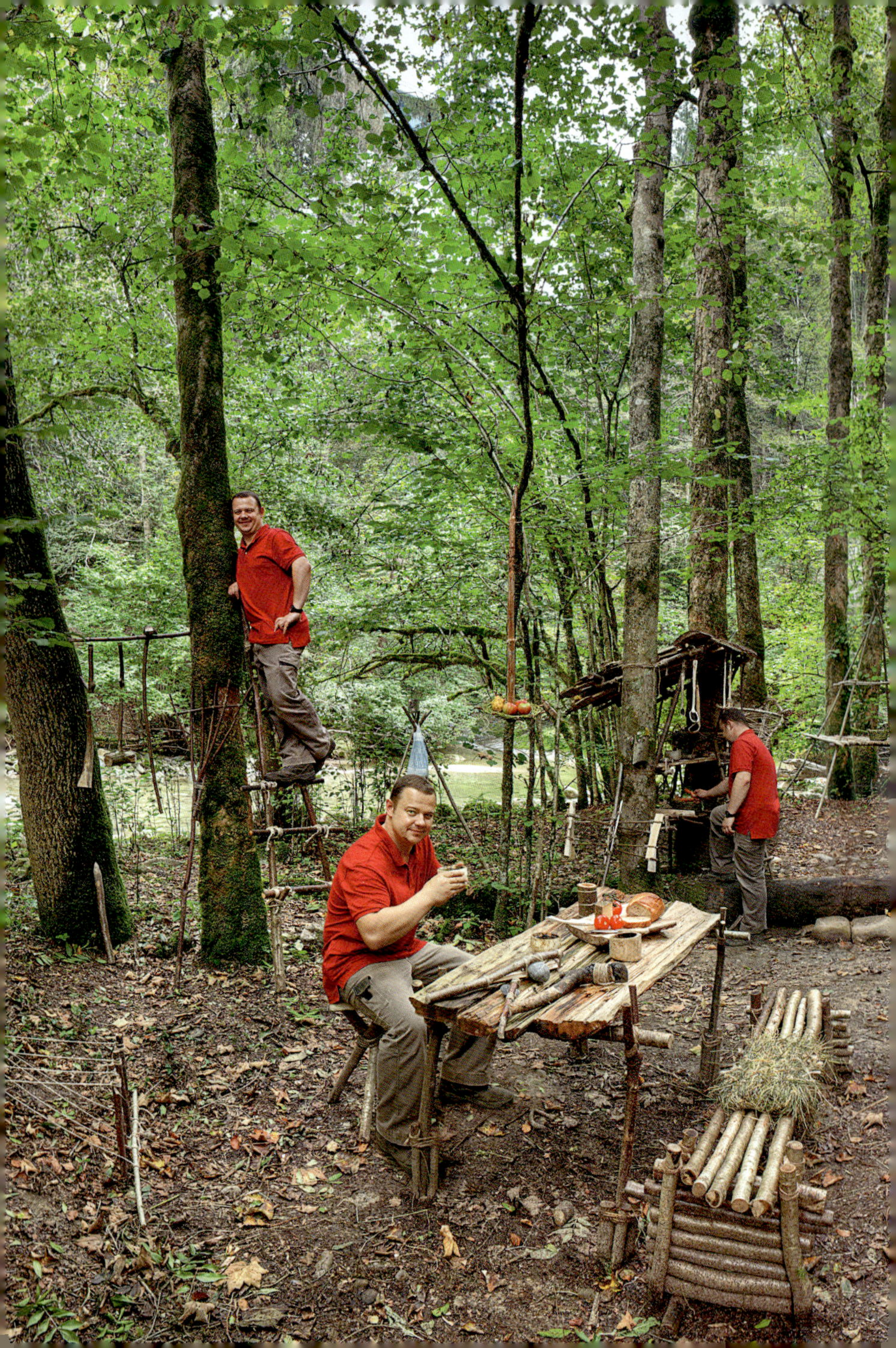

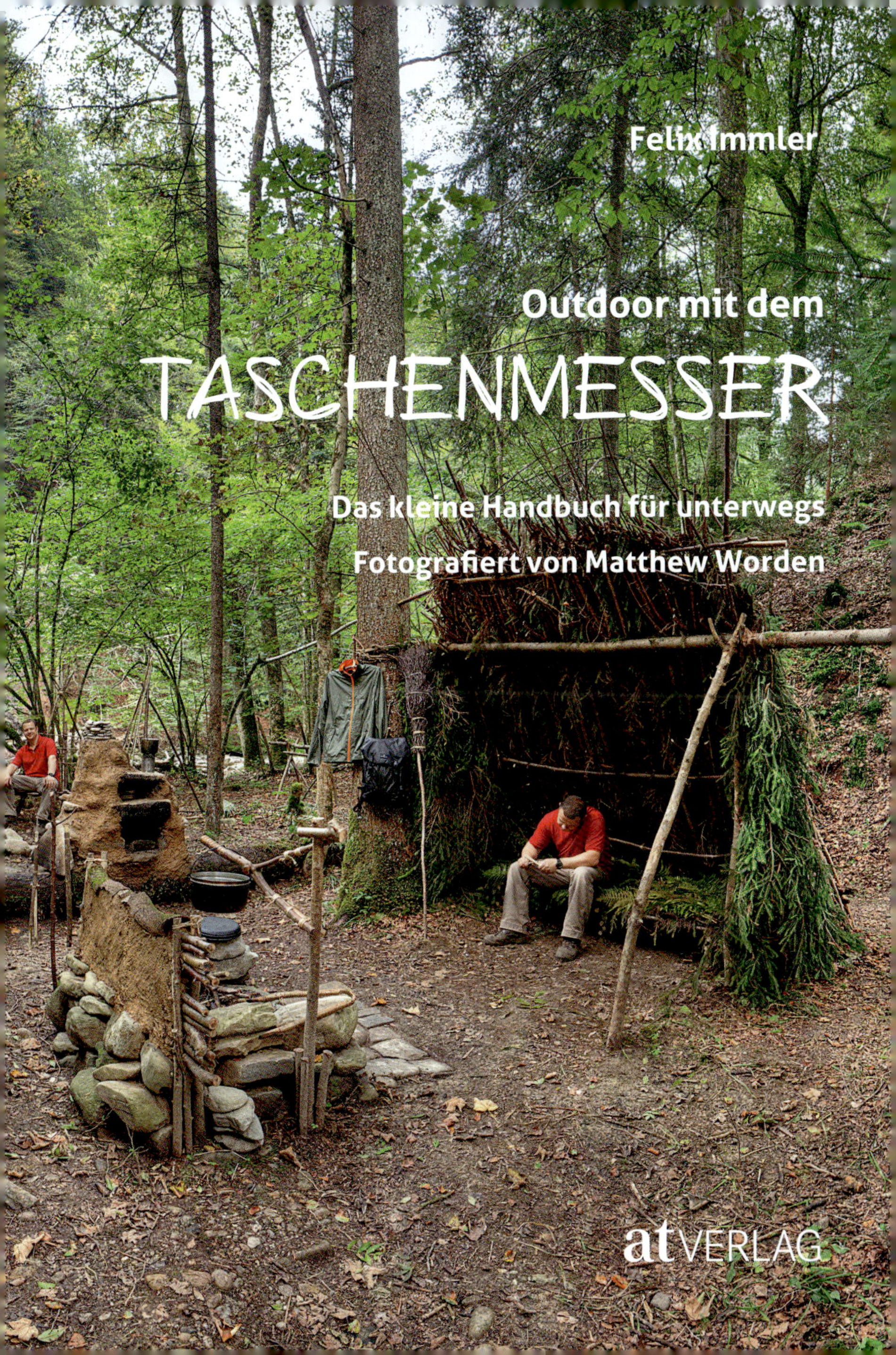

Felix Immler

Outdoor mit dem TASCHENMESSER

Das kleine Handbuch für unterwegs

Fotografiert von Matthew Worden

at VERLAG

VICTORINOX

Dieses Buch entstand in Zusammenarbeit
mit Victorinox AG, Ibach-Schwyz (CH).

Hinweis

Es liegt in der Natur der Sache, dass das Werken mit Klinge, Säge und anderen Taschenmesserwerkzeugen gewisse Gefahren mit sich bringt. Der Autor dieses Buches hat sich nach bestem Wissen und Gewissen bemüht, möglichst sichere Techniken vorzustellen und den Leser bzw. die Leserin auf allfällige Gefahren hinzuweisen. Autor, Verlag sowie die Firma Victorinox können nicht garantieren, dass die vorgestellten Techniken von jedermann sicher auszuführen sind; sie übernehmen keinerlei Verantwortung für Schäden oder Verletzungen und lehnen jegliche Haftungsansprüche ab, die in direktem oder indirektem Zusammenhang mit dem Inhalt dieses Buches erhoben werden könnten.

Beachten Sie bei allen Aktivitäten in der freien Natur die jeweiligen Bestimmungen des Natur-, Pflanzen- und Tierschutzes sowie der geltenden Waffengesetzgebung.

Besuchen Sie die Internetseite und den Youtube-Kanal von Felix Immler:
www.feliximmler.com
YouTube http://www.youtube.com/feliximmler

3. Auflage, 2023

AT Verlag, Aarau und München
Lektorat: Asta Machat, München / AT Verlag
Fotos: Matthew Worden, www.matthewworden.com
Druck und Bindearbeiten: AZ Druck und Bindetechnik, Kempten
Printed in Germany

ISBN 978-3-03800-981-8

www.at-verlag.ch

Der AT Verlag wird vom Bundesamt für Kultur
für die Jahre 2021–2024 unterstützt.

INHALT

Grundlagen

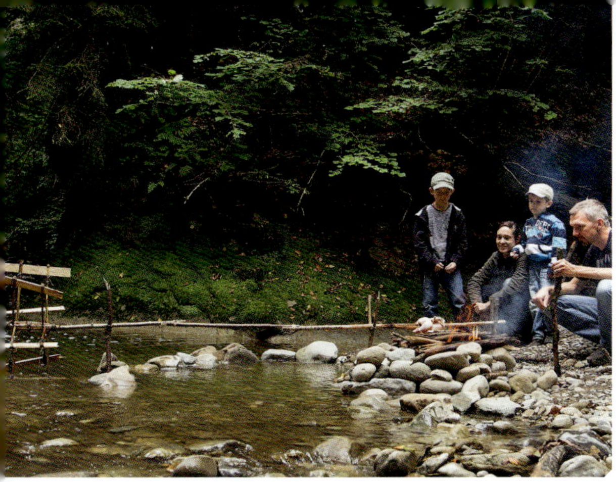

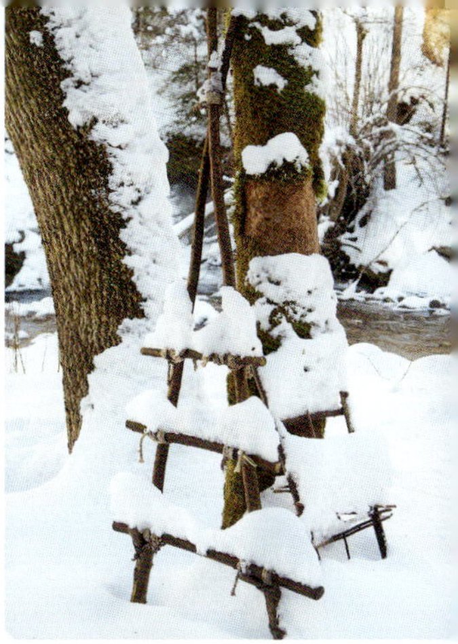

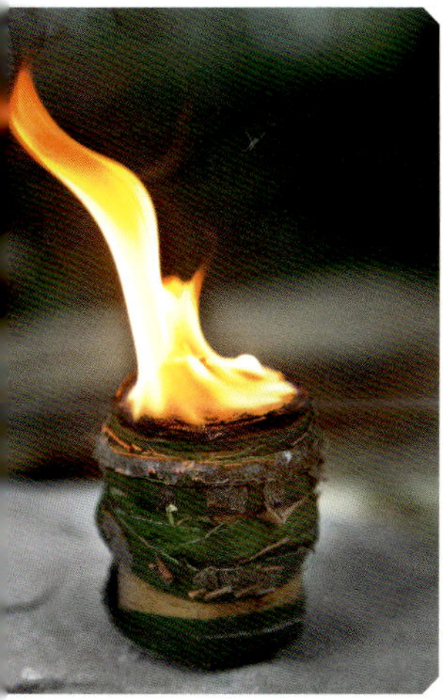

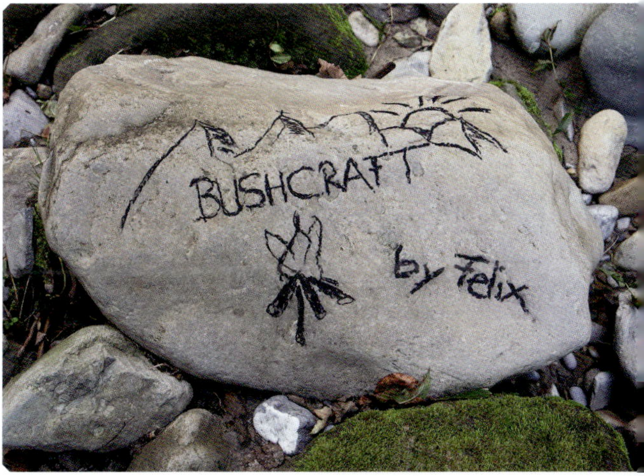
BUSHCRAFT
by Felix

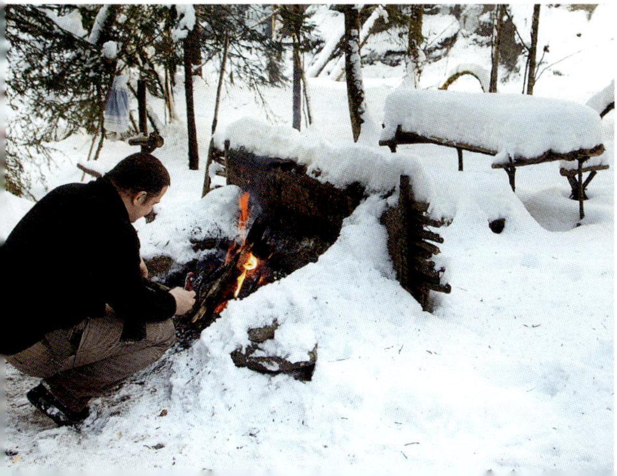

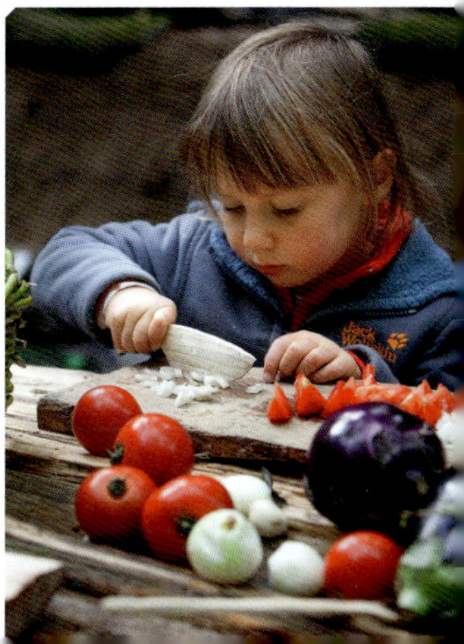

VORWORT

Wie man in Extremsituationen im Himalaja, in der Sahara oder nach einer Katastrophe in einer Großstadt überlebt, kann man in unzähligen Büchern, Videos und Workshops lernen. Literatur zu finden, die beschreibt, wie man in heimischen Wäldern spannende Abenteuer erleben kann, ist schon um einiges schwieriger.

Mit diesem Buch möchte ich diese Lücke schließen und zeigen, wie viel Spaß es macht, lediglich mit natürlichen Materialien und einem Taschenmesser als Werkzeug Alltagsgegenstände selbst anzufertigen. In diesem Handbuch geht es nicht um den Aufbau eines Camps. Ich zeige Ihnen aber, wie sie mit tollen Projekten Ihren Aufenthalt in einem bereits vorhandenen Camp angenehmer und die Zeit in der Natur spannender gestalten können. Luxus, der in den eigenen vier Wänden zur Selbstverständlichkeit geworden ist, bereitet draußen im Freien in der Self-made-Version zehnmal so viel Freude! Erleben Sie selbst, wie gut die Suppe mit einem selbstgeschnitzten Löffel schmeckt oder wie sehr Sie eine bequeme Sitzgelegenheit mit Rückenlehme vor dem lodernden Feuer schätzen.

Als Naturpädagoge möchte ich insbesondere jungen Menschen die Freude am Leben *in* und *mit* der Natur vermitteln. Um Menschen mit dem »Zurück zur Natur«-Virus zu infizieren, genügt es nicht, mit ihnen einen Spieß zu schnitzen, um sich eine Wurst über dem Feuer zu grillen. Da müssen schon aufregendere Projekte her, sonst gewinnen Playstation und Co. Viele attraktive, bequeme und spannende Aktivitäten innerhalb der heimischen vier Wände konkurrieren mit dem Erleben der Welt draußen. Darum ist es für Eltern, Pädagoginnen, Lehrpersonen, Leiter von Jugendgruppen und andere Bezugspersonen wichtig, genügend »coole« Ideen im Köcher zu haben. Mit der Ideensammlung der Projekte in diesem Buch möchte ich aber auch Jäger, Waldläufer, Wanderinnen, Camper, Kanuten, Pilzsammlerinnen und alle anderen Naturliebhaber ansprechen, die ihr Outdoor-Repertoire erweitern wollen.

Um die Projekte in diesem Buch umzusetzen, braucht man nicht unbedingt eine teure Outdoor-Ausrüstung. Ein Taschenmesser von VICTORINOX mit einer Holzsäge reicht aus, um viele der Ideen zu realisieren. Natürlich ist es kein Nachteil, wenn man zusätzlich eine Axt, eine Klappsäge und ein Survival-Messer zur Verfügung hat. Für mich war es jedoch eine besondere Herausforderung, diese Projekte mit möglichst wenig gekauften Utensilien und Hilfsmitteln zu realisieren; schließlich gehören diese zusätzlichen Werkzeuge auch nicht zur üblichen Ausrüstung des durchschnittlichen Waldgängers, Hikers oder Wanderers. Durch Vereinfachung oder mit ein paar Tricks gelangt man auch mit der Werkstatt im Taschenformat ans Ziel! Genauere Infos zum verwendeten Taschenmesser finden Sie auf Seite 118.

Doch jetzt: Messer eingepackt, und ab ins Freie!
Ihr Felix Immler

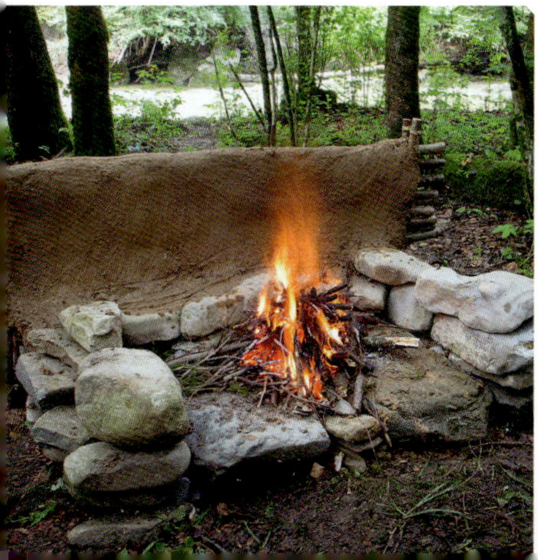

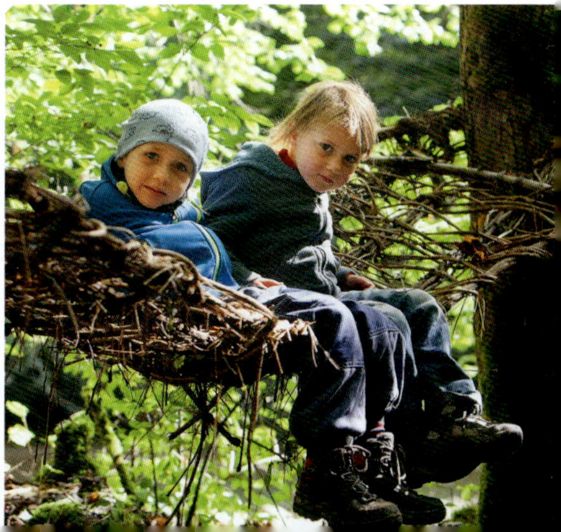

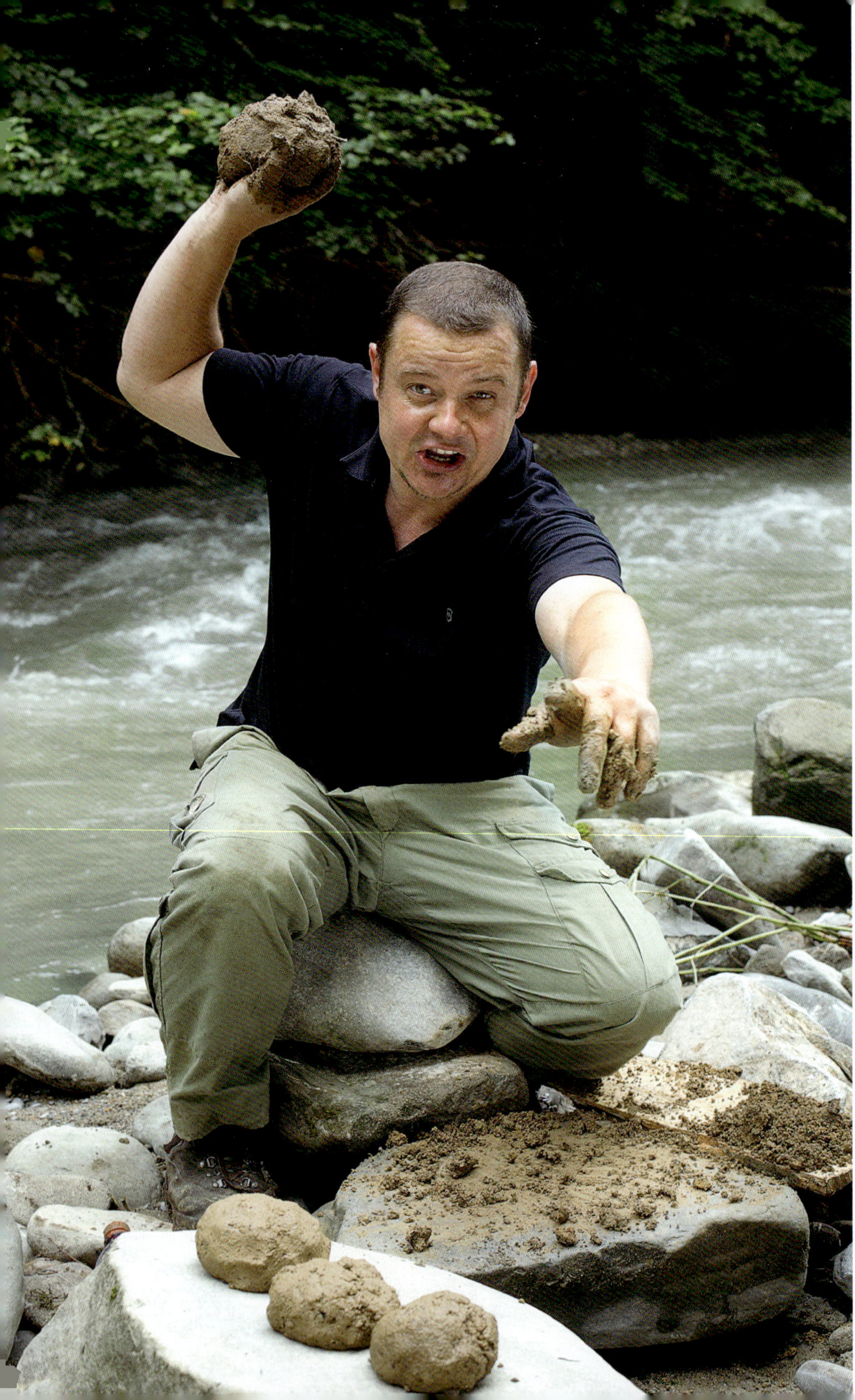

EINLEITUNG

Zum Begriff Bushcraft

Für den englischen Begriff *Bushcraft* gibt es keine in Stein gemeißelte Definition. Im Allgemeinen versteht man darunter das Wissen, die Fähigkeiten und Handwerkstechniken, die das Leben in und mit der Natur angenehmer gestalten. Dabei wird möglichst auf zivilisatorische Materialien verzichtet und stattdessen mit natürlichen Materialien und einfachen Werkzeugen gearbeitet. Den Begriff Bushcraft hat Sepp Fischer, ein Pionier der deutschen Bushcraft-Bewegung, mit dem Wort »Waldhandwerk« übersetzt. So heißt auch sein höchst empfehlenswerter Kanal auf dem Videoportal Youtube. Das Bushcraften findet auch im deutschsprachigen Raum immer mehr Anhänger.

In Abgrenzung zum »Survival« befindet man sich beim Bushcraften nicht in einer unmittelbaren Notsituation, in der es möglicherweise ums Überleben geht. Aus diesem Grund muss man sich auch nicht bei jeder Aktion die Frage stellen, ob diese Handlung ökonomisch sinnvoll ist. Der Bushcrafter verbringt einen geplanten Aufenthalt im Wald und baut sich aus reiner Freude am Werken in der Natur eine Schutzhütte. Er fragt sich nicht in erster Linie, wie viel Zeit und Energie er dafür aufwenden muss. Eine Person in einer Survival-Situation wählt wahrscheinlich eher den Schutz einer dicht bewachsenen Tanne, um für den Bau eines Daches keine unnötige Energie zu verschwenden. In einer Survival-Situation ist das Ziel oft, aus der Wildnis möglichst wohlbehalten zurück in die Zivilisation zu gelangen. Im Gegensatz dazu will der Bushcrafter der Zivilisation für eine gewisse Zeit entfliehen und sich in der Natur gemütlich einrichten. Essen, Getränke und wichtige Ausrüstungsgegenstände führt er üblicherweise im Rucksack mit sich. Darum habe ich in diesem Buch bewusst auf survivalspezifische Themenbereiche wie Fallenbau und Jagd sowie pflanzliche (Not-) Nahrung und Trinkwasseraufbereitung verzichtet.

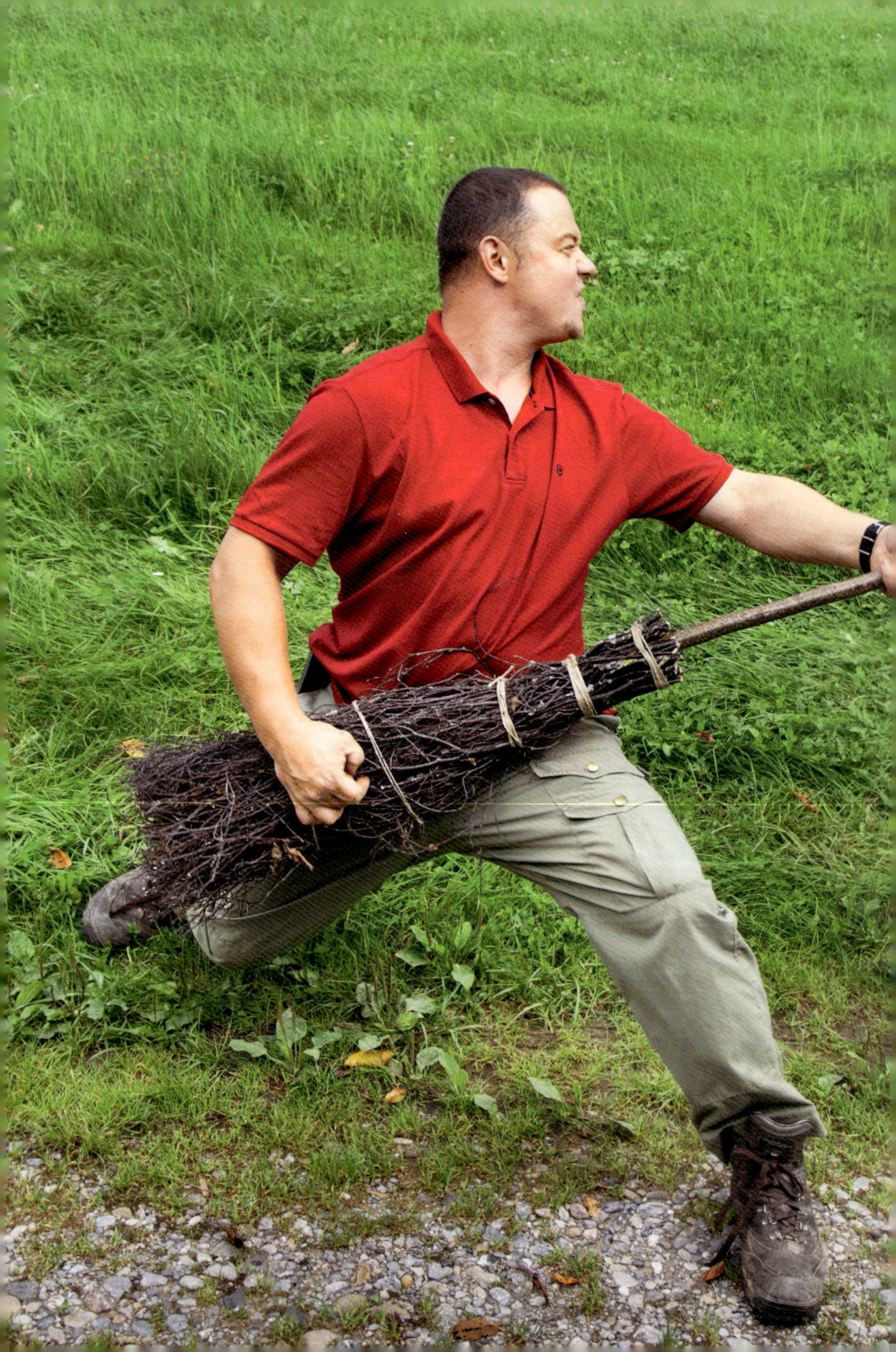

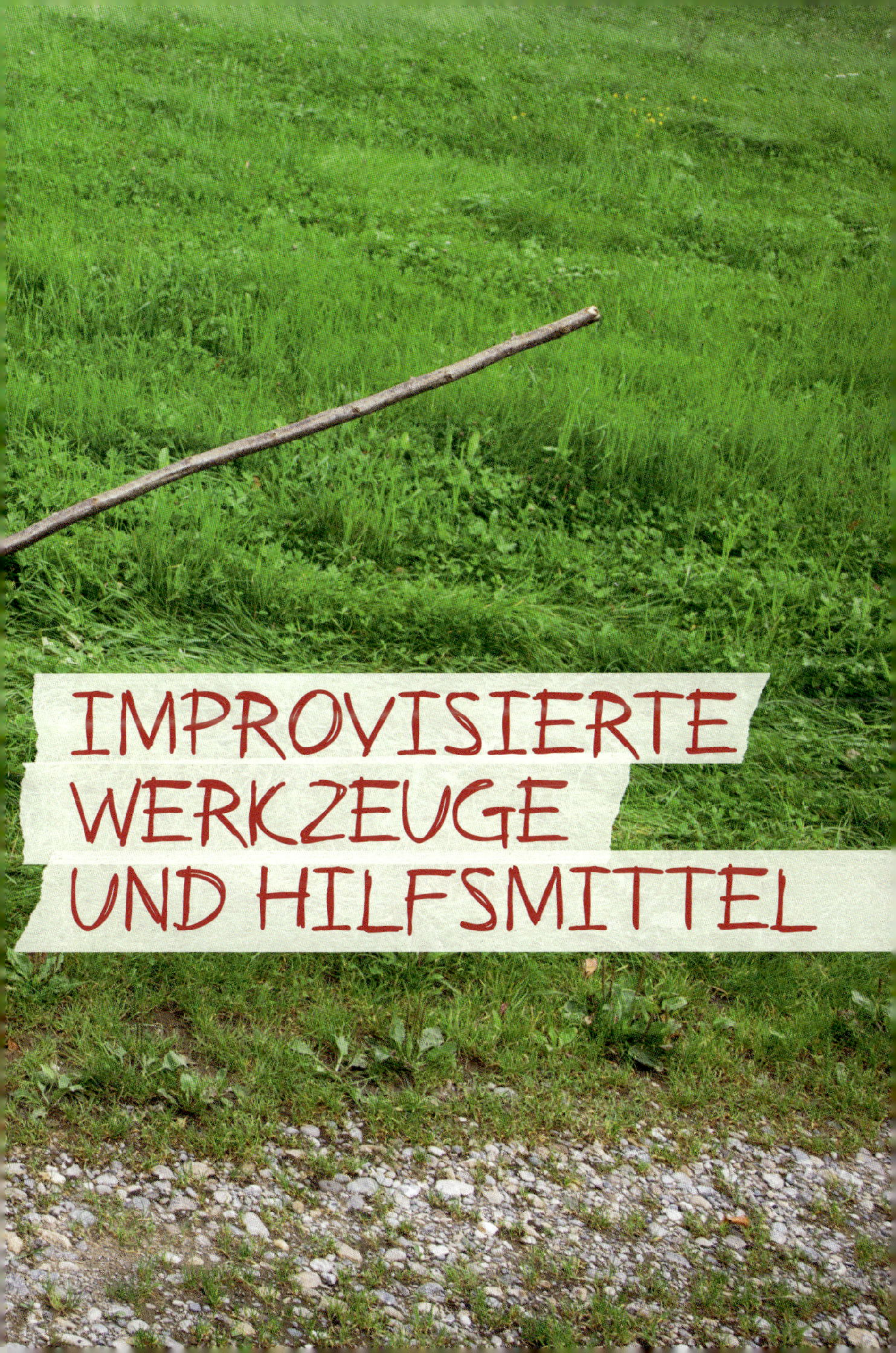

IMPROVISIERTE WERKZEUGE UND HILFSMITTEL

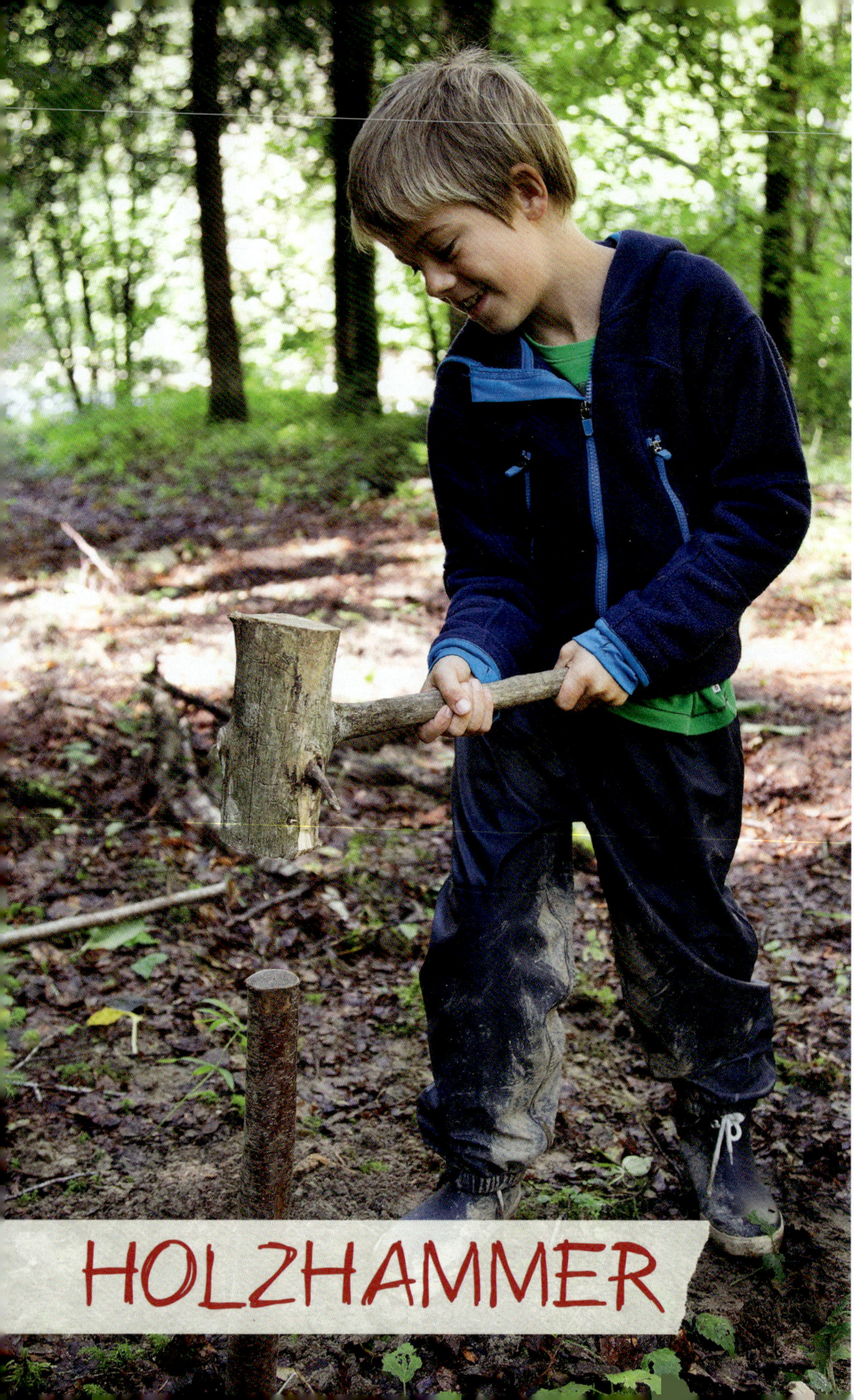

HOLZHAMMER

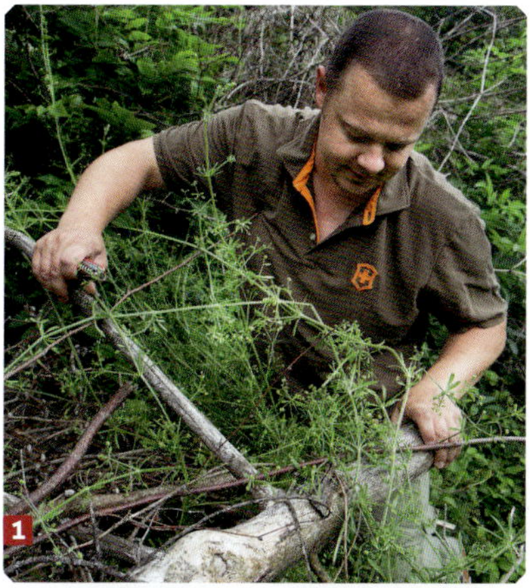

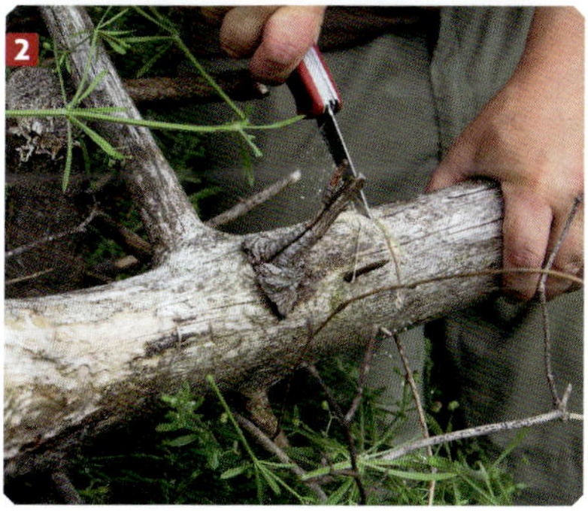

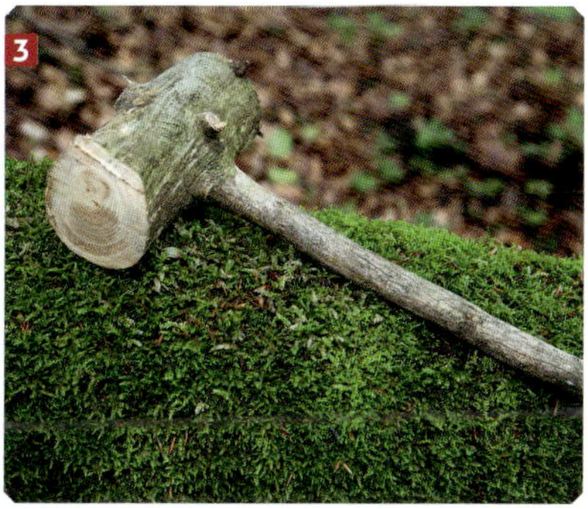

Wer sich im Wald ein Camp oder ein dauerhaftes Lager einrichten möchte, wird unweigerlich in die Situation kommen, dass er einen Hammer oder Hammerersatz benötigt. Ein Hammer als Schlagwerkzeug ist enorm wertvoll, wenn es darum geht, Pfähle oder Heringe auf effiziente Art und Weise in den Boden zu schlagen, einen Spaltkeil in einen Ast zu treiben oder mit einem Grabstock Lehm auszustechen.

Schneiden Sie aus einem toten oder umgestürzten Baum ein passendes Stück Stamm mit einem rechtwinklig daraus gewachsenen Seitenast 1, 2. Damit der Hammerkopf genügend Masse hat, sollte der Stamm einen Durchmesser von etwa 8 cm, der Seitenast einen Durchmesser von mindestens 3 cm haben, damit der Stiel stabil und haltbar wird. Wenn die Kanten der Schlagflächen mit dem Taschenmesser leicht gebrochen werden, verlängert sich die Lebensdauer des Hammers, weil so die Kanten stabiler werden 3.

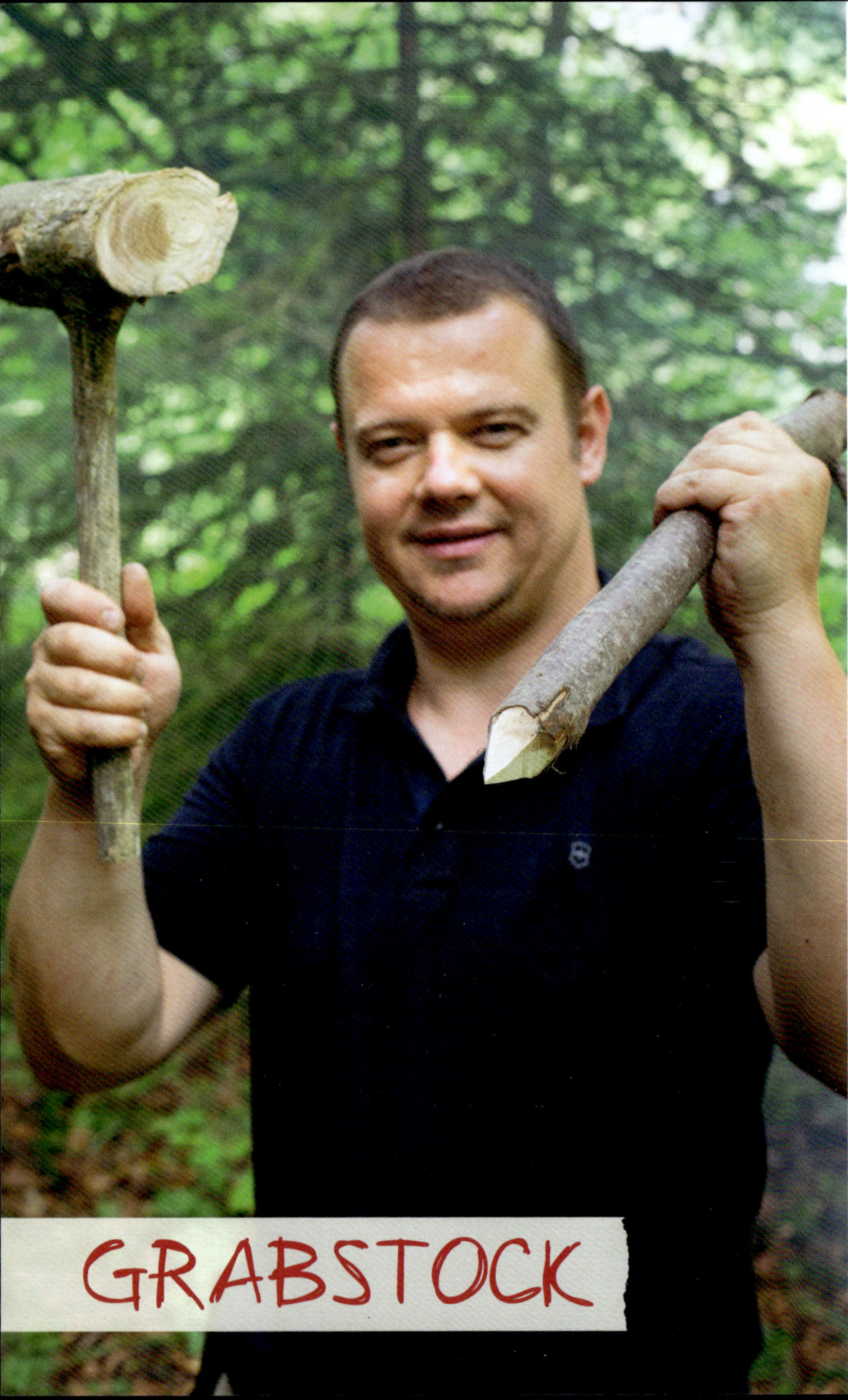

GRABSTOCK

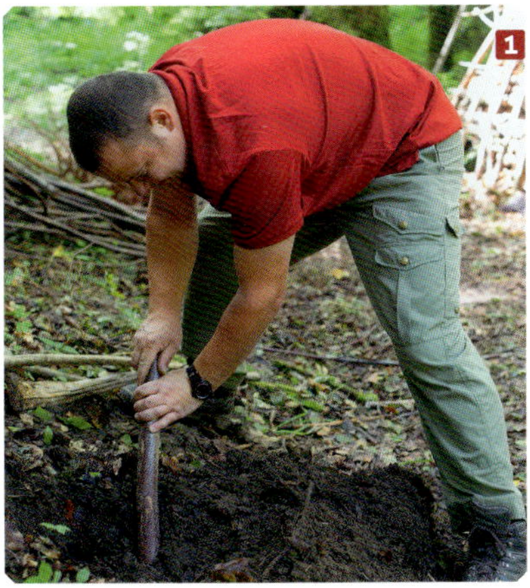

Der Grabstock ist ein vielseitig einsetzbares Werkzeug. Er ist einerseits sehr hilfreich, um Vertiefungen in die Erde zu graben 1, zum Beispiel für einen Kühlschrank, eine Toilette, Regenrinnen entlang der Schlafstätte oder eine Feuerstelle. Der Grabstock eignet sich auch gut als Vorlocher, um Pfosten und Stützen im Boden zu verankern. Er leistet praktische Dienste, um Fichtenwurzeln auszugraben, die als Bindematerial Verwendung finden sollen, oder um in einem Bachbett große Steine für die Feuerstelle freizulegen.

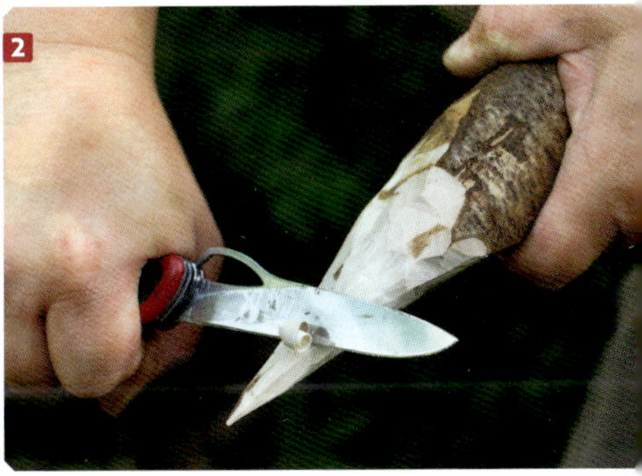

Verwenden Sie für den Grabstock einen Ast mit einem Durchmesser von mindestens 3 cm, den Sie an einem Ende zuspitzen 2. Die Länge des Grabstocks hängt von Ihrer Körpergröße ab: Wenn er etwa die Länge Ihres Unterarms hat, ist er für die meisten Aufgaben perfekt. Ein Grabstock kann aus verschiedenen Holzarten hergestellt werden. Je härter und stabiler die Holzart, desto besser und haltbarer das Werkzeug. In der Praxis muss man ohnehin mit dem Holz zurechtkommen, das vor Ort zur Verfügung steht.

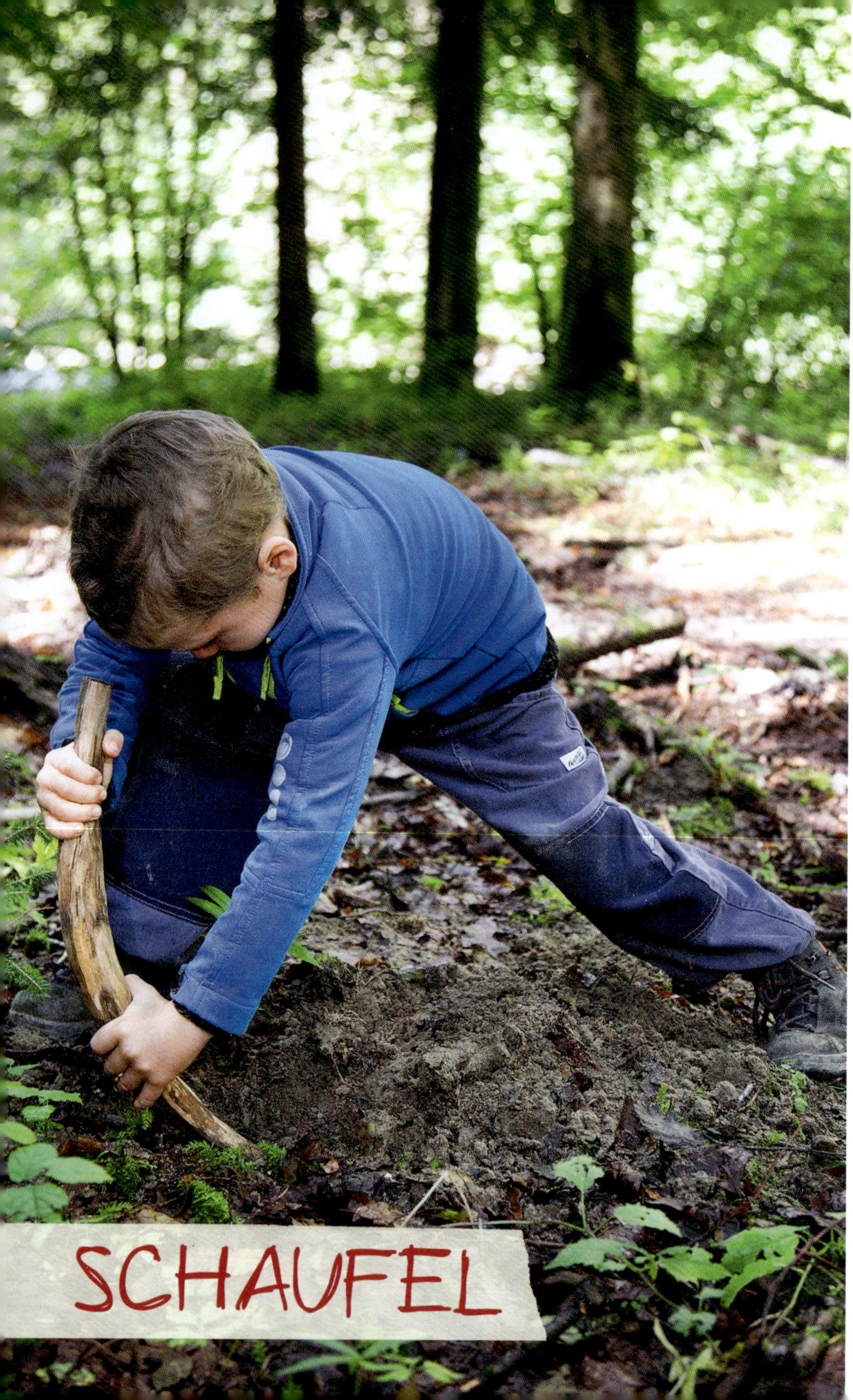

SCHAUFEL

Natürlich ist es ohne Metallblech nicht möglich, einen vollwertigen Schaufel- oder Spatenersatz aus Naturmaterialien herzustellen. Ein Behelf jedoch, mit dem man Lehm abspalten oder gelockerte Erde aus einem Loch scharren kann, wird zu einem effizienten und wertvollen Werkzeug.

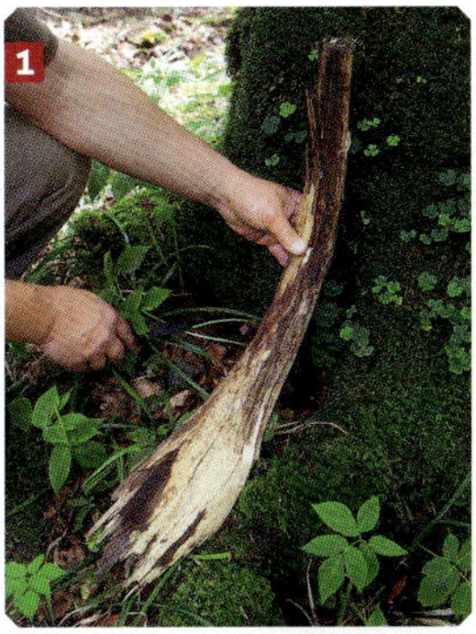

Suchen Sie ein gebogenes Bruchstück eines Astes oder Wurzelstocks 1. Längen Sie dieses Bruchstück nach Bedarf auf die gewünschte Länge ab 2. Schnitzen Sie anschließend die Schaufel im vorderen Bereich etwas flach 3, und bringen Sie den Stiel in Form. Schon ist die Naturschaufel fertig 4. Auch ein gerade gewachsenes flaches Bruch- oder Spaltstück eines stabilen Holzstücks kann als Schaufelersatz gute Dienste leisten.

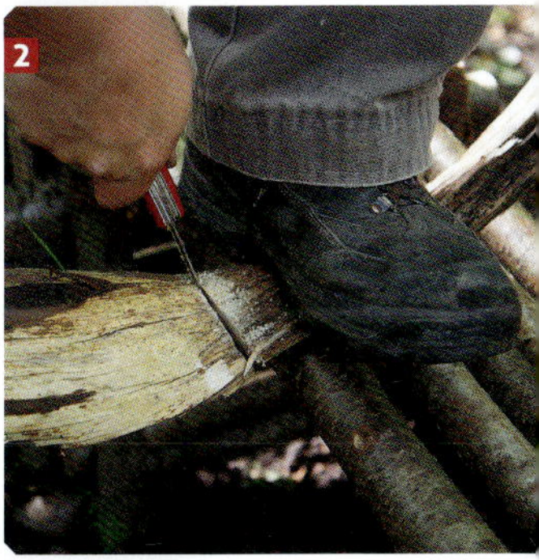

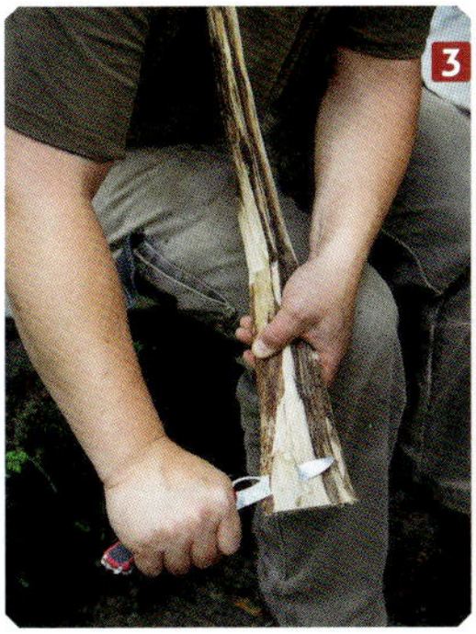

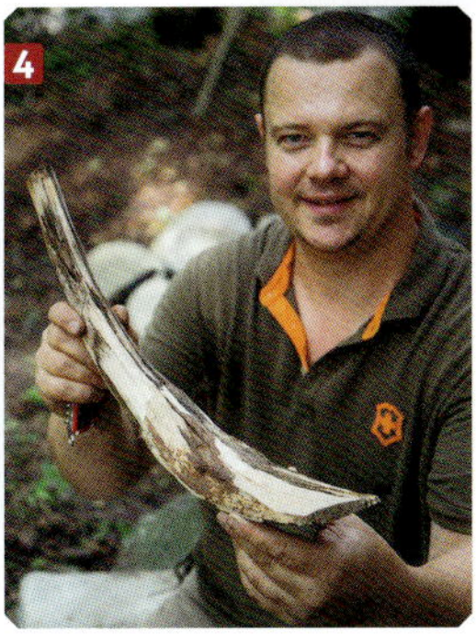

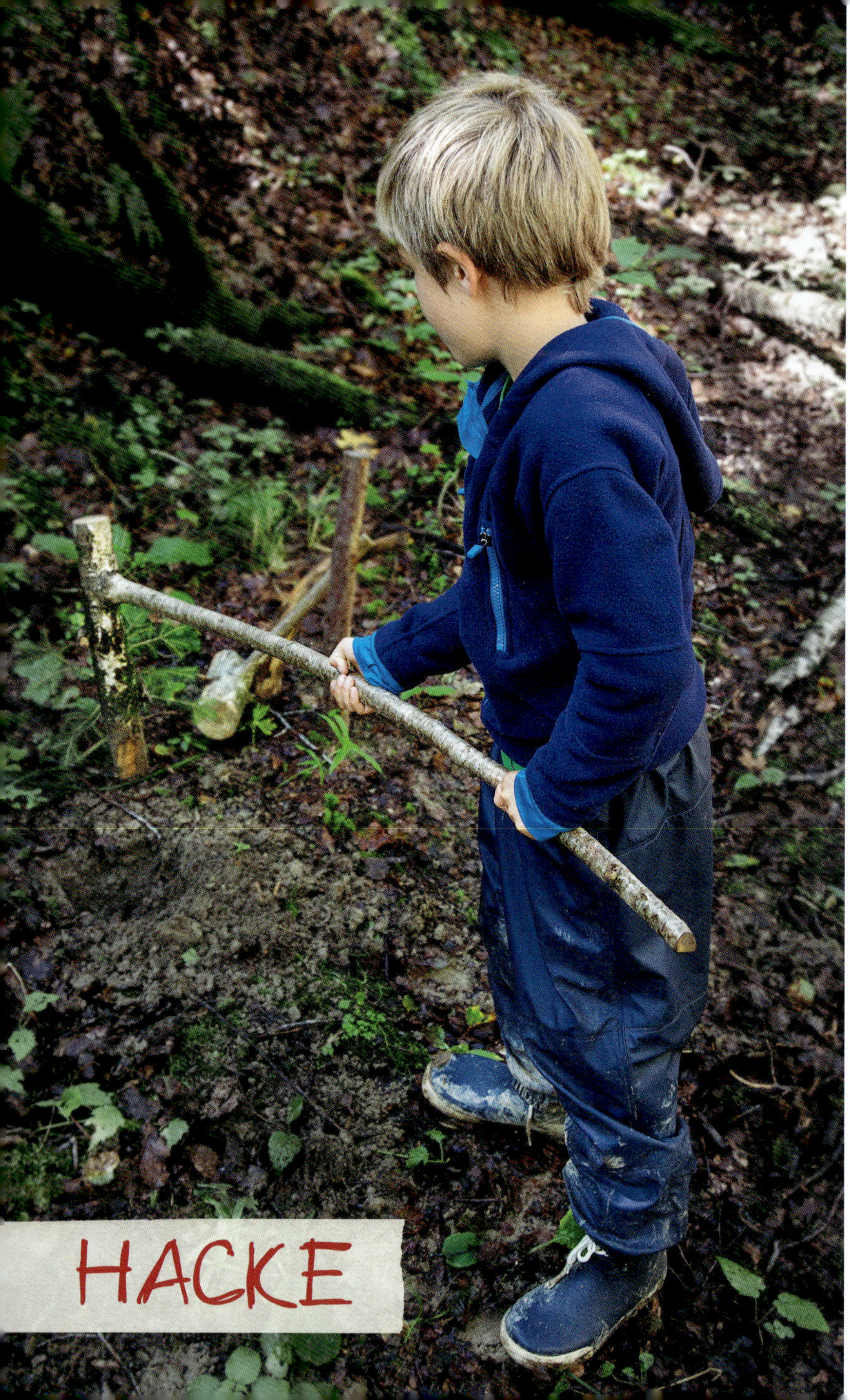

HACKE

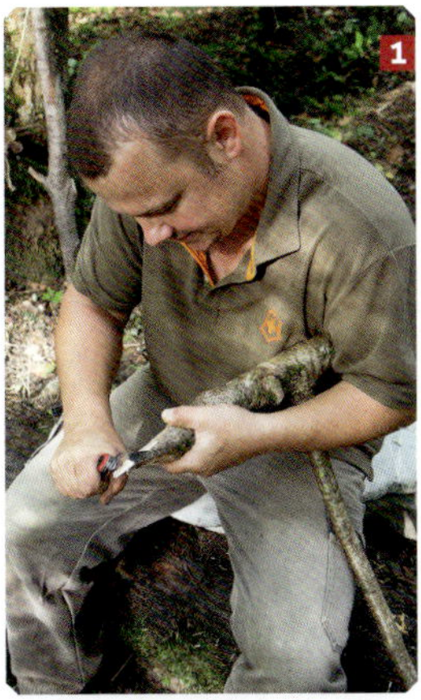

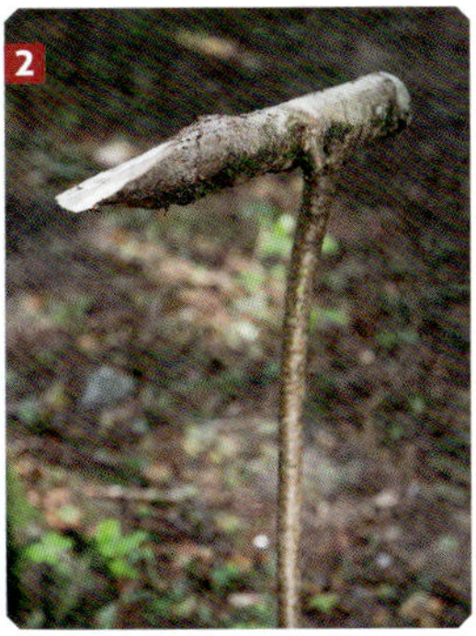

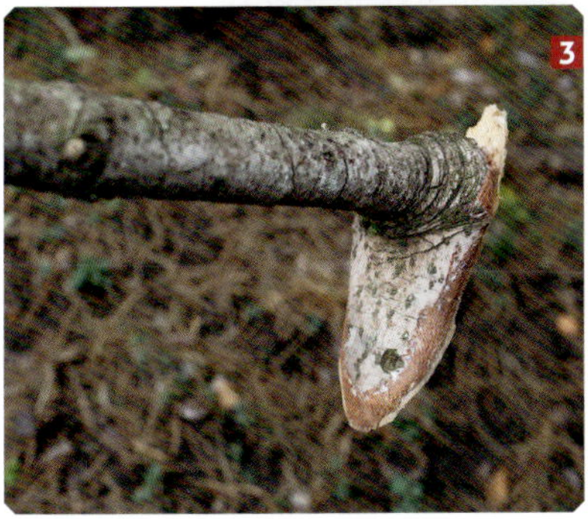

Auch eine improvisierte Hacke kann sehr effektiv eingesetzt werden. Natürlich kann eine Holzhacke in hartem Untergrund nicht wirklich viel bewirken. Um im Waldboden ein Erdloch auszuheben, leistet die Hacke jedoch wertvolle Dienste.

Der Rohling für die Hacke wurde aus einem Haselstrauch geschnitten, der vor längerer Zeit gekippt und auf den Boden gedrückt wurde. Die Stämmchen lagen fast waagerecht auf dem Boden. Aus dem Stamm sprossen einige kräftige Seitenäste fast senkrecht in die Höhe. Bei einem solchen Rohling muss man nur noch ein Ende keilförmig etwas zuspitzen 1, 2. Natürlich findet man auch bei anderen Gelegenheiten geeignete Rohlinge für eine Hacke. Am Astansatz abgebrochene Äste beispielsweise, die ein Holzstück aus dem Stamm mit ausgerissen haben, können manchmal direkt als Hacke verwendet werden 3.

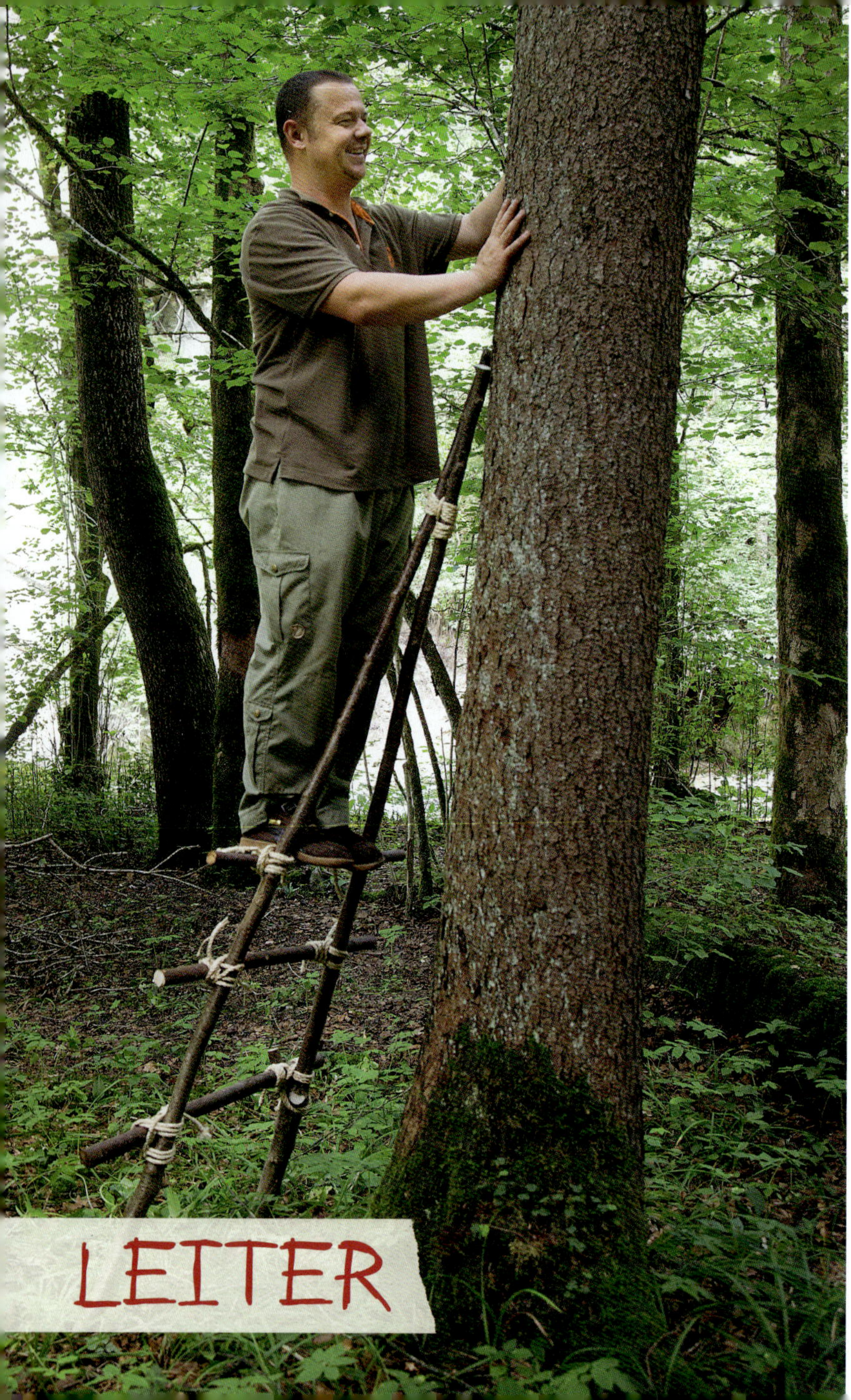

LEITER

Zum Bau eines Unterschlupfs oder zur Harzgewinnung leistet eine Leiter hervorragende Dienste. Zum Transport von großen Stücken Baumrinde benutzten wir die Leiter außerdem auch als Trage.

Die beiden Holme aus stabilen, kräftigen Haselstämmen werden auf eine Länge von etwa 2,5 m abgesägt. Ideal ist es, wenn man wie hier zwei Holme findet, die auf derselben Höhe eine Astgabel aufweisen 1. So kann die erste Sprosse nicht verrutschen, was die Stabilität der gesamten Konstruktion erhöht. Binden Sie die beiden Holme etwa 30 cm unter dem oberen Ende zusammen 2. Dazu können Sie beispielsweise einen Parallelbund verwenden. Die mindestens 3,5 cm dicken Leitersprossen fixieren Sie an beiden Holmen. Der Kreuzbund 3 ist ein dafür geeigneter Knoten. Mit dieser einfachen Leiter lassen sich spielend bisher unerreichbare Höhen im und um das Camp erreichen.

2

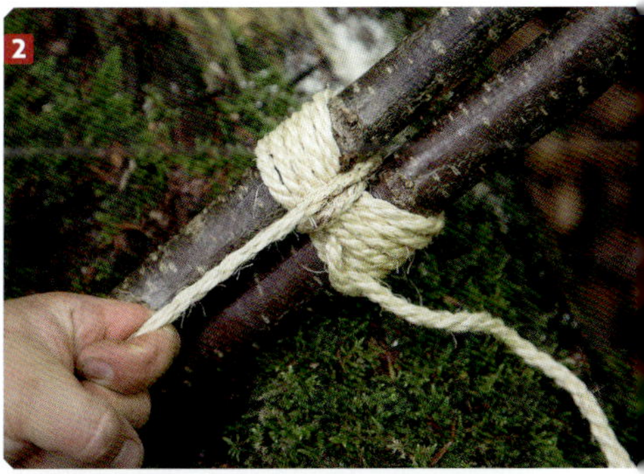

1

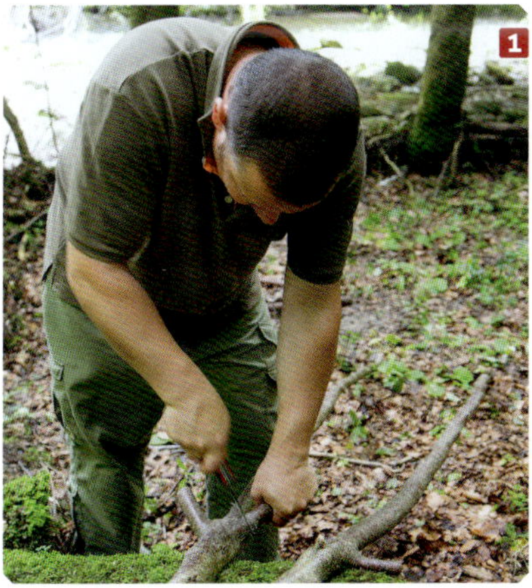

3

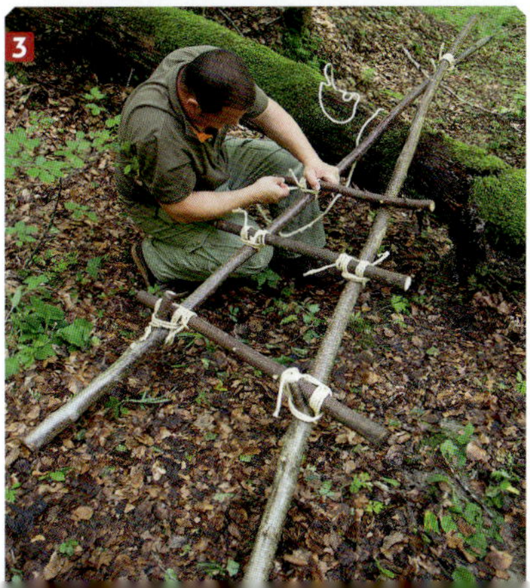

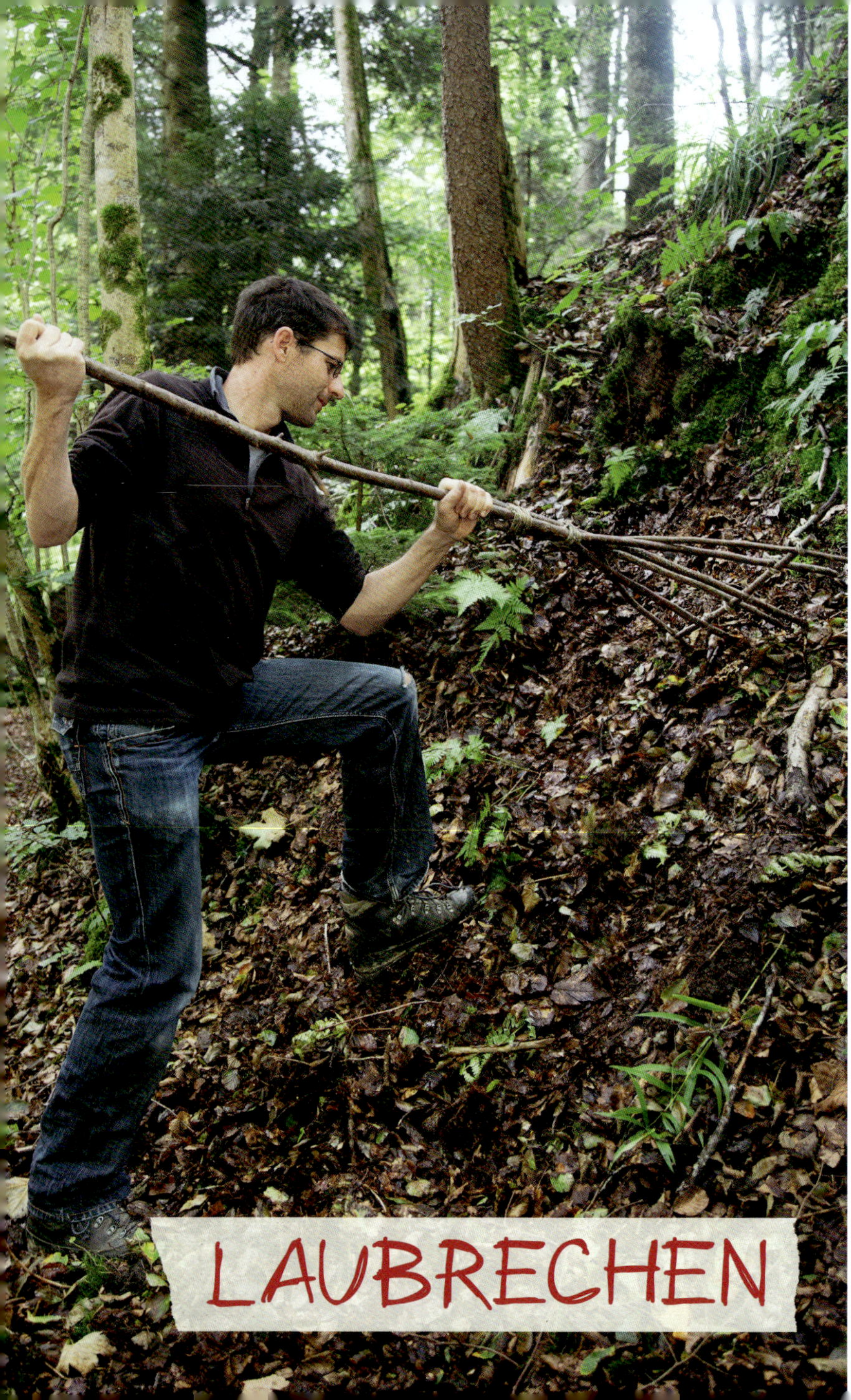

LAUBRECHEN

Laub ist für alle Bushcraft- und Survival-Projekte ein wichtiger Baustoff, wenn es um Isolation, Polsterung oder um das Abdichten von Dächern von Unterständen geht. Es wird in allen diesen Fällen in großen Mengen gebraucht. Darum ist es von Vorteil, ein Werkzeug zu besitzen, mit dem man effizient große Mengen Laub zusammenrechen kann. Als Ausgangselement für den Rechen dient eine Astgabel mit einem mindestens 2,5 cm dicken Stiel 1. Hinzu kommen zwei weitere Astgabeln 2. Diese werden etwa 25 cm vor der Gabelung abgelängt 3 und mit zwei Bindungen am Stiel festgebunden. Danach legt man einen Ast als Querstrebe in die Astgabelungen, sodass die Zinken abwechselnd einmal vor und einmal hinter dem Querstab zu liegen kommen 4. Die Zinken werden entlang der Querstrebe in gleichmäßigen Abständen zueinander festgebunden 5. Längen Sie zuletzt alle Zinken auf die gleiche Länge ab 6, und schon ist der Rechen einsatzbereit.

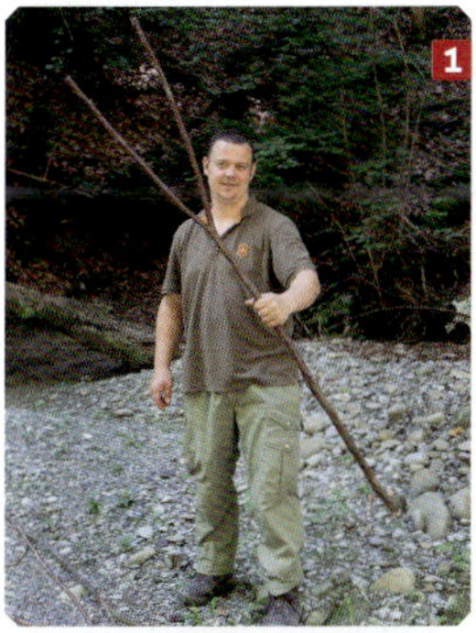

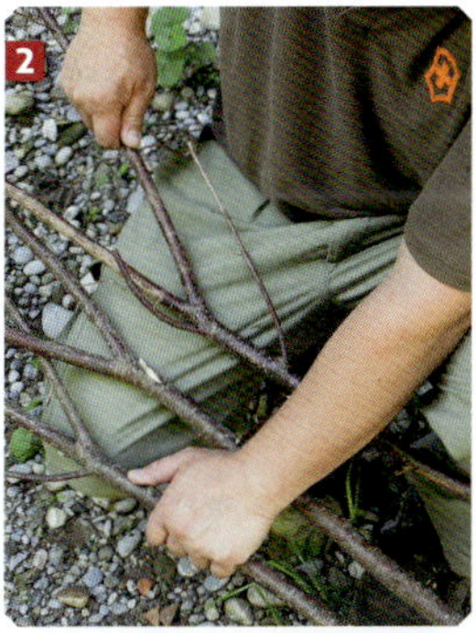

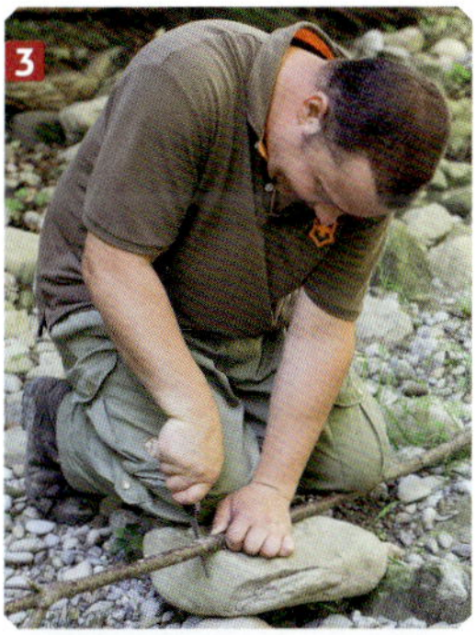

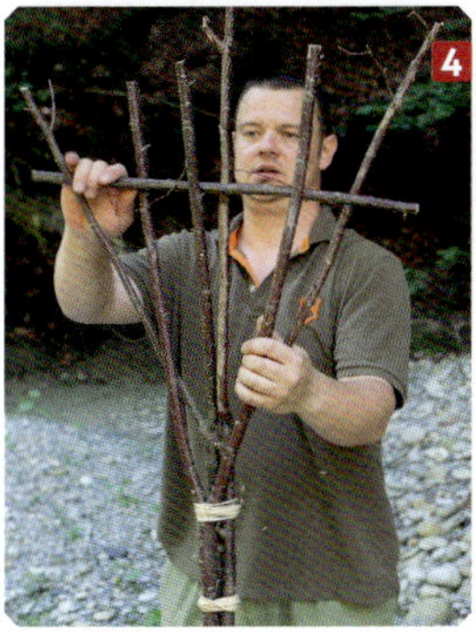

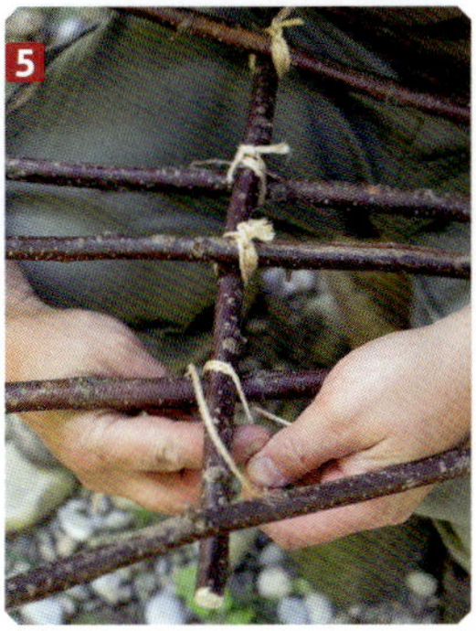

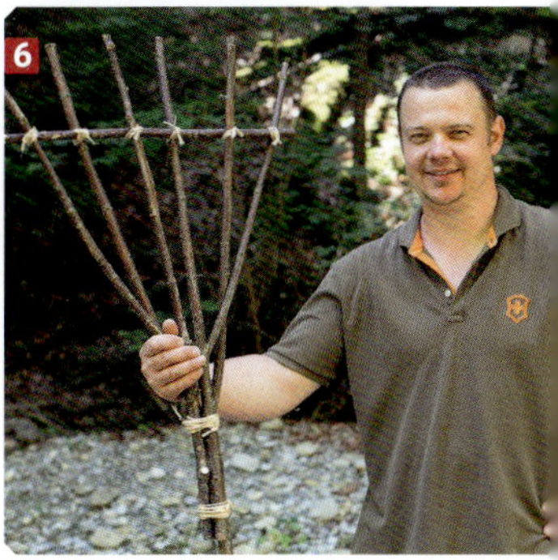

KOHLESTIFT

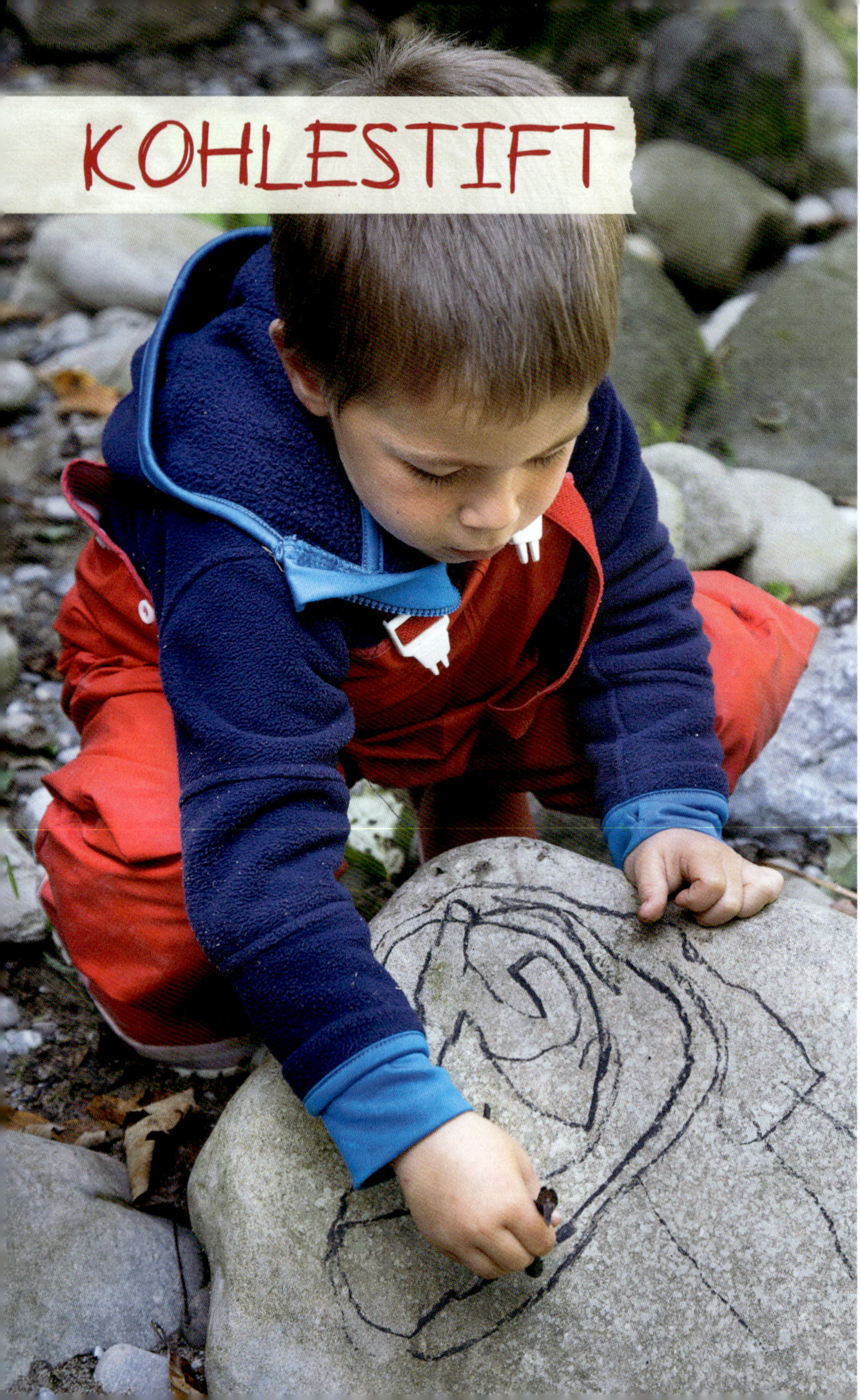

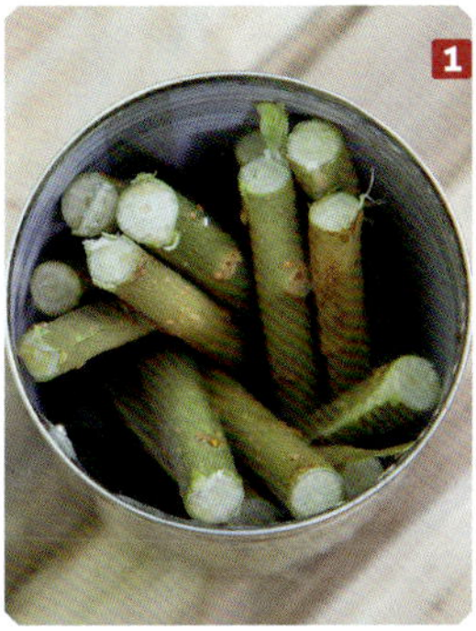

1

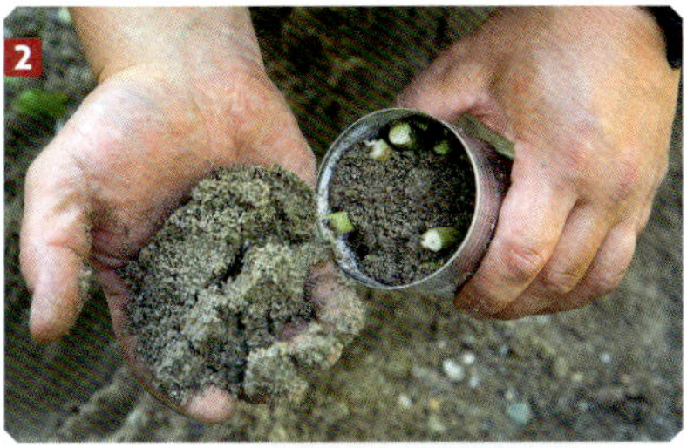

2

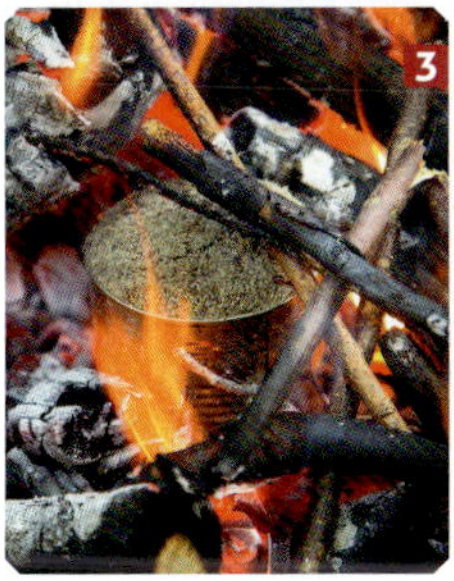

3

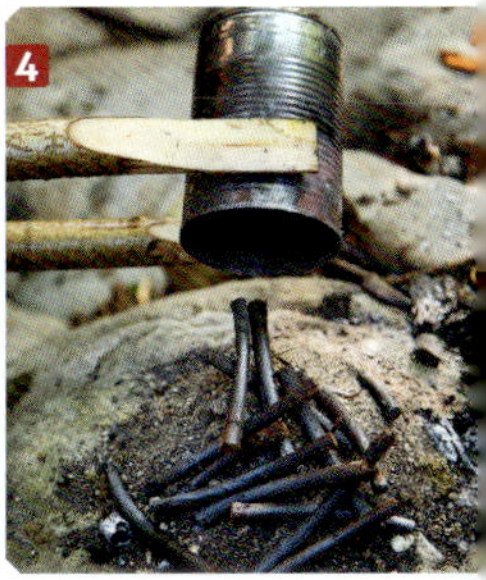

4

Mit selbstgemachten Kohlestiften großflächig auf Steinen oder auf Holz zu zeichnen, ist ein besonderes Erlebnis für Klein und Groß.

Um Kohlestifte herzustellen, braucht man eine luftdicht verschließbare Metalldose oder eine Konservendose und Sand oder Lehm. Als Basis eignen sich 1–1,5 cm dicke, gerade gewachsene Frischholzstücke. Bei meinen bisherigen Versuchen habe ich immer Weide oder Hasel verwendet; die Herstellung von Kohlestiften funktioniert aber sicher genauso gut mit anderen Holzsorten. Die Äste werden unter Luftabschluss erhitzt. Dabei verbrennen die leicht flüchtigen Bestandteile des Holzes. Als Rückstand bleibt Holzkohle übrig.

Hier wird eine leere Konservendose ohne Deckel verwendet. Schneiden Sie Weidenäste auf die richtige Länge, sodass sie in die Dose passen 1. Bedecken Sie die Stifte mit Sand und drücken Sie den Sand leicht an 2. Stellen Sie die Dose für mindestens eine Stunde ins Feuer 3. Nach Ablauf der Zeit nimmt man die Dose aus dem Feuer und lässt den Sand abkühlen. Prüfen Sie nun, ob die Stifte vollständig verkohlt sind 4. Falls sie noch braune, zu wenig verkohlte Stellen haben, wiederholen Sie den Prozess. Bei Verwendung einer Blechdose mit luftdichtem Deckel müssen Sie keinen Sand einfüllen und es genügt eine halbe Stunde im Feuer.

Die Kohlestifte sind auch praktisch, um bei Schnitzarbeiten die Konturen einzuzeichnen.

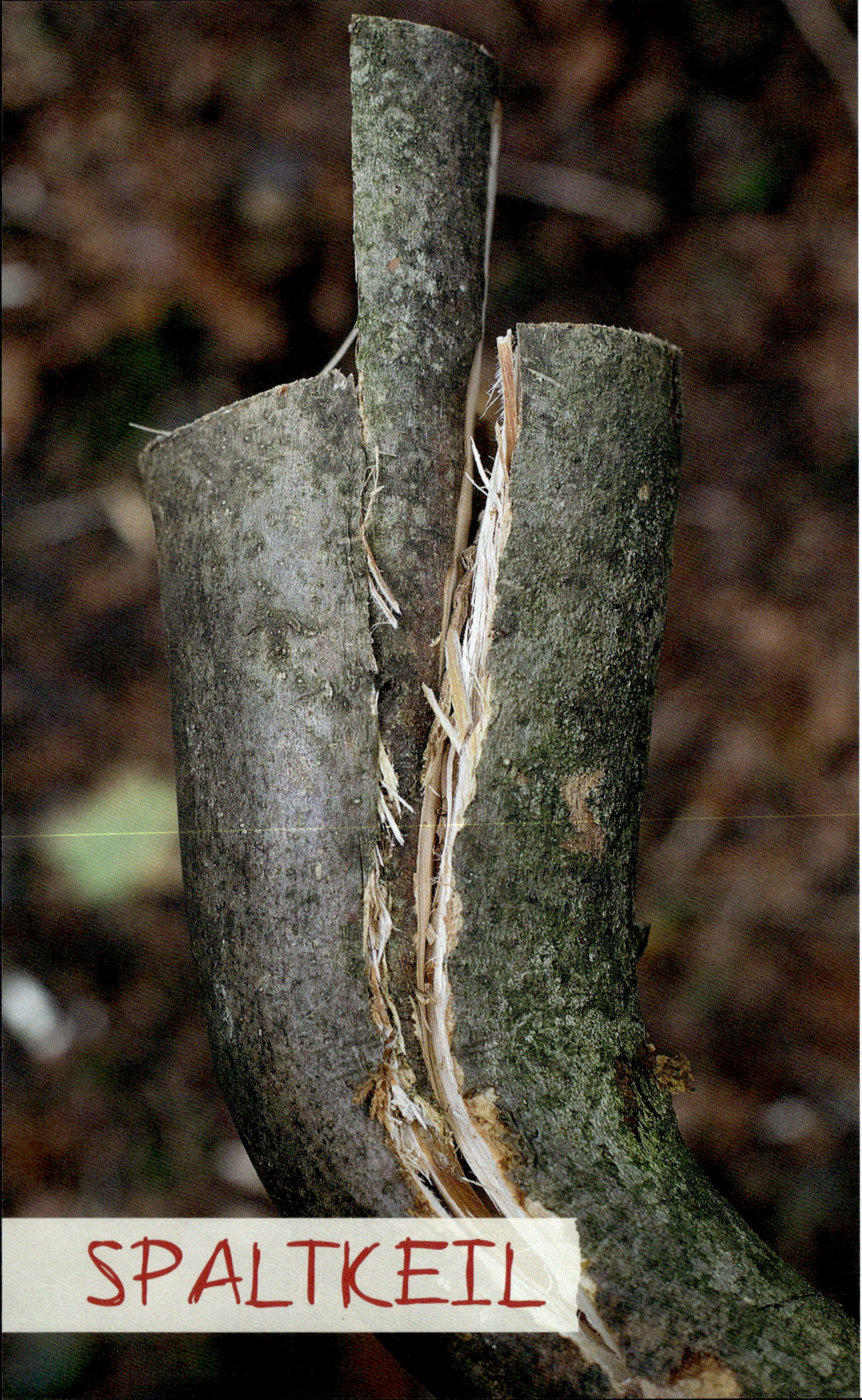

SPALTKEIL

Zum Spalten eines Astes ist man mit einem feststehenden Outdoor-Messer gegenüber einem Klapp- oder Taschenmesser klar im Vorteil. Ich persönlich spalte nur Werkstücke bis etwa 2,5 cm Durchmesser direkt mit dem Taschenmesser (Spalttechnik mit dem Taschenmesser, siehe Seite 122). Bei größeren Durchmessern und entsprechend hohem Kraftaufwand ist die Gefahr zu groß, den Klapp- oder Verriegelungsmechanismus – die Achillesferse eines jeden Klappmessers – zu beschädigen. Bei Werkstücken mit einem größeren Durchmesser als 2,5 cm empfiehlt es sich, das Messer nur bis zum Messerrücken in das Holz zu treiben und danach Holzkeile im entstandenen Spalt anzusetzen. Durch das Eintreiben dieser Keile wird das Werkstück gespalten.

Herstellung von Holzkeilen

Kleinere Holzkeile lassen sich direkt aus ganzen Ästen schnitzen 1. Der Schnitzaufwand ist jedoch relativ groß, bis man flach zulaufende Keile geschnitzt hat. Je flacher die Keile ausgearbeitet sind, desto größer ist die Spaltwirkung.

An Forstplätzen, bei Holzstößen oder an geknickten Baustämmen und Ästen findet man immer wieder Splitterstücke, die schon beinahe die Form eines Keils aufweisen.

Ein kleiner, flach zulaufender Holzkeil kann auch durch Spalten eines Holzstücks mit dem Taschenmesser hergestellt werden. Wenn man beim Spalten die Klinge von der Mitte des Astes etwas nach außen versetzt ansetzt 2, spaltet das Holz auch immer nach außen weg 3. So entstehen automatisch Stücke in der gewünschten Keilform 4. Auf der

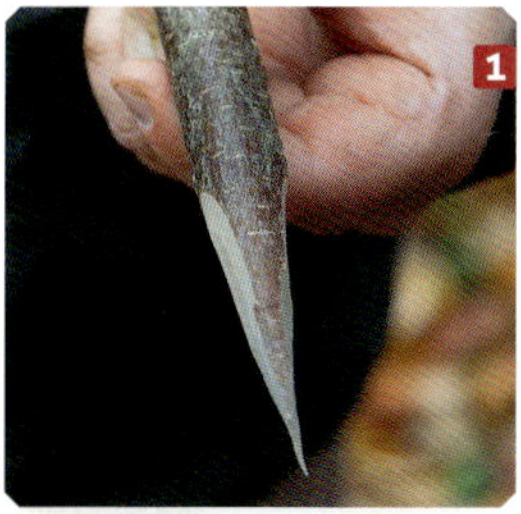
1

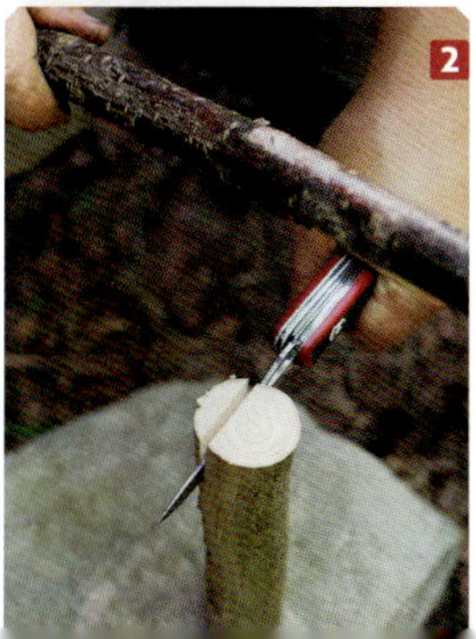
2

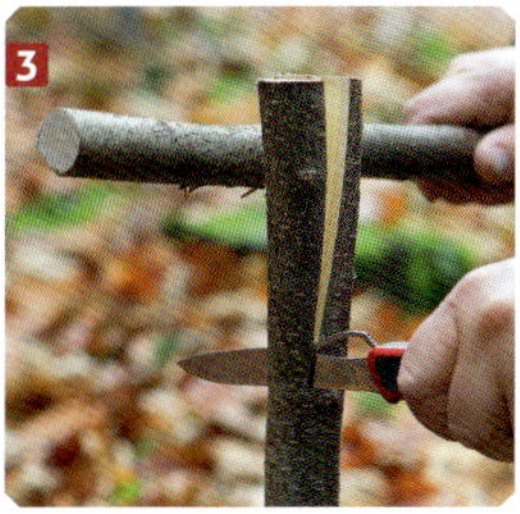
3

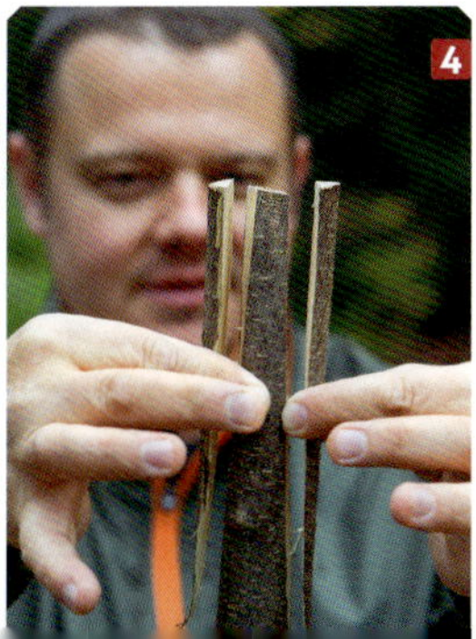
4

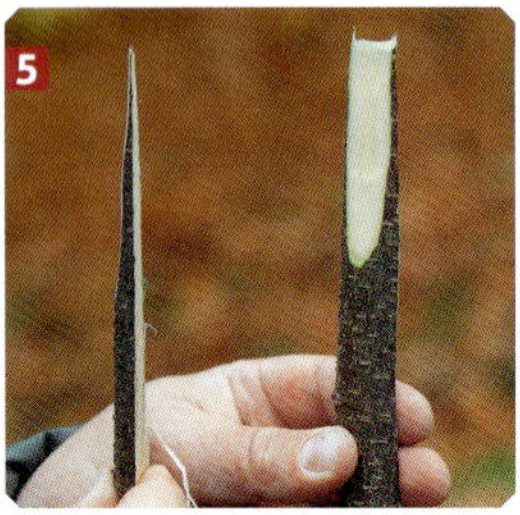

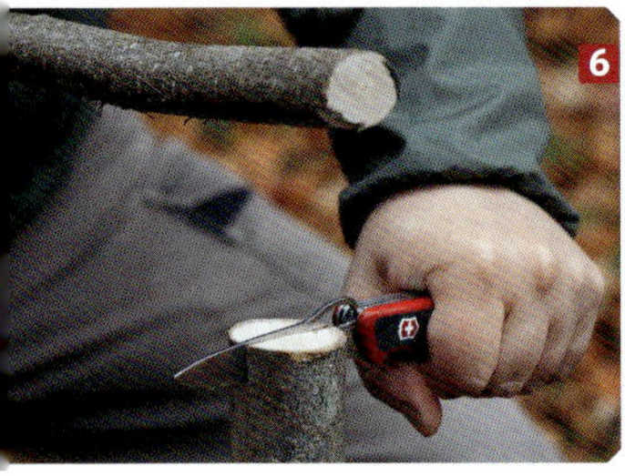

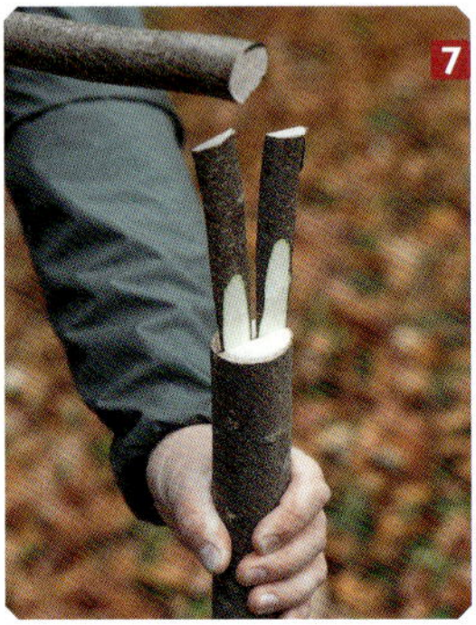

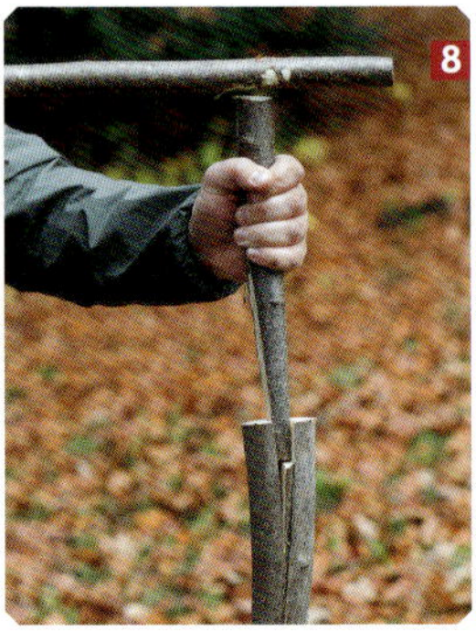

Rindenseite kann man den Keil noch etwas flach nachschnitzen. Die Keilspitze muss so weit ausgedünnt werden, dass man sie in einen schmalen Spalt treiben kann 5.

Holzkeile können nicht direkt ins Werkstück getrieben werden. Wenn im Holz nicht bereits ein Riss vorhanden ist, muss zuerst mit der Taschenmesserklinge ein kleiner Spalt geschaffen werden. Dazu setzt man die Klinge stirnseitig im rechten Winkel auf dem Werkstück an und schlägt mit einem Schlagstock vorsichtig auf den Klingenrücken, bis die Klinge komplett im Holz steckt 6.

Nachdem man die Klinge wieder vorsichtig aus dem Holz gezogen hat, bleibt ein schmaler Spalt, in dem man anschließend den Holzkeil/die Holzkeile ansetzen kann 7. Wenn die Holzkeile zu kurz für das Spalten eines Werkstücks sind, kann der Mittelteil des Astes, an dem die Keile abgespalten wurden, als Verlängerung genutzt werden 8.

Für einen Spaltkeil mit einer stabileren Spitze ist es auch möglich, den schmalen Spalt mit der Säge des Taschenmessers etwas zu verbreitern. Mit mehreren kleinen Keilen lässt sich mit derselben Spalttechnik ein großer Holzkeil herstellen, mit dem auch Stämme mit bis zu 10 cm Durchmesser gespalten werden können.

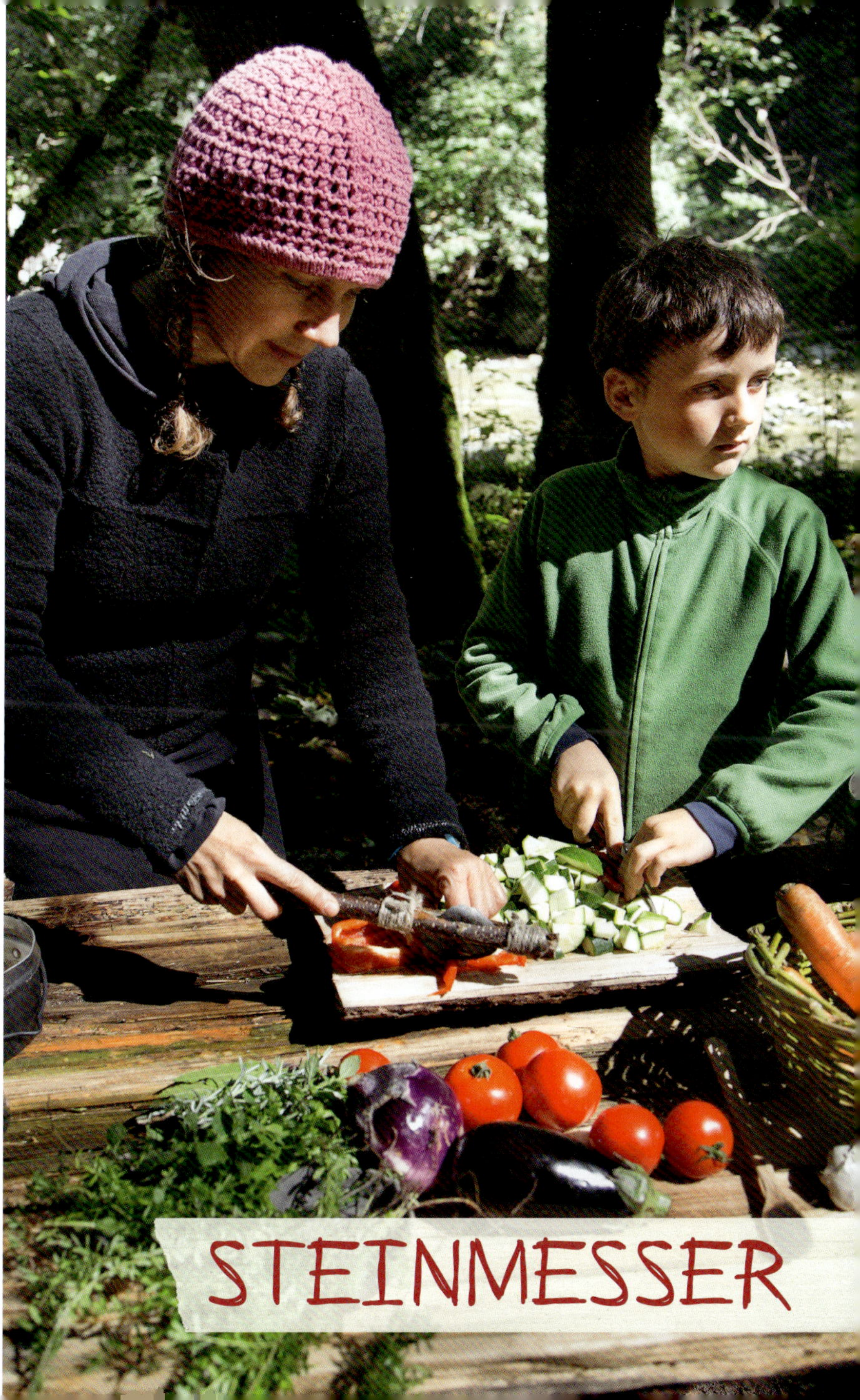

STEINMESSER

1

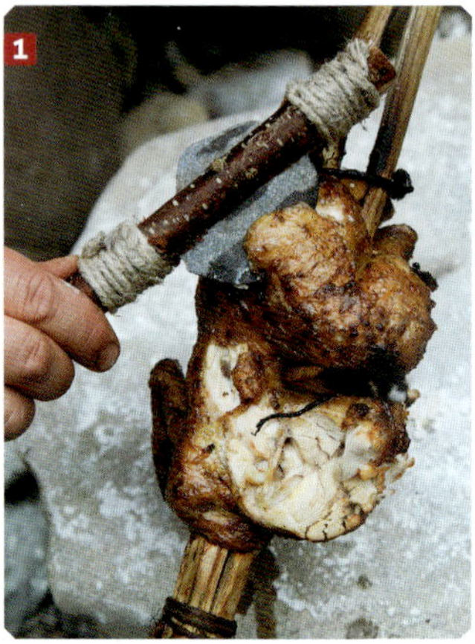

2

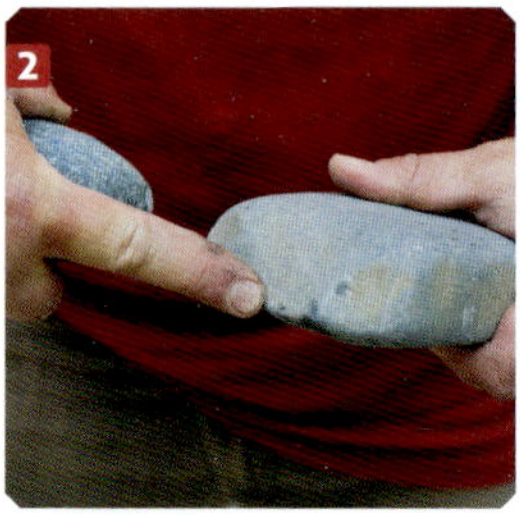

3

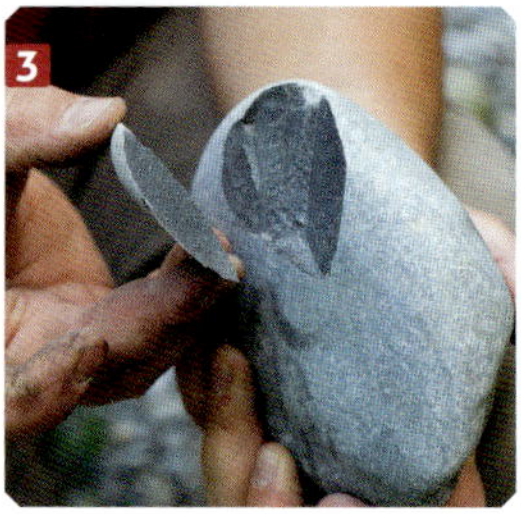

Mit einem Steinmesser aus normalem Flusskiesel lassen sich Fleisch 1, Gemüse und Pflanzenfasern erstaunlich gut schneiden. Die Klinge besteht aus einem einfachen Steinabschlag. Bewährt haben sich bei mir bisher feinkörnige, homogene Flusssteine aus Kalk, Basalt oder Quarz. Sandstein eignet sich nicht. Am besten finden Sie selbst heraus, aus welchen Steinen Ihrer Region gute Abschläge produziert werden können.

Ideal ist ein flacher Stein mit einer etwas vorstehenden Kante. Auf diese Kante setzt man einen kräftigen Schlag mit einem anderen, etwa faustgroßen Stein an 2, wobei man mit dem Schlagstein die abstehende Ecke lediglich streift. Mit etwas Glück löst sich auf der Unterseite ein Abschlag, der eine scharfe Kante aufweist 3. Diese Schlagtechnik wird vor allem in der Bearbeitung von Feuerstein verwendet und nennt sich »Flintknapping«. (Mehr über diese Technik erfährt man unter diesem Suchstichwort in vielen interessanten Beiträgen im Internet.) Den Steinabschlag fasst man dann in einen bis zur Hälfte gespaltenen Stock von etwa 40 cm Länge 4, wobei man die Spaltflächen des Holzes wenn nötig mit dem Messer der Steinform etwas anpasst 5, 6. Mit Schnur oder Rinde wird der gespaltene Stock ober- und unterhalb der Steinklinge straff zusammengebunden, sodass diese fest und unverrückbar eingeklemmt ist 7, 8.

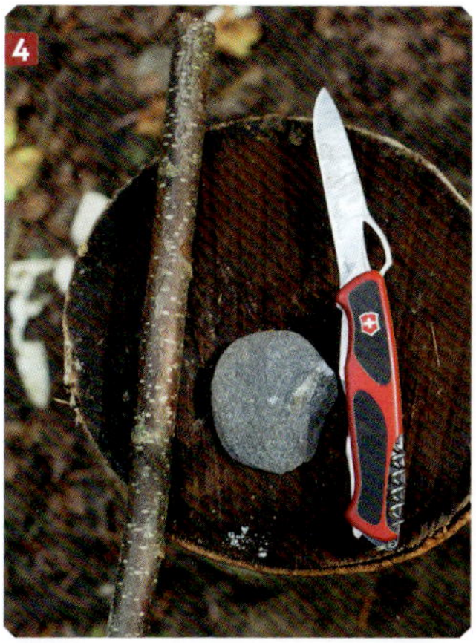
4

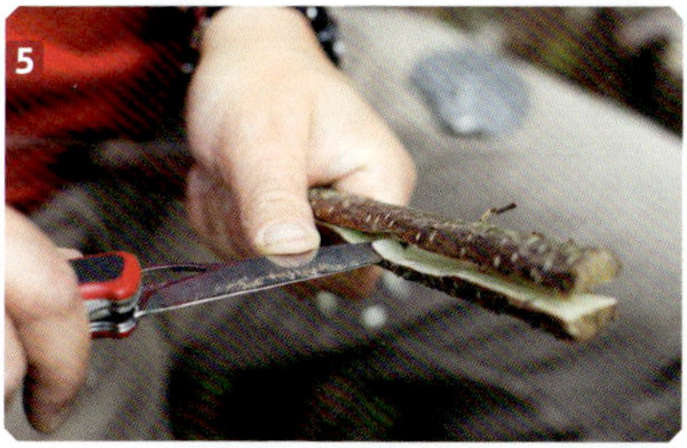
5

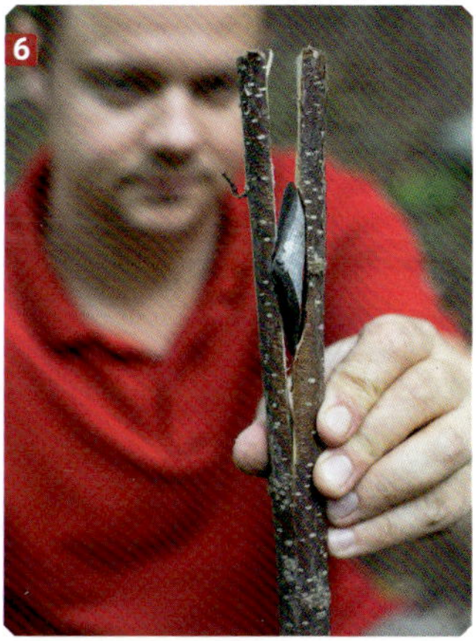
6

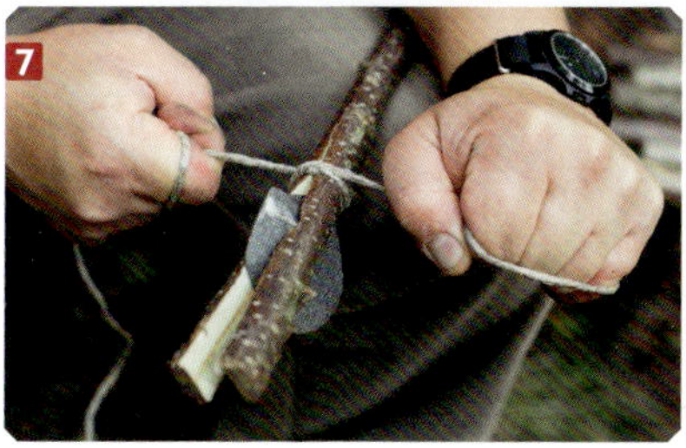
7

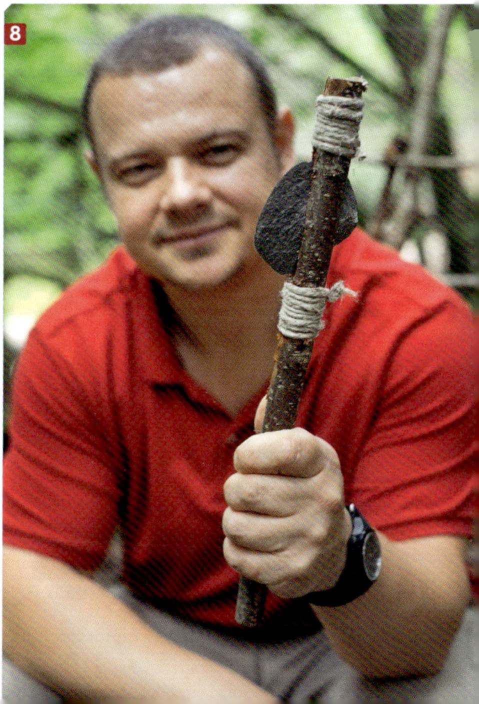
8

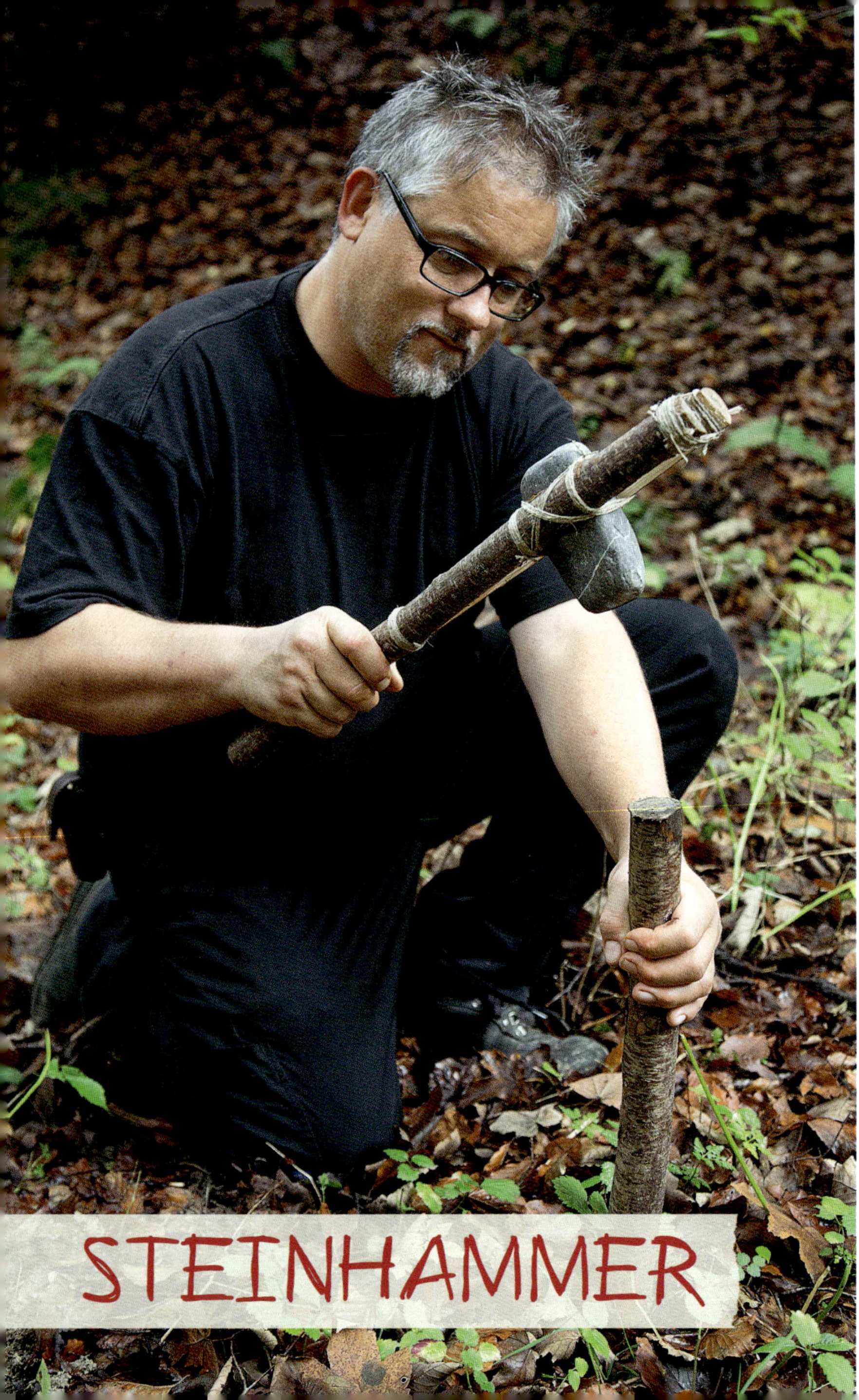

STEINHAMMER

Die Nutzung von Steinen als Werkzeug ist faszinierend. Die ältesten bekannten Steinwerkzeuge sind über zwei Millionen Jahre alt.

Als Hammerstiel dient ein etwa 50 cm langer kräftiger Ast mit einem Durchmesser von mindestens 2,5 cm. Der Ast wird auf etwa zwei Dritteln der Länge mit Taschenmesser und Spaltkeil gespalten (Spalttechnik siehe Seite 122) 1. Unterhalb des Spalts wird der Ast mit einigen Wicklungen abgebunden 2, um ein weiteres Aufspalten zu verhindern. Nun sucht man sich einen länglichen Stein mit einer flachen Seite. Diese Stirnfläche dient als Schlagseite. Ein Stein mit einer seitlichen Einbuchtung oder einer Verdickung verhindert, dass der eingeklemmte Stein zwischen den Stielhälften hindurchgleitet. Wenn nötig, die Spaltflächen der Kontur des Steines mit dem Taschenmesser etwas anpassen. Nun klemmt man den Stein zwischen die beiden Stielhälften und bindet sie oberhalb des Steines erneut so straff wie möglich ab 3. So wird der Stein unter großem Druck festgehalten; zusätzlich wird er noch mit einer Kreuzbindung 4 gesichert. Nun ist der Steinhammer einsatzbereit 4.

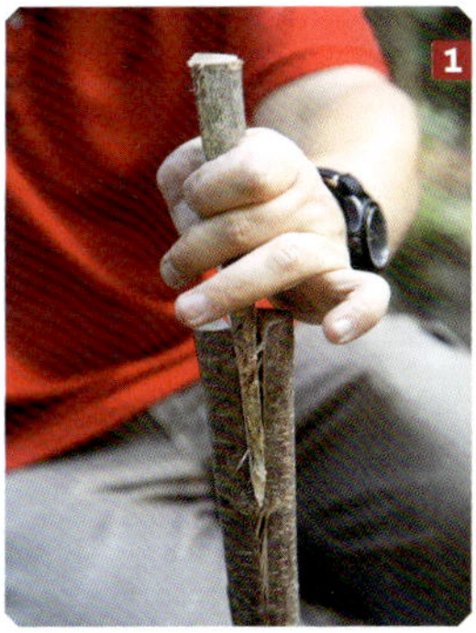

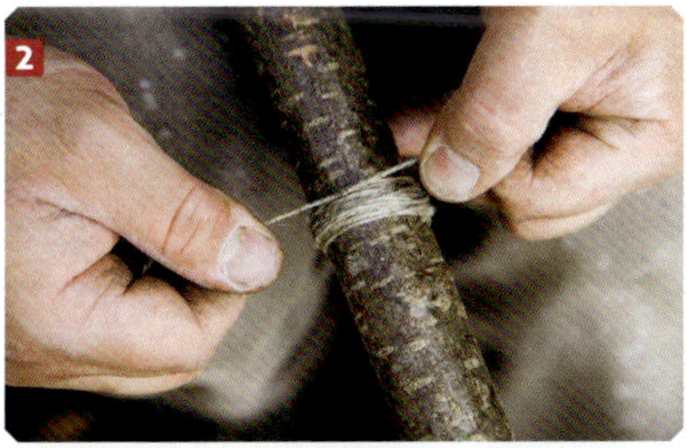

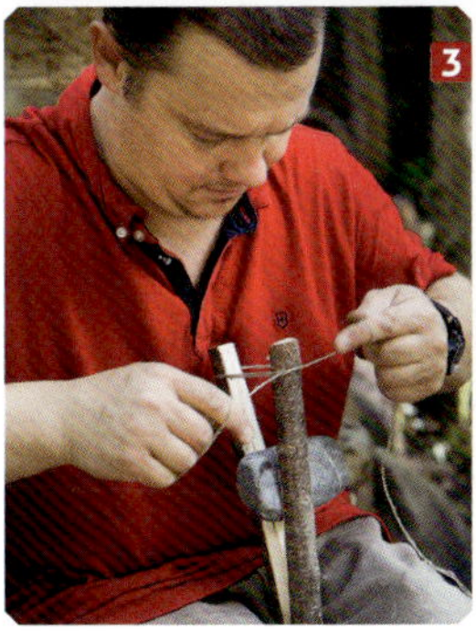

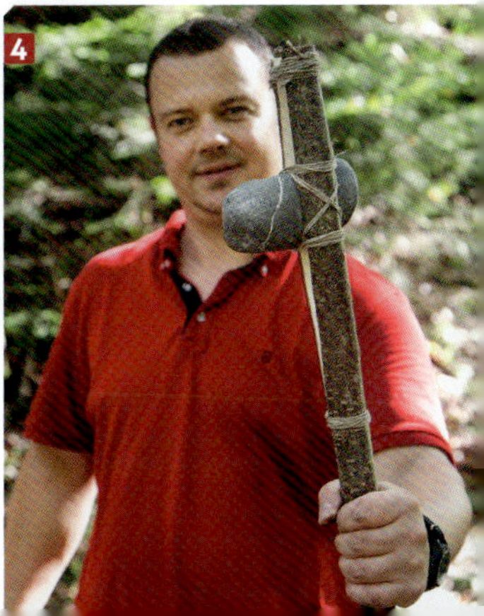

CAMPING-EINRICHTUNG

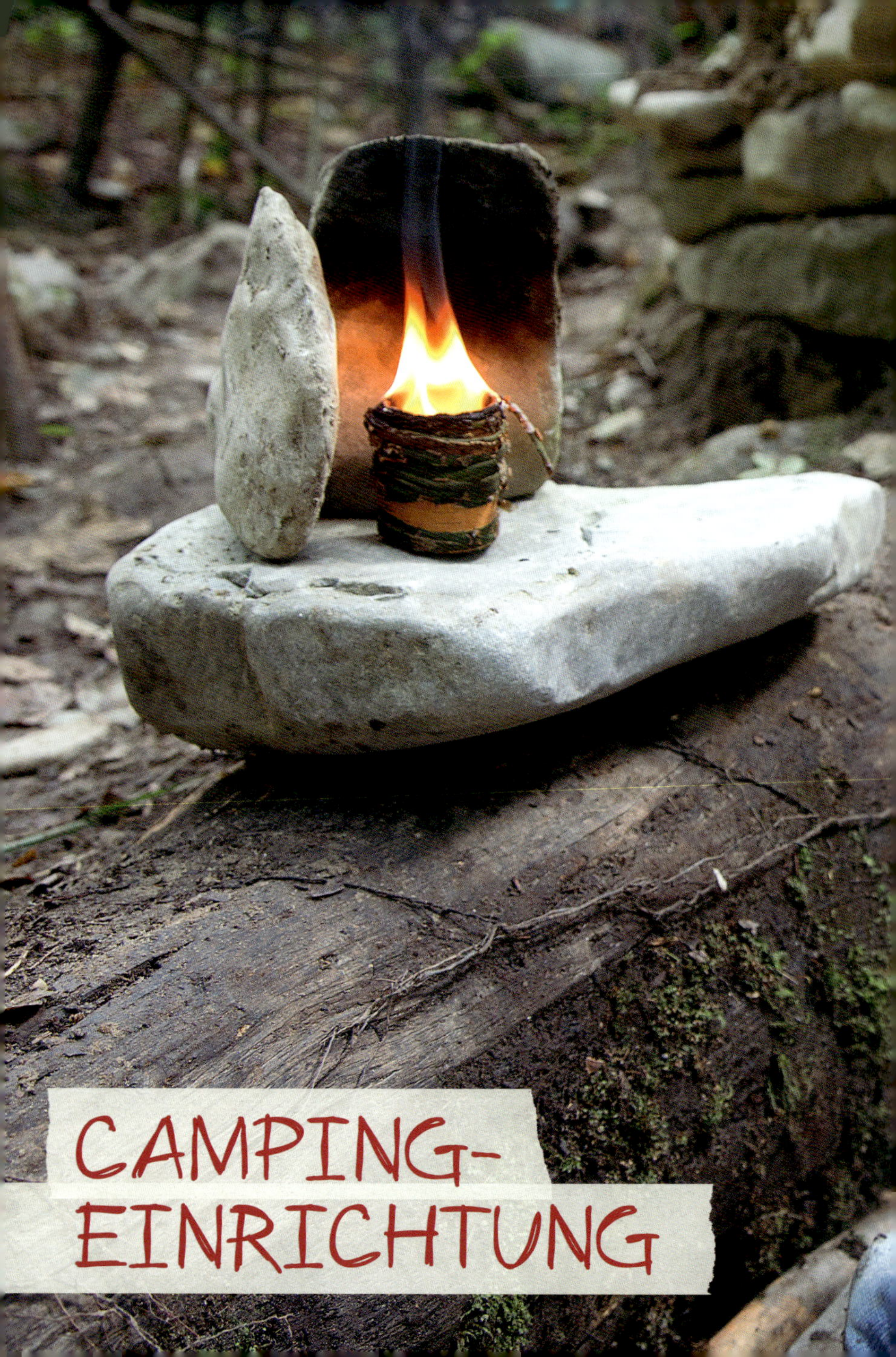

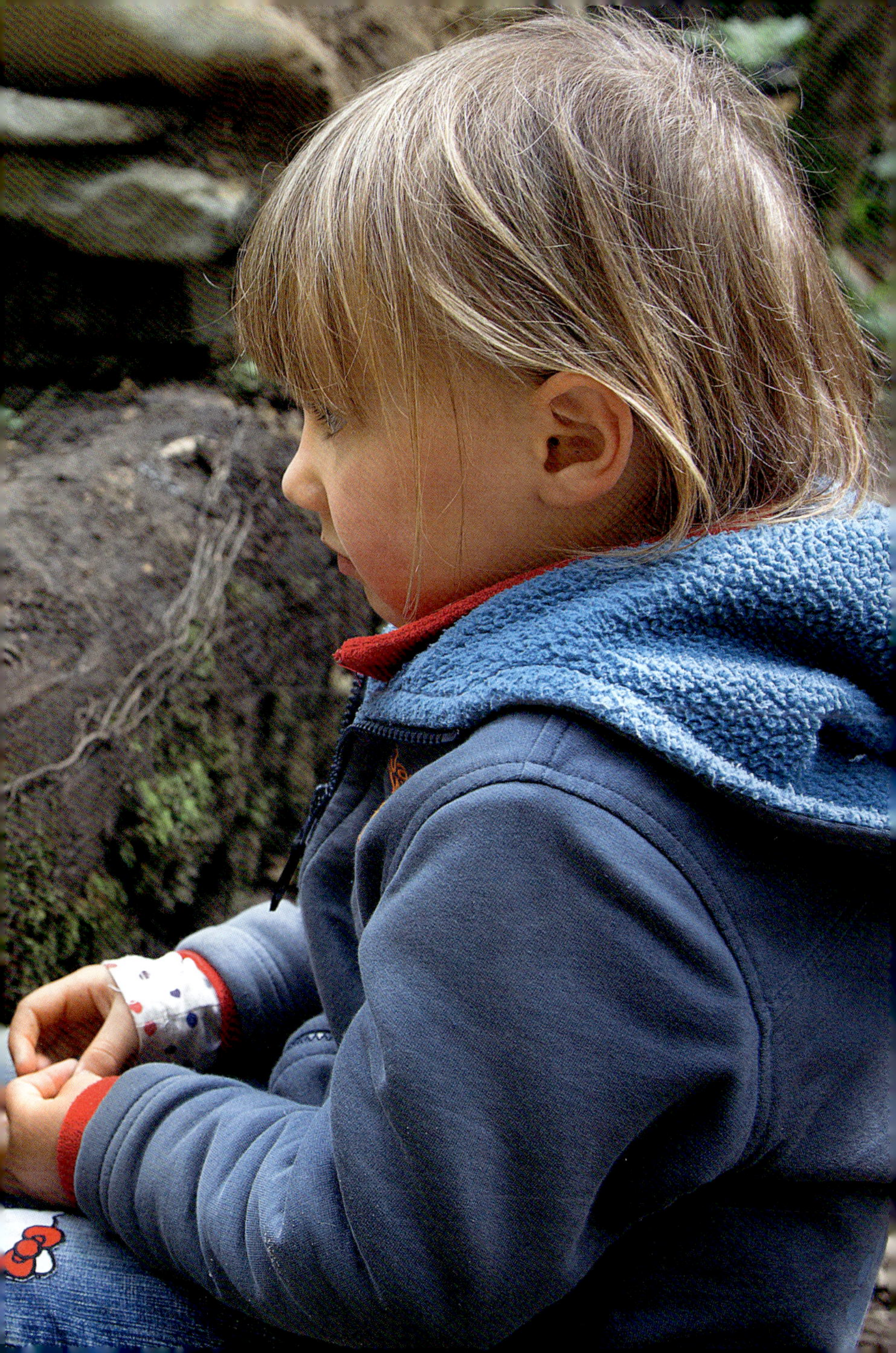

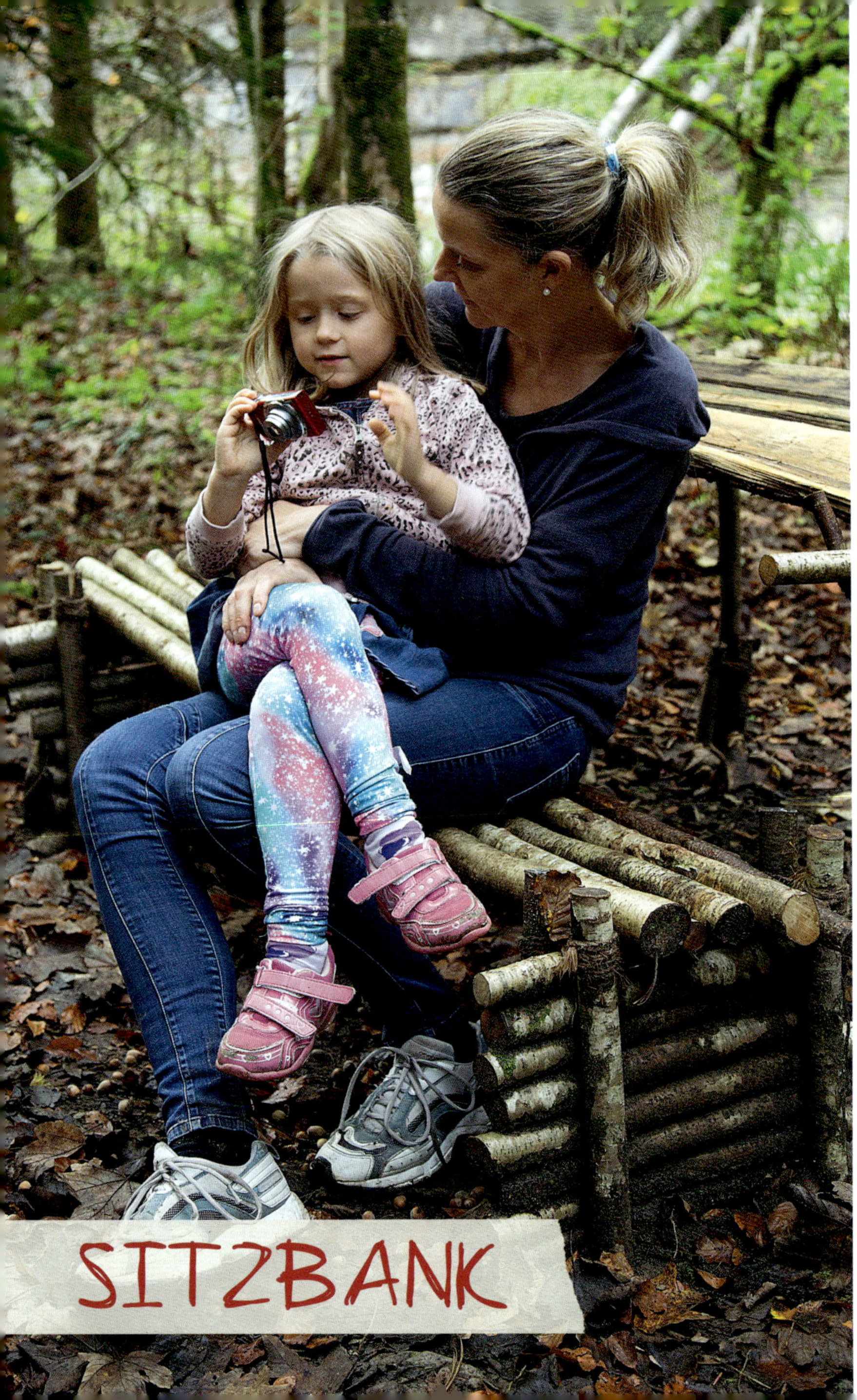

SITZBANK

Um gemütlich am Tisch zu sitzen, braucht es natürlich auch eine Sitzbank. Pro Bankseite braucht es vier angespitzte Pfosten, jeweils mit einem Durchmesser von minimal 3 cm. In einem Abstand von etwa 5 cm werden je zwei Pfosten nebeneinander in den Boden geschlagen. Die Äste, die zwischen diese Pfosten kommen, wurden auf 50 cm gekürzt. Ist die gewünschte Höhe erreicht (in diesem Fall etwa 35 cm), bindet man die Pfostenpaare am oberen Ende zusammen 1, 2. Verwenden Sie für die Sitzfläche stabile Hölzer mit einem Durchmesser von minimal 4 cm 3, 4. Aufgrund der stabilen Äste für die Sitzfläche genügten die beiden Stützen außen, eine dritte in der Mitte der Bank war nicht nötig.

3
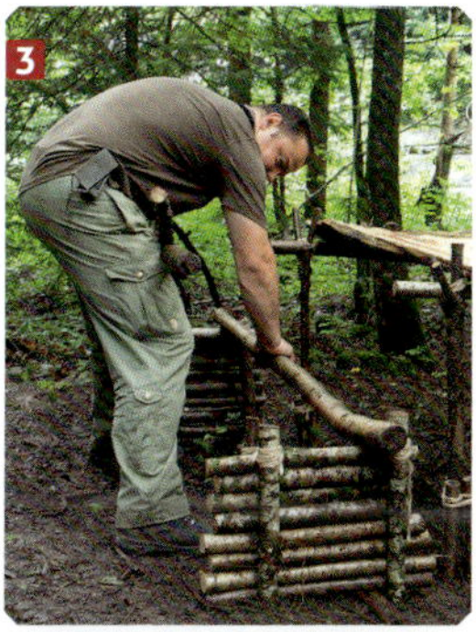

1
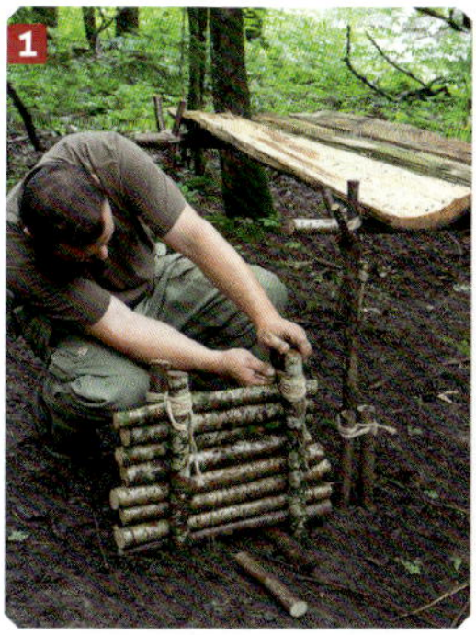

2
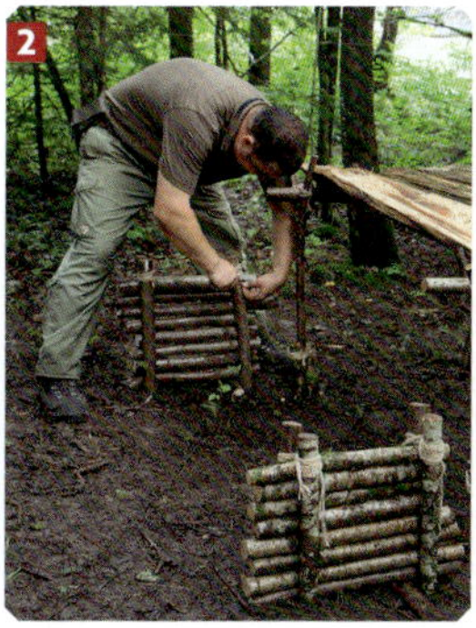

4
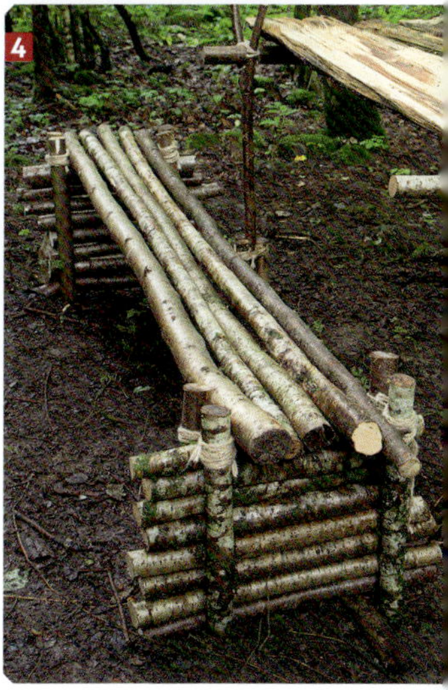

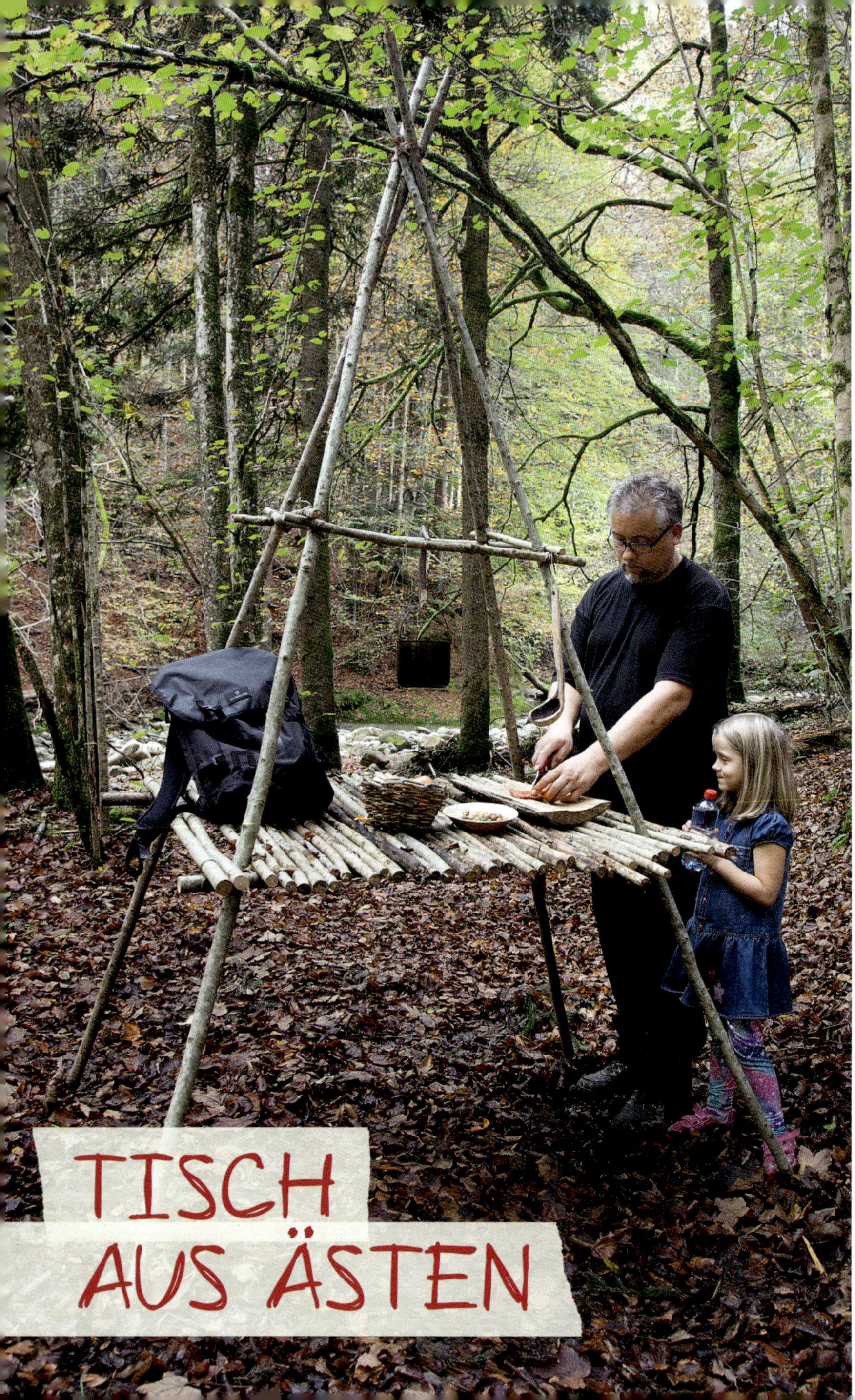

TISCH AUS ÄSTEN

Egal ob als Esstisch, Werktisch, als Arbeitsfläche oder als Abstelltisch, eine Tischfläche ist im Outdoorbereich besonders wertvoll. Wer einen Tisch bauen kann, der kann seine wichtigen Ausrüstungsgegenstände weg vom Boden und somit fern von Bodenfeuchtigkeit und Krabbeltieren abstellen, oder er kann Arbeiten wie die Essenszubereitung auf einer ergonomisch angenehmen Höhe verrichten. Nicht zuletzt kann man an einem Tisch auch bequemer essen.

Sammeln Sie vier kräftige, gerade gewachsene Stangen mit einer Länge von etwa 2,5 m und 30–40 kürzere, gerade gewachsene Stöcke mit gleichem Durchmesser **1**. Binden Sie zuerst aus den langen Stangen ein stabiles Vierbein **2**; dies wird das Grundgerüst des Tisches **3**.

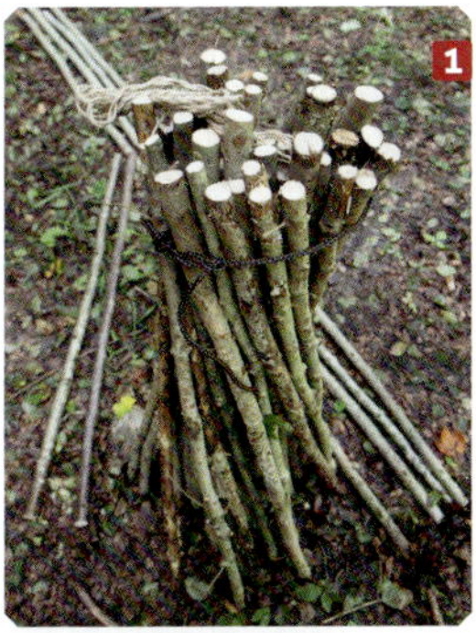
1

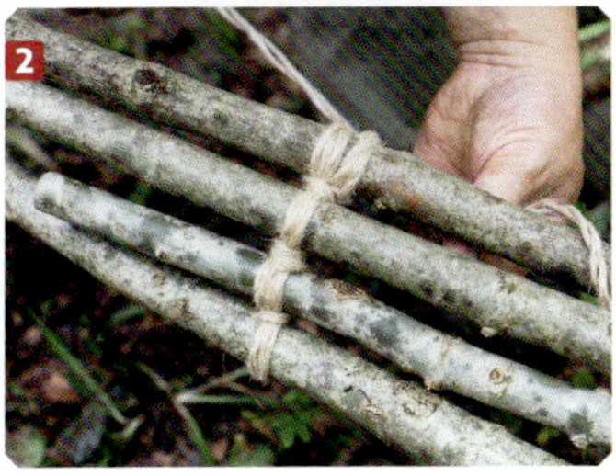
2

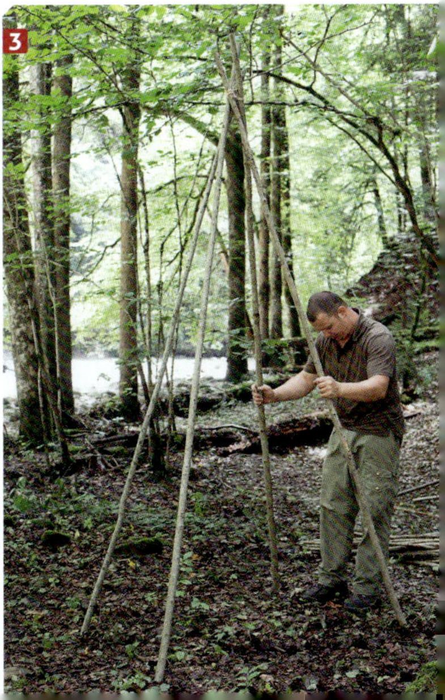
3

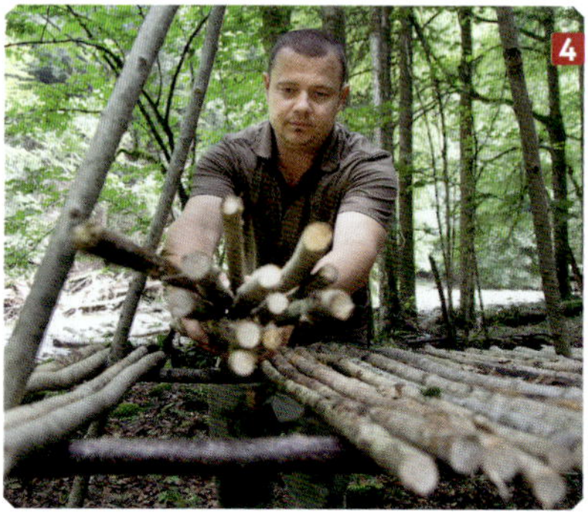

Knüpfen Sie nun zwei Querholme auf der von Ihnen gewünschten Tischhöhe an den Tischbeinen fest. Anschließend werden die gesammelten, möglichst gerade gewachsenen Äste dicht nebeneinander über die Querholme gelegt, um die Tischplatte zu bilden 4. Um der gesamten Konstruktion zusätzliche Stabilität zu verleihen, können Sie einen weiteren Rahmen zwischen Tischfläche und Vierbeinkreuzung anbringen 5. Die Grundkonstruktion kann auch als Wäschespinne für nasse Kleidung oder als Räuchergestell für Fisch und Fleisch verwendet werden 6.

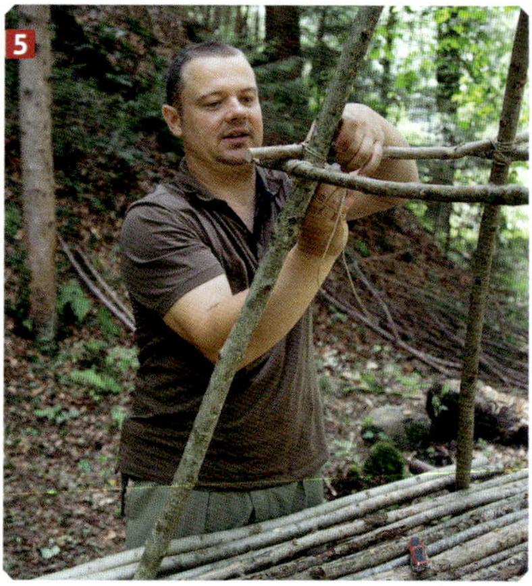

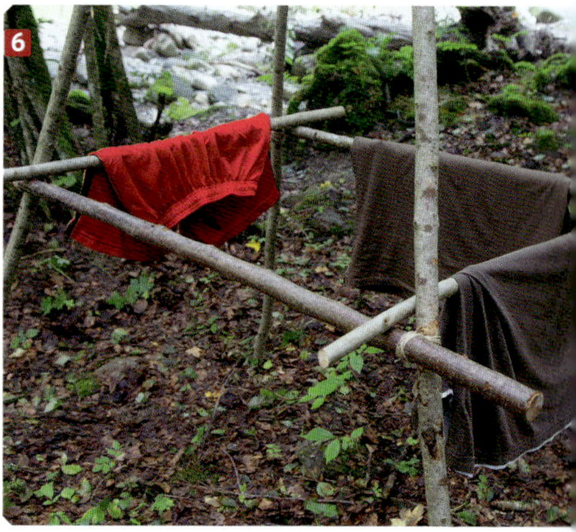

BUSHCRAFT-STUHL

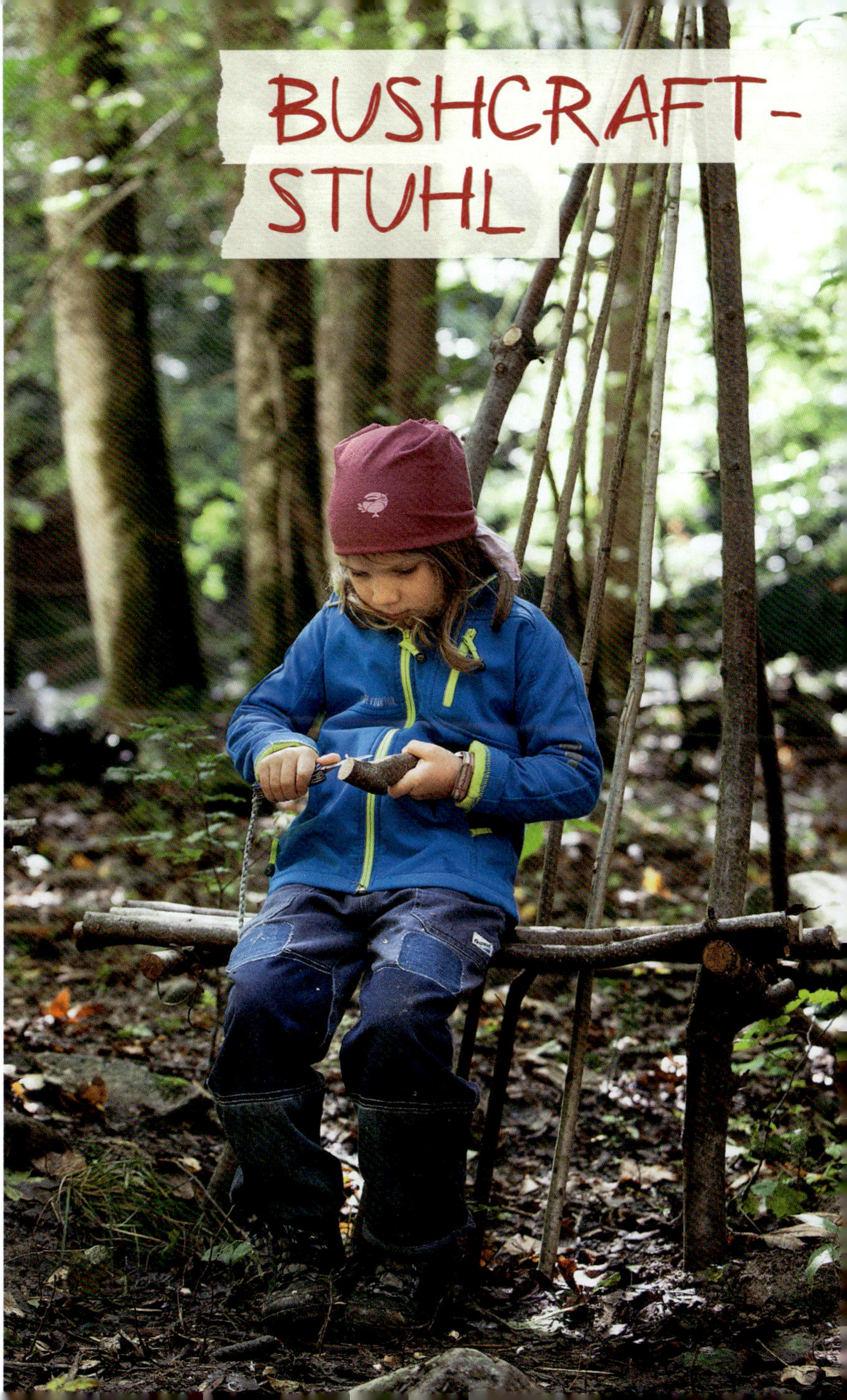

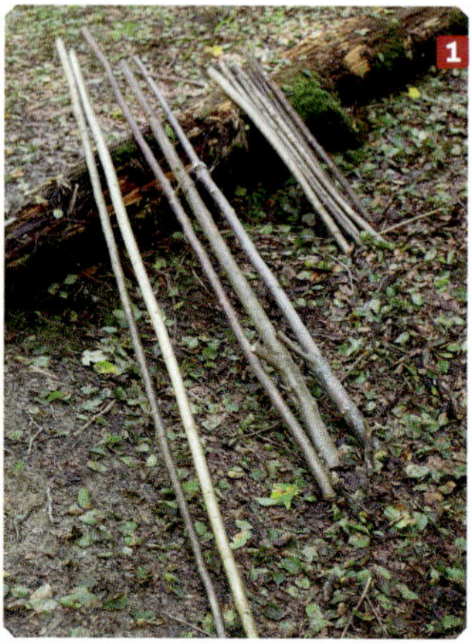

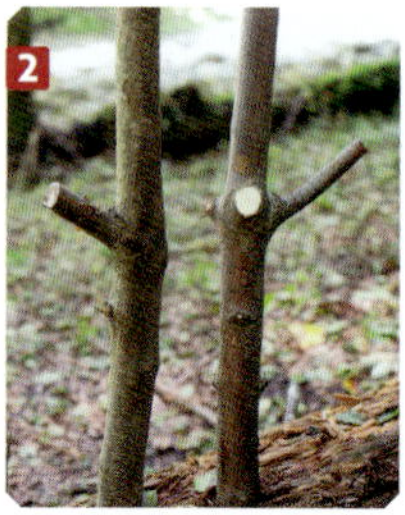

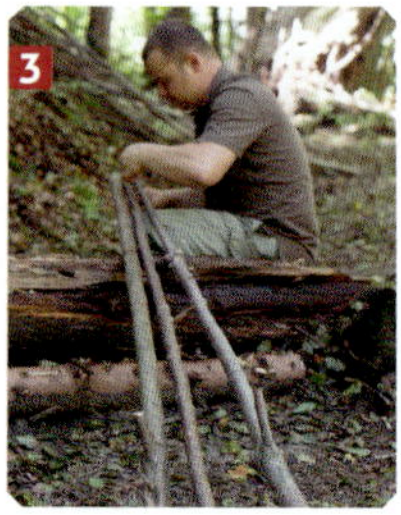

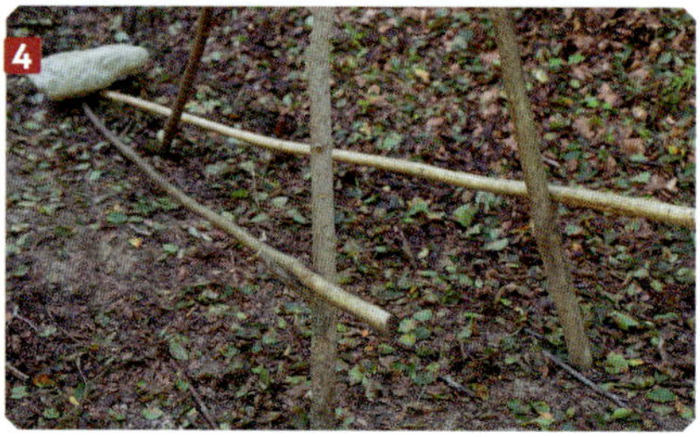

Wer längere Zeit an einem Ort verweilt oder wenn jemand immer wieder zum selben Ort zurückkehrt, lohnt sich der Bau eines Bushcraft-Stuhls. Eine komfortable Sitzgelegenheit mit Rückenlehne zu bauen, um bequem darauf sitzend das Lagerfeuer oder einen Tee genießen zu können, ist eine sehr befriedigende und lohnenswerte Arbeit. Dieses Projekt sollte jeder Bushcrafter unbedingt einmal ausprobiert haben.

Für den Bau eines Stuhls benötigen Sie drei kräftige, gerade gewachsene Äste für das Grundgerüst, zwei gerade gewachsene Stangen als Ausleger und einige kleinere, jedoch stabile Äste für die Sitzfläche 1. Dieser Stuhl kann in verschiedenen Größen gebaut werden, darum machen Längenangaben wenig Sinn. Die Äste für das Grundgerüst sollten aber wenn möglich nicht kürzer als 150 cm sein. Idealerweise können die Äste für das Grundgerüst so zurechtgeschnitten werden, dass zwei Äste eine Gabelung auf der Höhe der späteren Sitzfläche haben (etwa 25–35 cm vom Boden) 2. Binden Sie die Stangen mit der Gabelung mit einer etwas längeren Stange, die beim Dreibein anschließend das Rückgrat bildet, am oberen Ende zusammen 3 und stellen Sie das Dreibein so auf, dass die Astgabeln nach außen schauen. Falls keine Schnur zur Verfügung steht, lesen Sie auf Seite 109ff. über natürliche Bindematerialien nach. Legen Sie nun die Auslegerstangen in die Vergabe-

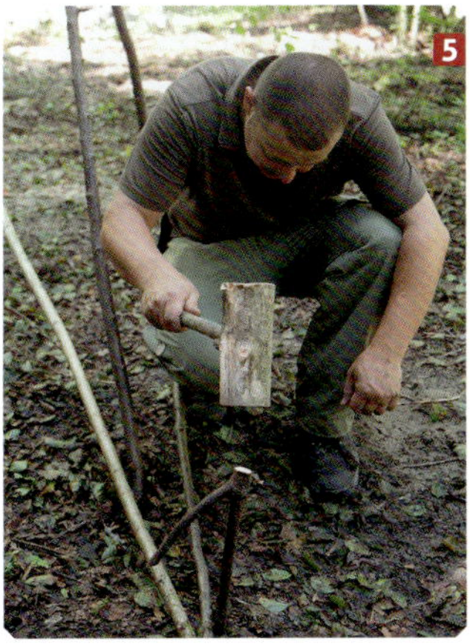

Als Rückenlehne können auch dünne Queräste dienen, die ähnlich einer Strickleiter an eine Schnur geknüpft sind. Die Queräste sind so geknüpft, dass über dem obersten Querast eine große Lasche entsteht, die einfach in die Vergabelung am oberen Ende des Dreibeins eingehängt wird 6.

lungen, sodass sie auf der Seite der Sitzfläche etwa 25–30 cm vorstehen. Am hinteren Ende liegen die Stangen einfach auf dem Boden auf und werden mit einem Stein beschwert 4 oder alternativ mit einer kräftigen Astgabel wie mit einem Zelthering im Boden verankert 5. Legen Sie nun die Äste für die Sitzfläche auf die überstehenden Ausleger und sichern Sie den vordersten Ast mit einer Wicklung gegen Abrutschen. Damit ist der Stuhl im Grunde bereits fertig; wer den Luxus einer bequemen Rückenlehne möchte, steckt noch 4–5 lange, etwas dünnere Äste senkrecht zwischen die hintersten beiden Äste der Sitzfläche und legt sie oben in die Vergabelungen des Dreibeins. Eventuell müssen die dünnen Äste für die Rückenlehne am Kreuzungspunkt des Dreibeins noch mit einer Schlaufe gesichert werden.

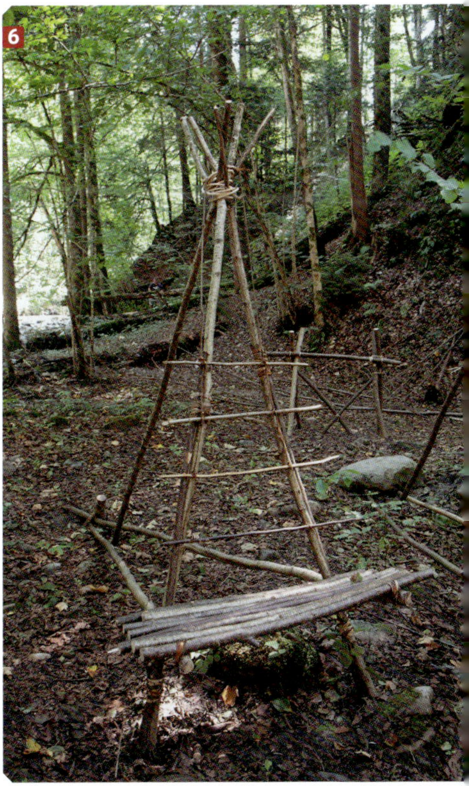

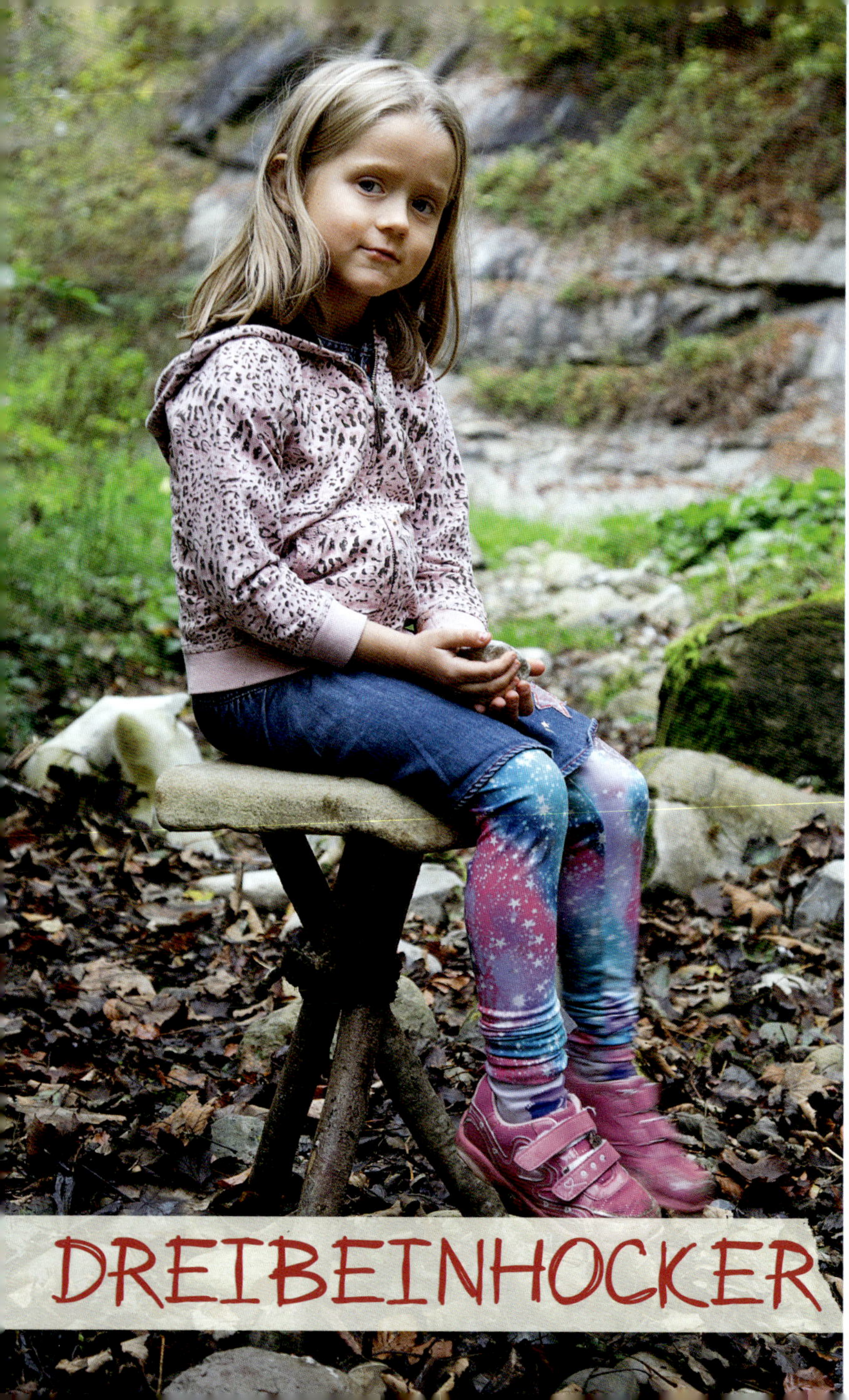

DREIBEINHOCKER

Der Dreibeinhocker ist eine gute Möglichkeit für eine schnelle und einfach zu bauende Sitzgelegenheit. Remo, mein Freund und Projektpartner vom Erlebnisgarten Buchhorn, zeigte mir, wie man mit einfachen Mitteln einen schnellen Dreibeinhocker baut.

Sägen Sie drei stabile, gerade gewachsene Äste mit einem Durchmesser von mindestens 3 cm auf eine Länge von etwa 50 cm zu **1**. Legen Sie die Äste aufeinander (unten zwei, oben einer) und legen Sie im oberen Drittel einen starken Strick viermal um das Holzbündel. Verknoten Sie die Strickenden mit einem Samariterknoten **2**. Stellen Sie die Konstruktion auf den Boden und spreizen Sie die Beine des Dreibeins. Dabei merken Sie schon die enorme Spannung, die im Knoten entsteht. Drücken Sie die Beinenden etwas ins Erdreich. Jetzt können Sie als Sitzfläche entweder Queräste einlegen **2**, einen kleineren flachen Stein in die Krone legen **3** oder einen großen flachen Stein oben darauf platzieren **4**. Voilà, fertig ist der Dreibeinhocker.

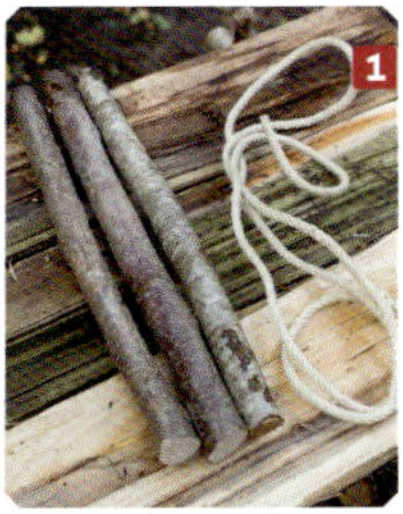

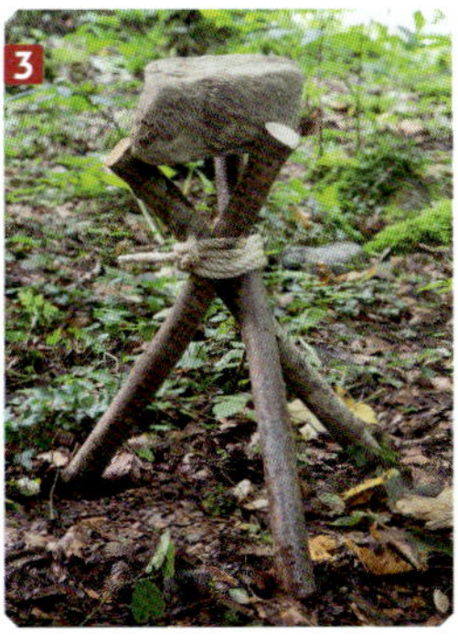

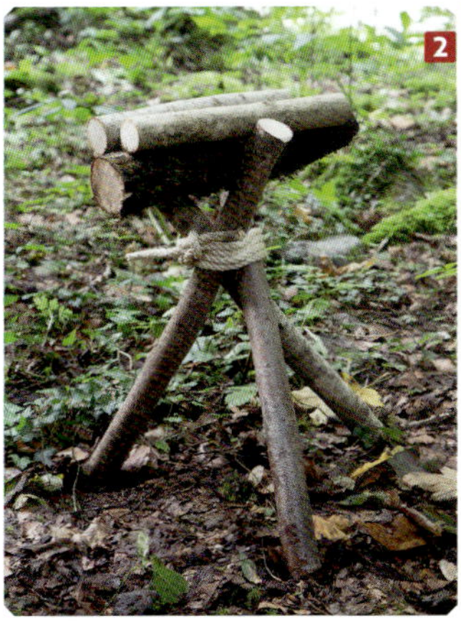

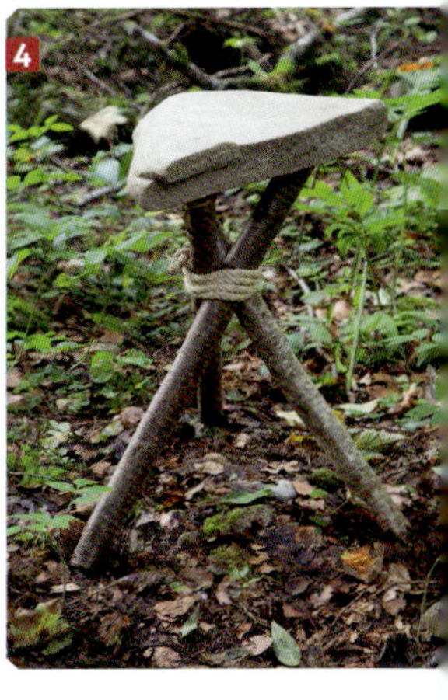

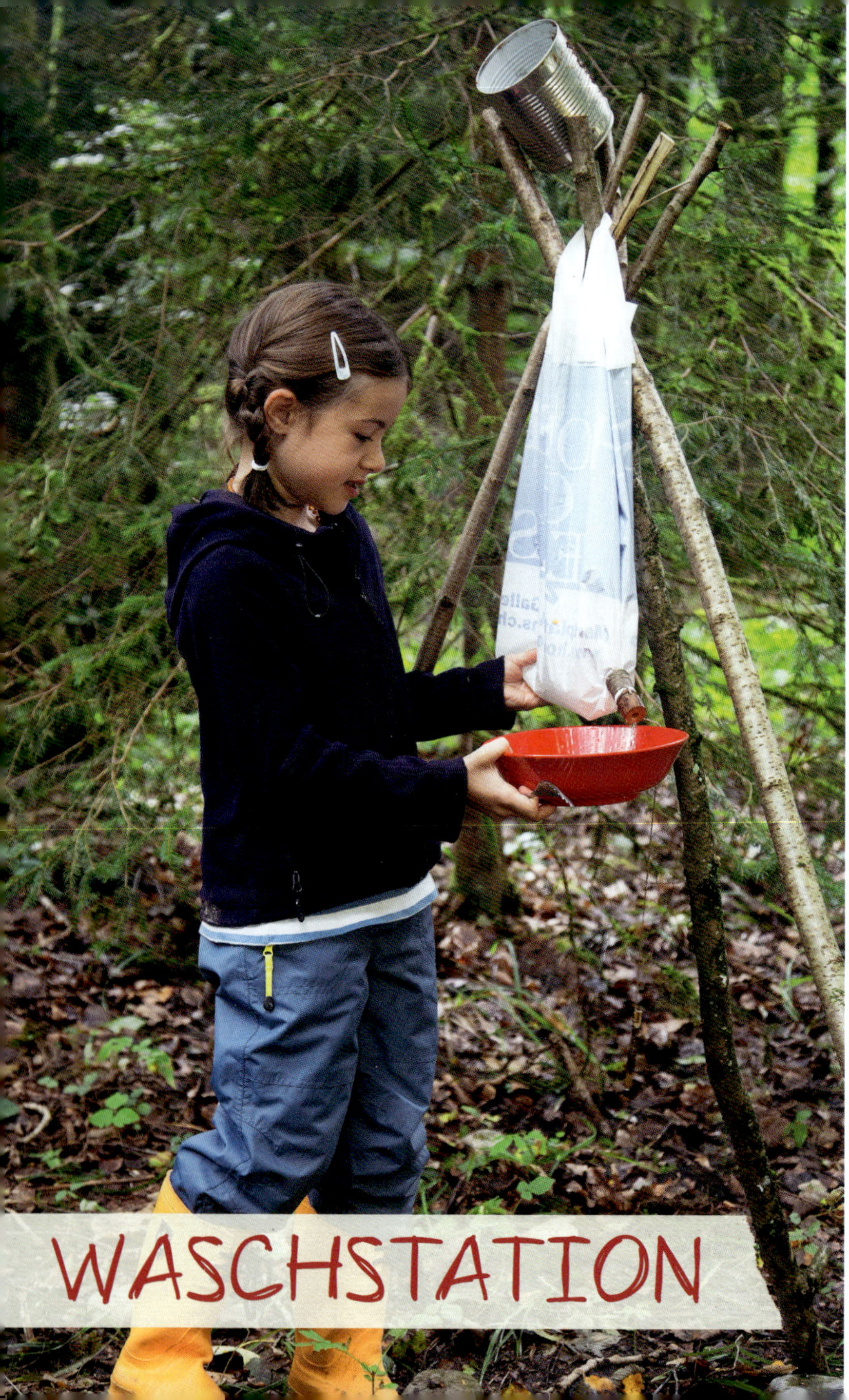

WASCHSTATION

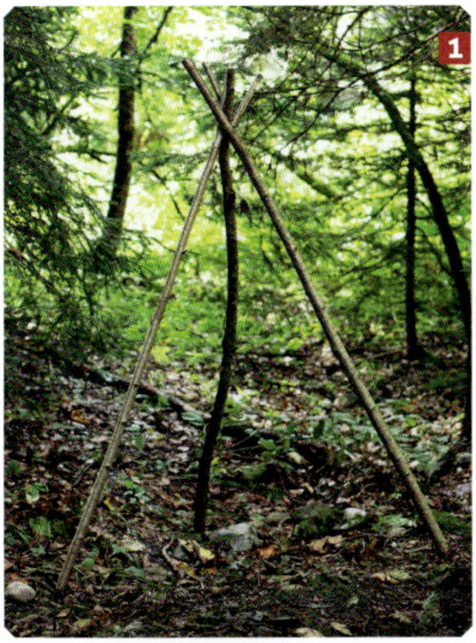

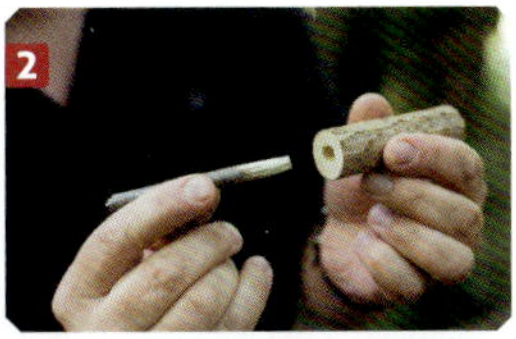

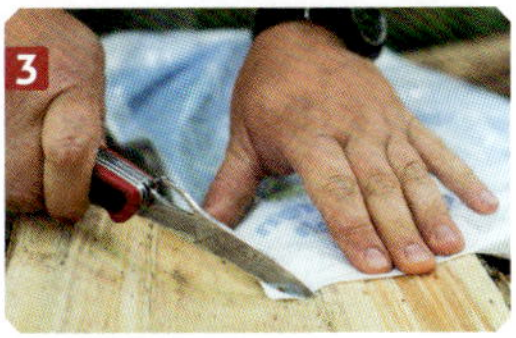

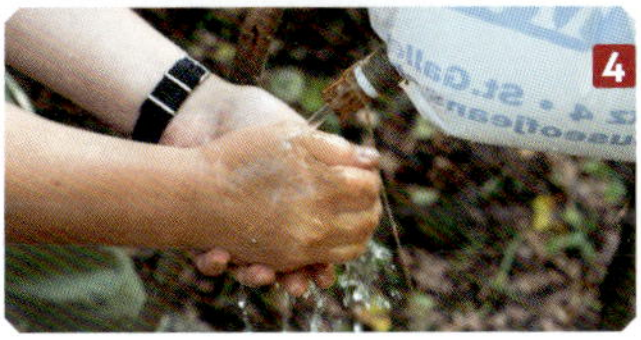

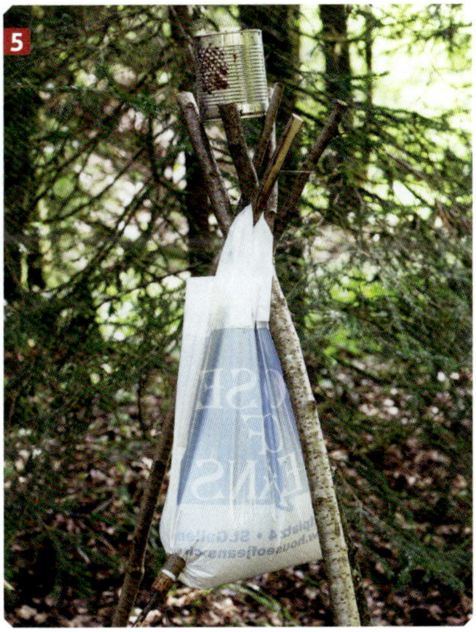

In der freien Natur ist die (Hand-) Hygiene genauso wichtig wie zu Hause, wenn nicht sogar wichtiger. Ein einfacher Plastiksack und einige Äste genügen für den Bau einer zweckmäßigen Handwaschstation, ein Komfort, der sich in jedem Camp bewährt. Binden Sie drei etwa 2 m lange Stangen zu einem stabilen Dreibein zusammen **1**. Aus einem kurzen Stück Holunderast und einem kleinen, passenden, leicht konisch zugeschnittzten Ästchen wurde der Wasserhahn inklusive Stopfen geschnitzt **2**. Schneiden Sie mit dem Taschenmesser eine kleine Ecke am unteren Ende des Plastiksacks weg **3**, sodass das Holunderrohr von innen hindurchgeschoben werden kann. Dichten Sie den Übergang mit einigen straffen Schnurwicklungen ab **4**. Nun braucht man nur noch den mit Wasser gefüllten Plastiksack an einer der oberen Gabelungen des Dreibeins aufzuhängen, und fertig ist die Waschstation **5**.

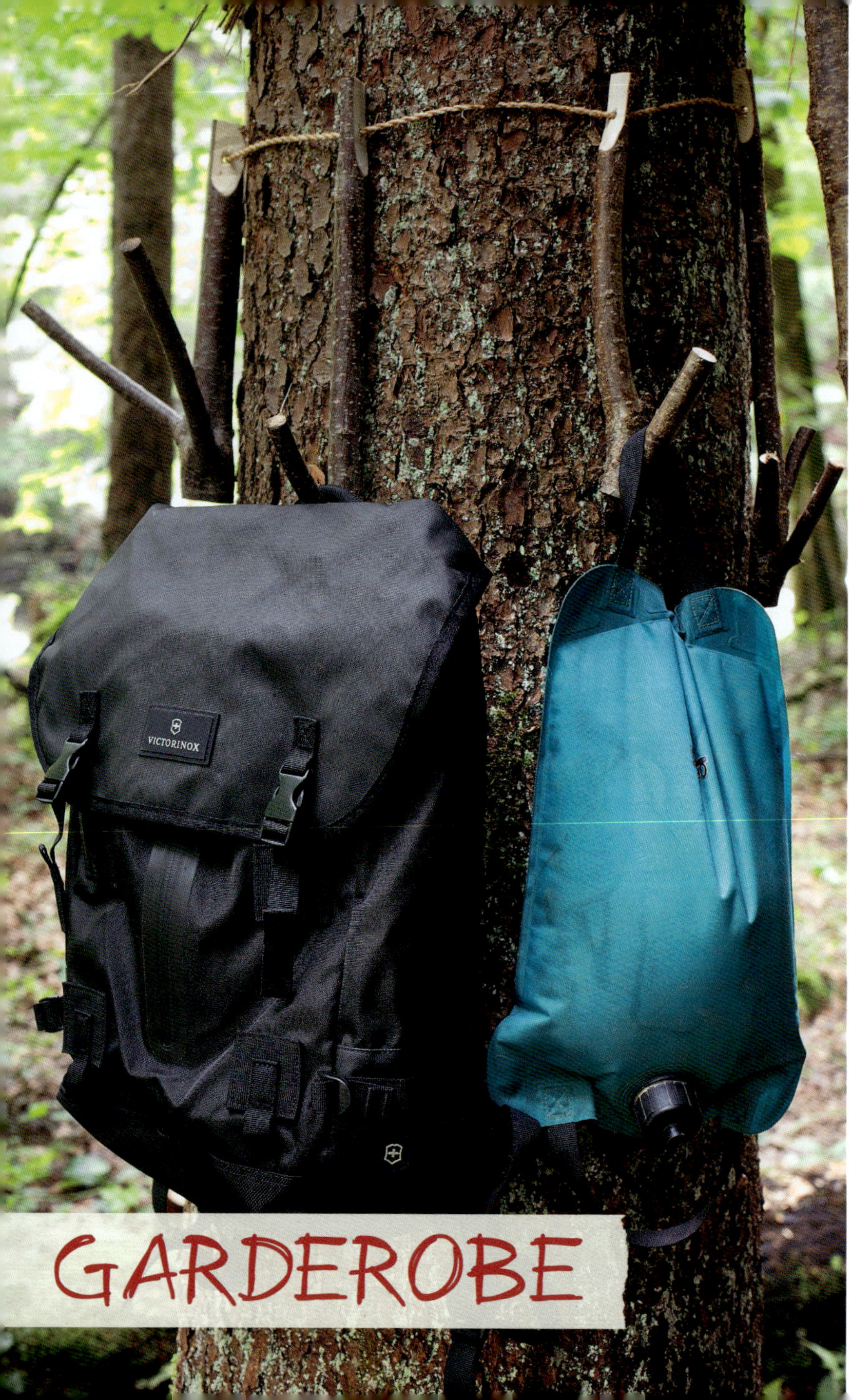

GARDEROBE

Den erfahrenen Bushcrafter erkennt man unter anderem daran, dass er seinen Rucksack oder seine Jacke nicht direkt auf den Waldboden legt. Der erfahrene Waldgänger sucht einen Platz, an dem er seine Utensilien an einem Baumstamm aufhängen kann. Das Aufhängen wichtiger Utensilien hat, neben dem Schutz vor Bodenfeuchtigkeit, Schmutz und allerlei Krabbeltieren, auch den Vorteil, dass bei einem einsetzenden Regenschauer die Ausrüstung unter dem Baum trocken bleibt.

Suchen Sie sich einige Astgabeln 1. Flachen Sie die Astgabeln am oberen Ende mit dem Messer wie die Spitze eines Schraubenziehers etwas ab 2. Bohren Sie nun mit der Ahle durch den abgeflachten Teil ein Loch 3, so groß wie möglich. Fädeln Sie die so entstandenen Haken auf eine möglichst starke Schnur oder Kordel, die gerade noch durch die Löcher passt. Knüpfen Sie die Schnur mit einem leicht lösbaren Knoten, zum Beispiel dem Samariterknoten, in etwa 2 m Höhe um einen Baum. Nun ist die Garderobe fertig 4. Wenn der Knoten lösbar ist, kann die Garderobe auch jederzeit wieder versetzt werden.

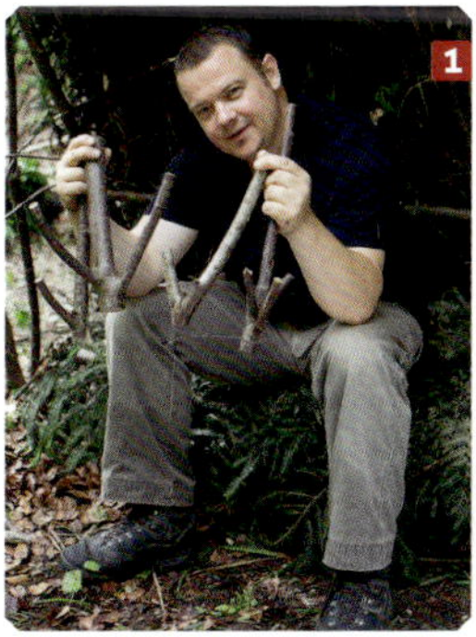

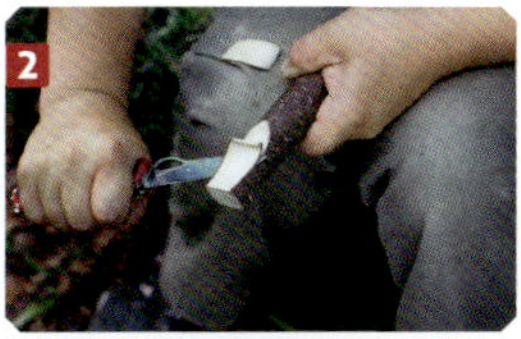

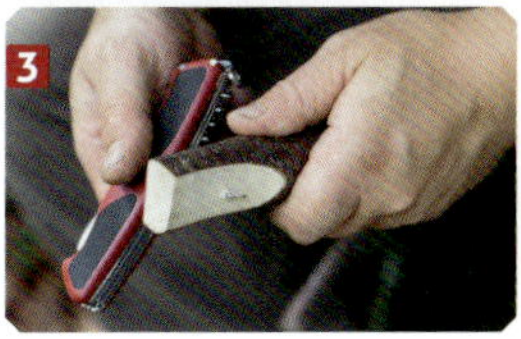

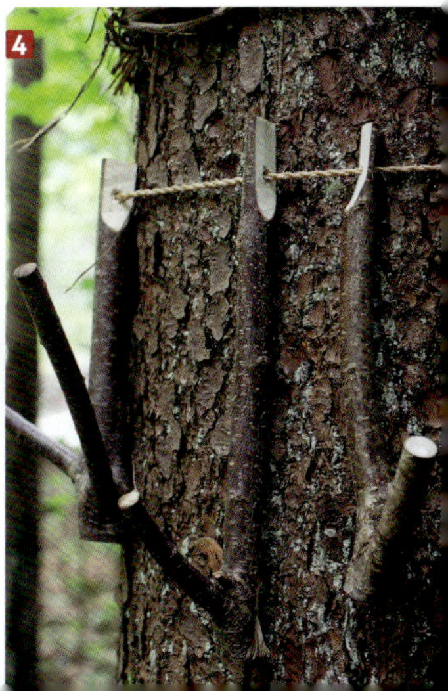

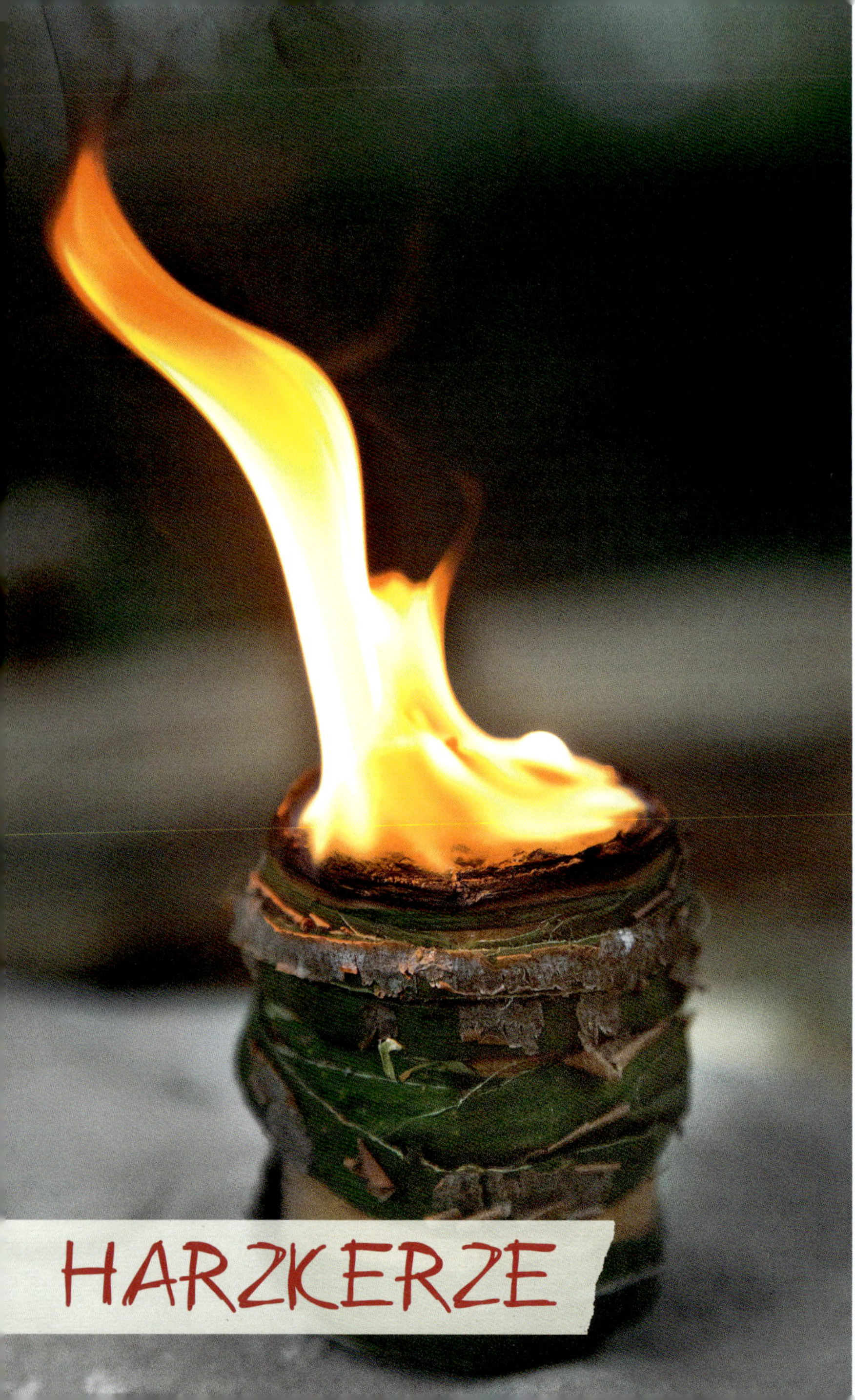

HARZKERZE

Für den Bau einer Harzkerze brauchen Sie ein etwa 6 × 20 cm großes Stück Birkenrinde. Außer der Birkenrinde benötigen Sie ein etwa 3 cm langes, abgesägtes Aststück, das als Kerzenboden dient. Dieses Aststück sollte einen Durchmesser von mindestens 3,5 cm haben. Zusätzlich benötigen Sie genügend weiches Harz und einige Streifen Weiden- oder Ulmenrinde 1. (Zur Herstellung von Bindematerial aus Baumrinde siehe Seite 110.)

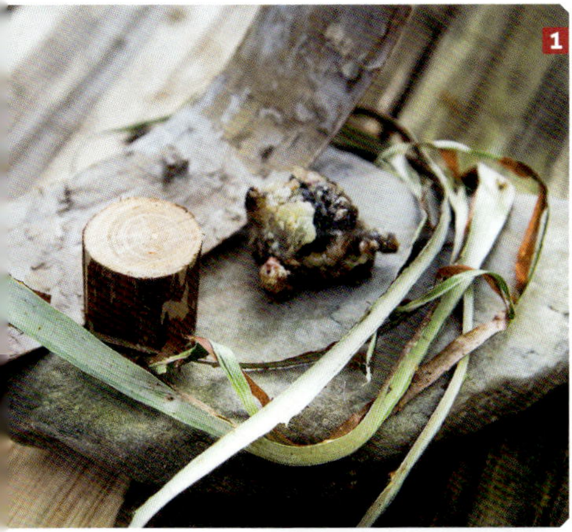

1

Wickeln Sie die Birkenrinde etwa zweimal straff um das Bodenstück und binden Sie sie mit einem der Rindenstreifen mit dem Würgeknoten fest 2. Geben Sie nun das Harz in die Kerze. Drücken Sie es mit einem Stück Ast etwas fest 3. Der Rand aus Birkenrinde sollte nach dem Befüllen mit Harz noch etwas überstehen. Wenn das Harz brennt und durchgehend heiß wird, dehnt es sich etwas aus und beginnt Blasen zu bilden. Das brennende Harz sollte dann in keinem Fall über den Rand schwappen. Platzieren Sie in der Mitte der Kerze

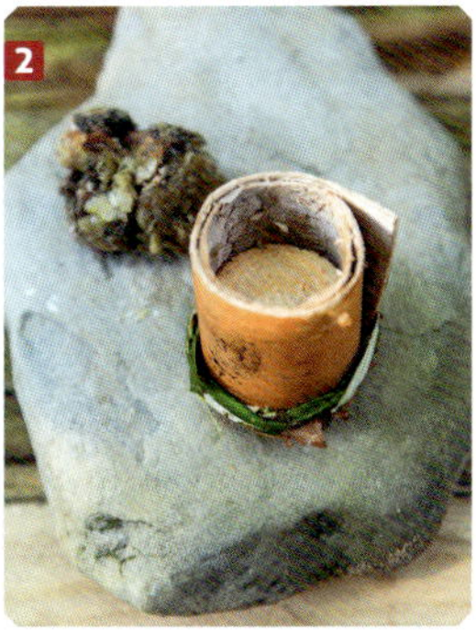

2

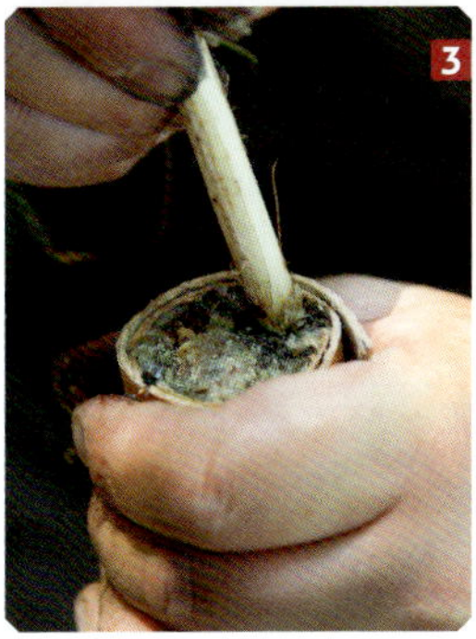

3

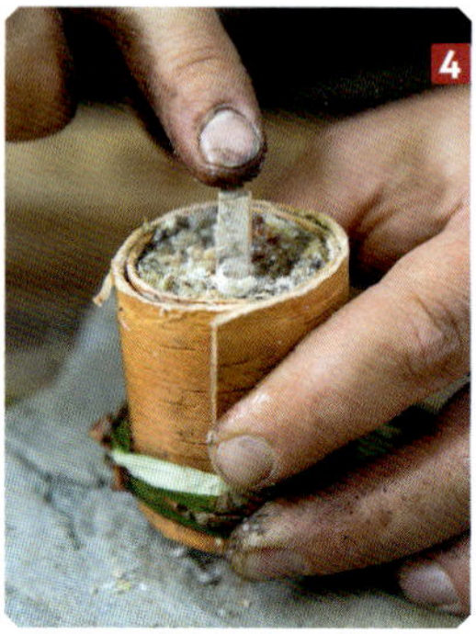

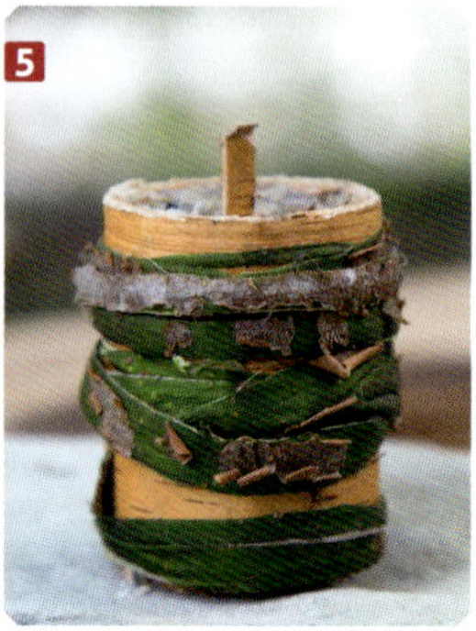

einen kleinen Docht aus Birkenrinde als Anzündhilfe 4. Bringen Sie am oberen Rand und in der Mitte zwei weitere Bindungen aus Weiden- oder Ulmenrinde an 5. Es ist wichtig, dass diese Bindungen aus frischer Rinde bestehen, weil die frische Rinde nicht so schnell durchbrennt oder gar selbst Feuer fängt. Wenn die Kerze längere Zeit brennt, bildet sich auf dem flüssigen Harz eine Schicht aus Ruß und Asche. Wenn die Flamme zu ersticken droht, ist es hilfreich, das Harz mit einem Ast etwas umzurühren. Die Kerze auf dem Bild brannte ungefähr eine Stunde 6. Aus Sicherheitsgründen empfehle ich, mehrere kleine Kerzen herzustellen statt einer großen.

Achtung: Die Harzkerze darf nur auf einer ausreichend großen, brandsicheren Unterlage (zum Beispiel auf Lehm, Sand oder auf einem Stein) angezündet werden! Wenn die Außenhaut aus Birkenrinde abbrennt, weil brennendes Harz über den Rand tropft, oder wenn die Harzkerze umkippt, kann das flüssige Harz auslaufen und anfangen zu brennen. So entsteht schnell ein kleiner Flächenbrand. Zünden Sie die Harzkerze niemals in einem Gebäude an oder an einem Ort, wo Brandgefahr besteht. Beachten Sie auch, dass die Rauchentwicklung einer Harzkerze sehr groß ist!

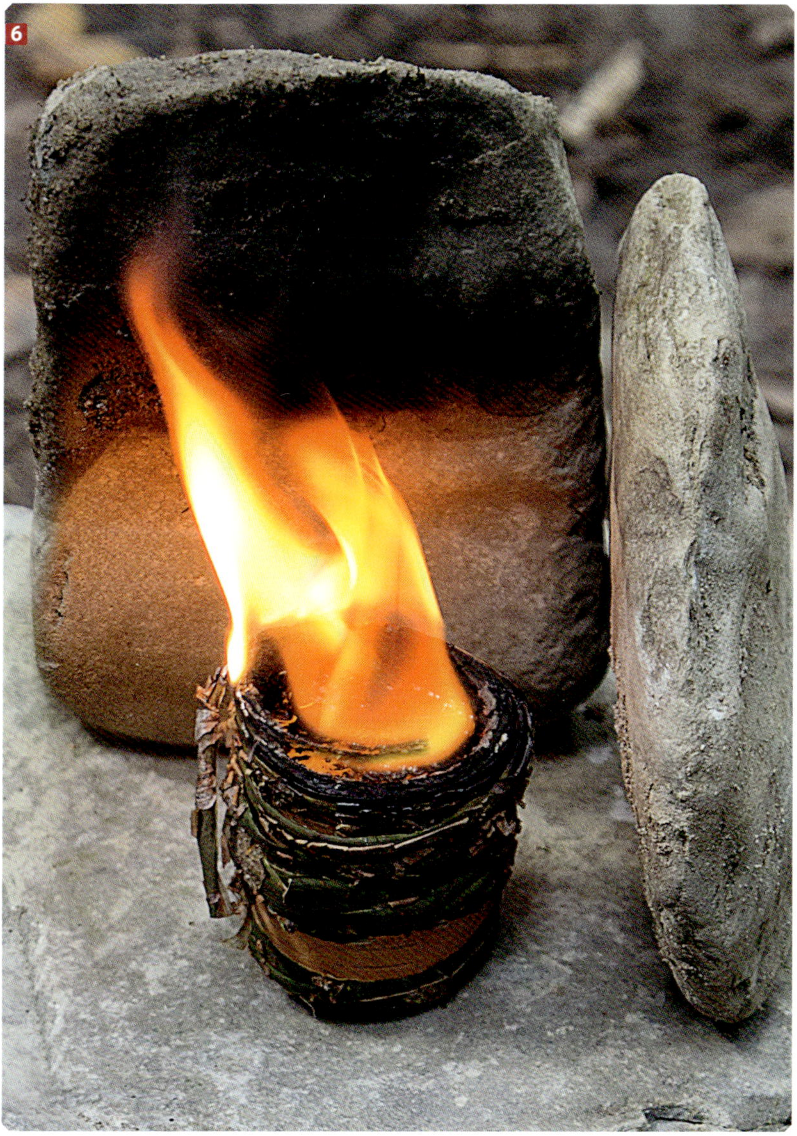
6

KÜCHEN-UTENSILIEN

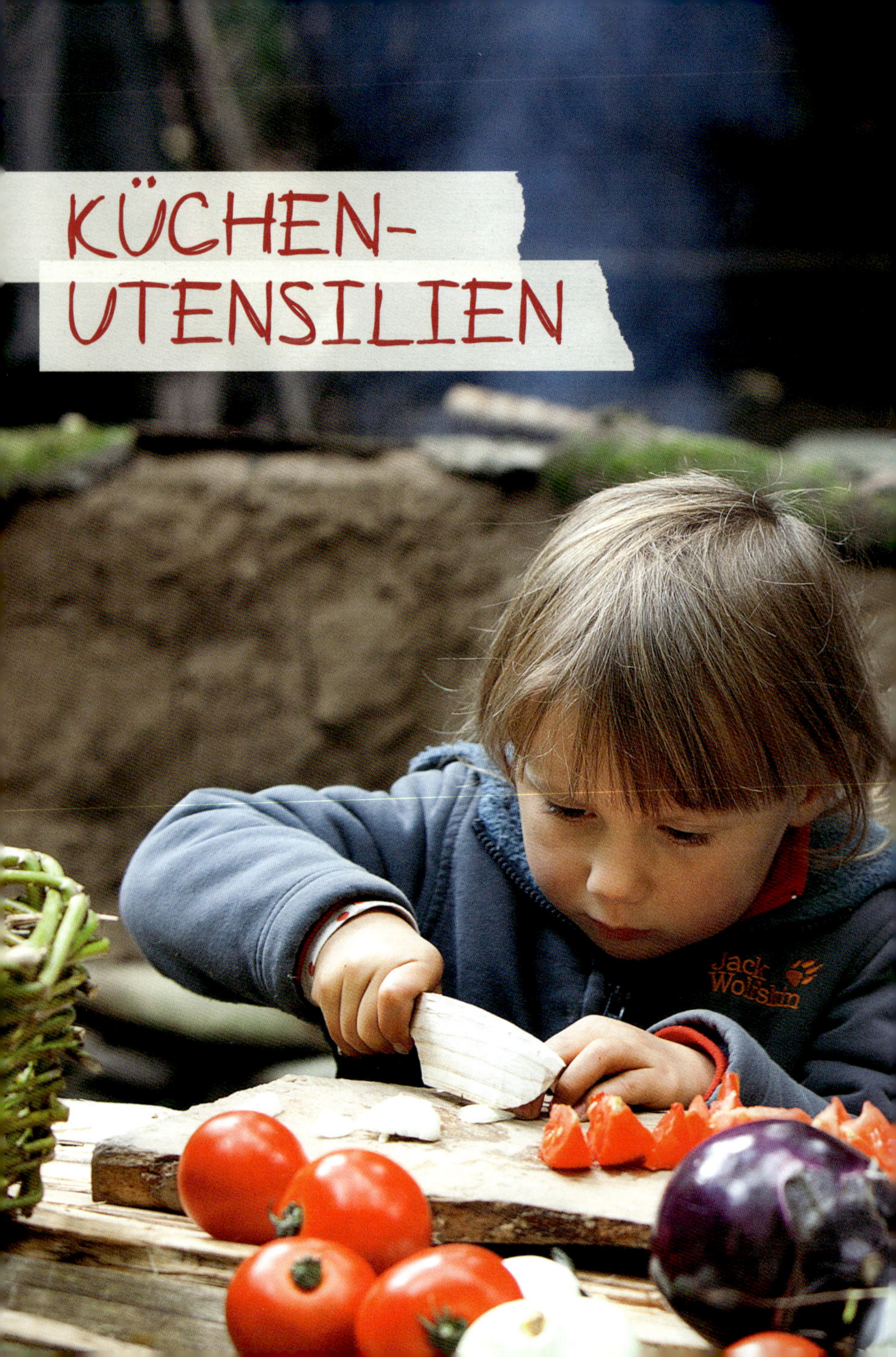

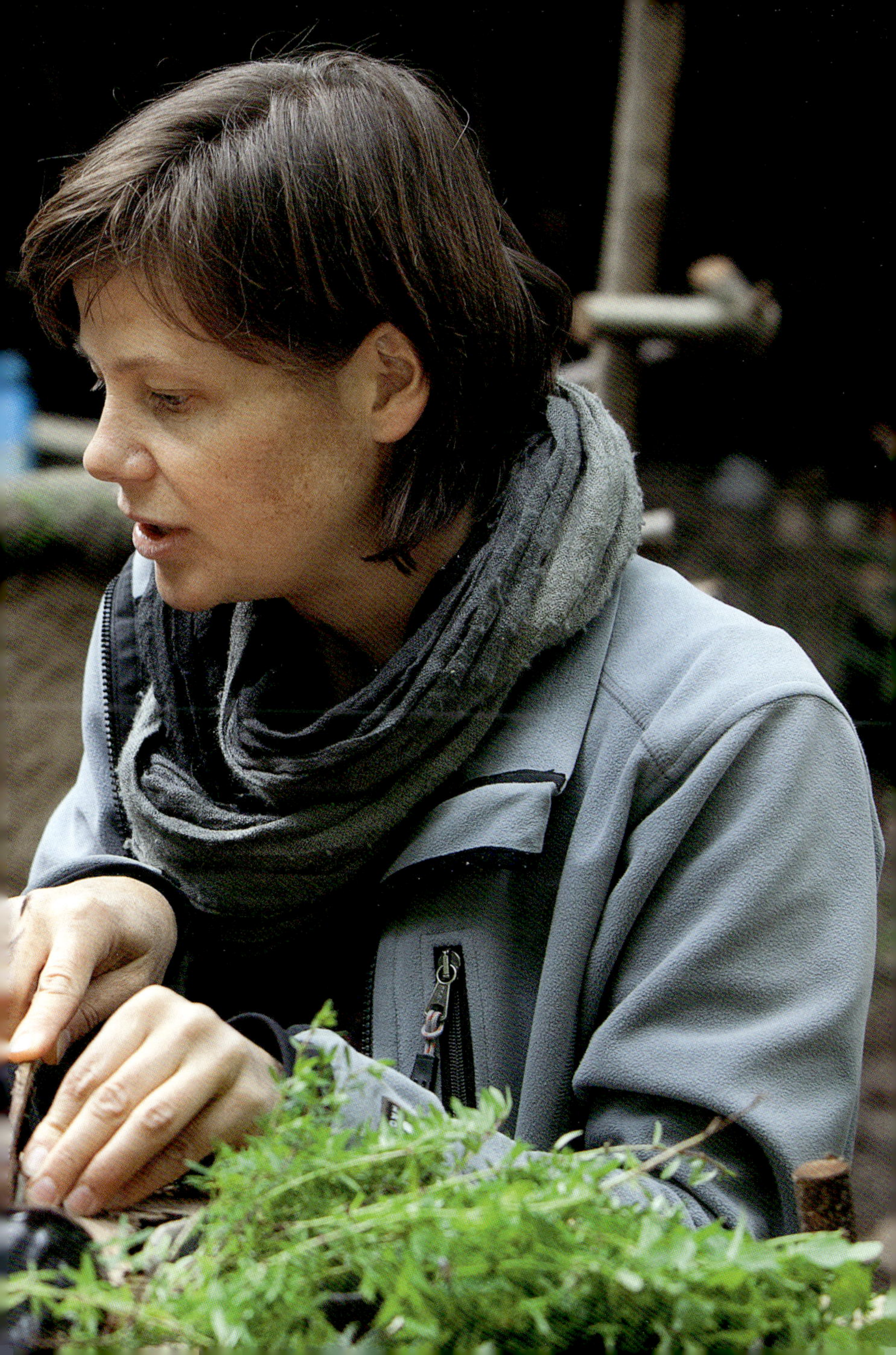

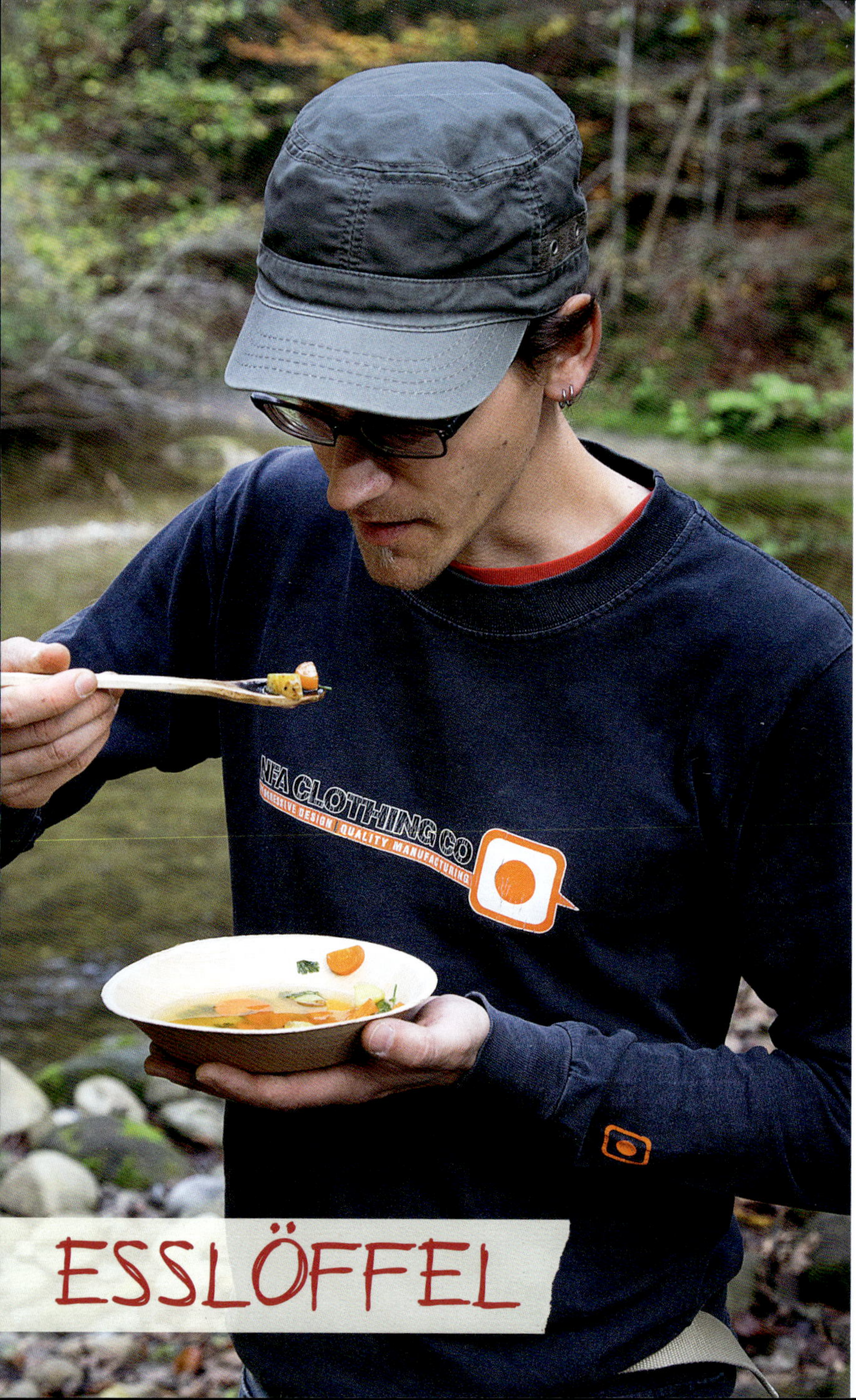

ESSLÖFFEL

Eine über dem Feuer gekochte Suppe mit einem selbst geschnitzten Löffel zu essen, ist ein wunderschönes Naturerlebnis.

Da es ergonomisch sinnvoll ist, wenn die Laffe (das ist die konkave Ausbuchtung im vorderen Teil eines Löffels) etwas tiefer als der Löffelgriff liegt, wählt man vorzugsweise ein etwa 4 cm dickes, trockenes Aststück mit einer leichten Krümmung in der Mitte 1. Dieses Holzstück wird der Länge nach aufgespaltet, sodass sich zwei Teile mit jeweils einem Knick ergeben. Um das Messer zu schonen, schlägt man es nur bis zum Messerrücken ins Holz 2, zieht es wieder heraus und setzt im so entstandenen Spalt einen geschnitzten Holzkeil an. Den Holzkeil treibt man dann mit einem Asthammer durch das Holz 3. Für den Löffel wurde der äußere Teil des Astes verwendet 4. Greifen Sie mit einer Zange oder mit zwei Ästen ein Stück glühender Kohle aus dem Feuer und legen Sie es dorthin, wo die Laffe entstehen soll. Die Laffe sollte gleich hinter dem Knick liegen und nach dem Ausbrennen auf beiden Seiten genug Platz bieten, um das Werkstück bei der abschließenden Feinbearbeitung gut greifen zu können. Mit dem zweiten Holzstück klemmt man die Glut vorsichtig ein und bläst mit dosierten, langen

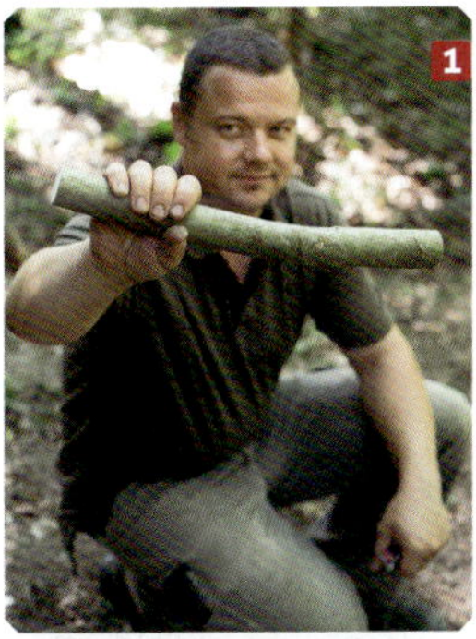

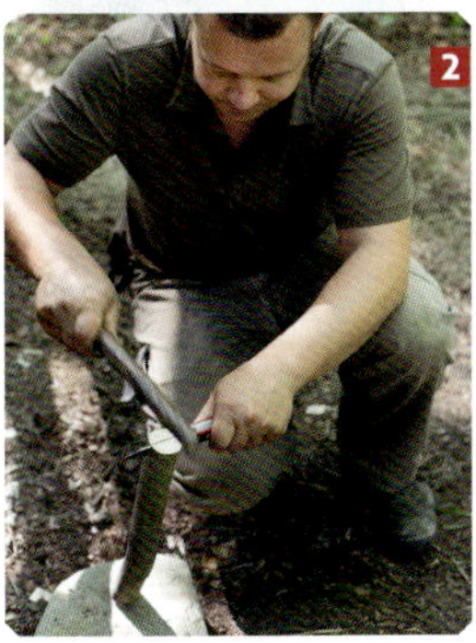

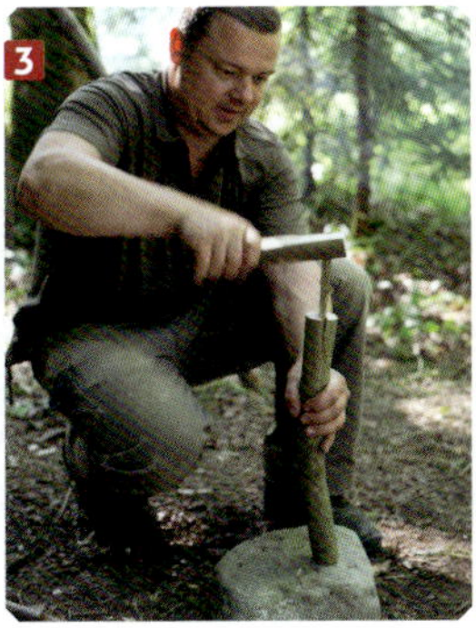

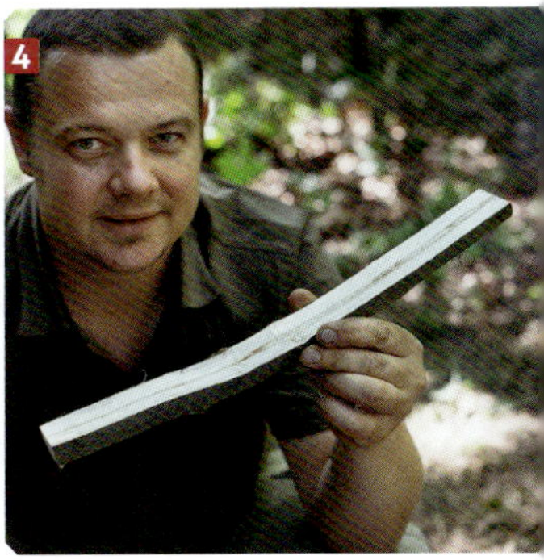

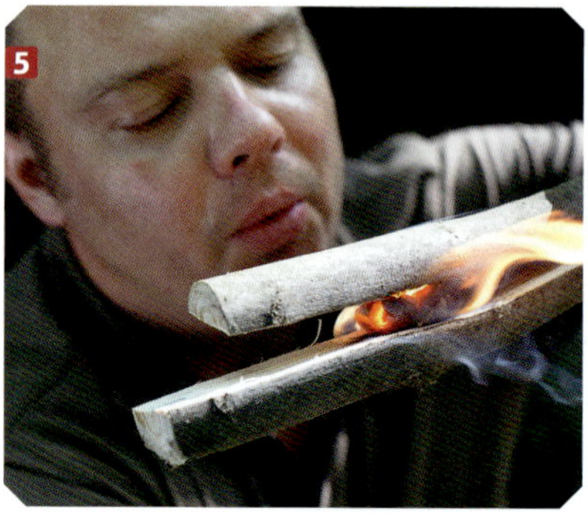

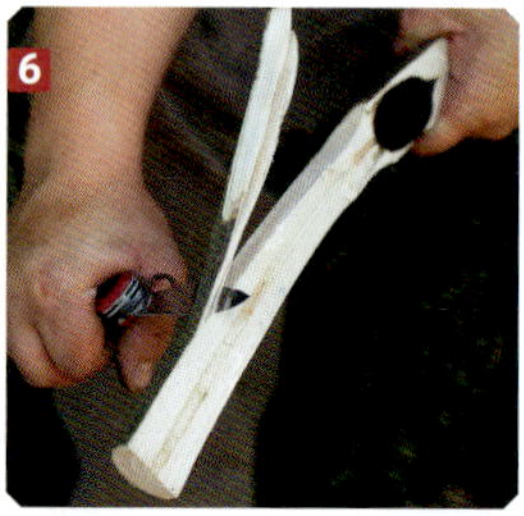

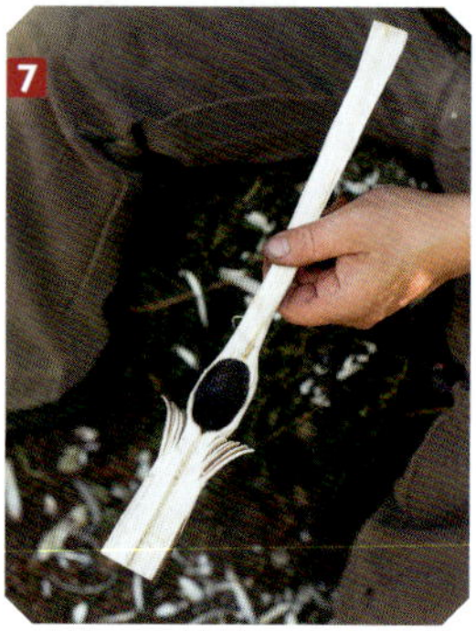

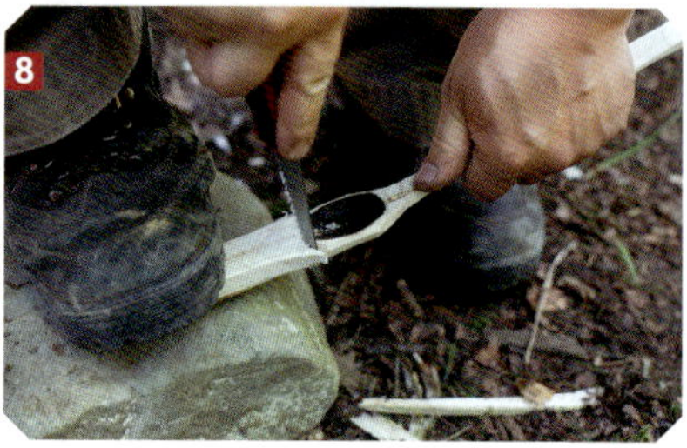

und gleichmäßigen Atemzügen die Glut an 5. Wenn der Rohling einigermaßen trocken ist, überträgt sich die Glut schnell auf die Spaltfläche und beginnt die Laffe auszubrennen. Sollte die Glut die Laffe einseitig oder unregelmäßig ausbrennen, kann etwas feuchter Lehm an die Wände gestrichen werden. Der Lehm verhindert dann an dieser Stelle den weiteren Ausbrennvorgang. Sobald die Laffe groß genug ausgebrannt ist, kratzt man mit der runden Klinge des Dosenöffners die Kohleschicht vorsichtig ab. Rund um die Laffe wird im Anschluss die Kontur des Löffels geschnitzt, beginnend mit dem Griff 6. Wenn der Griff fertig ist 7, wird der Löffel abgelängt 8 und zuletzt die Außenwölbung der Laffe geschnitzt.

Damit das Holz beim Schnitzen der Kontur nicht ausbricht, ist die Schnitzrichtung zu beachten 9!

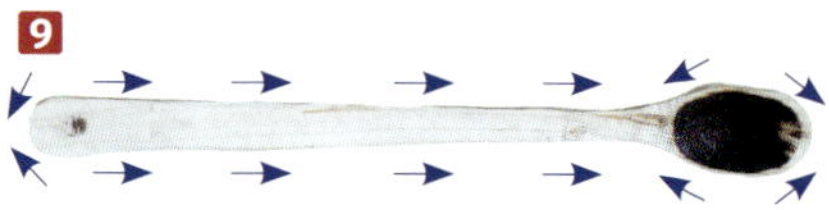

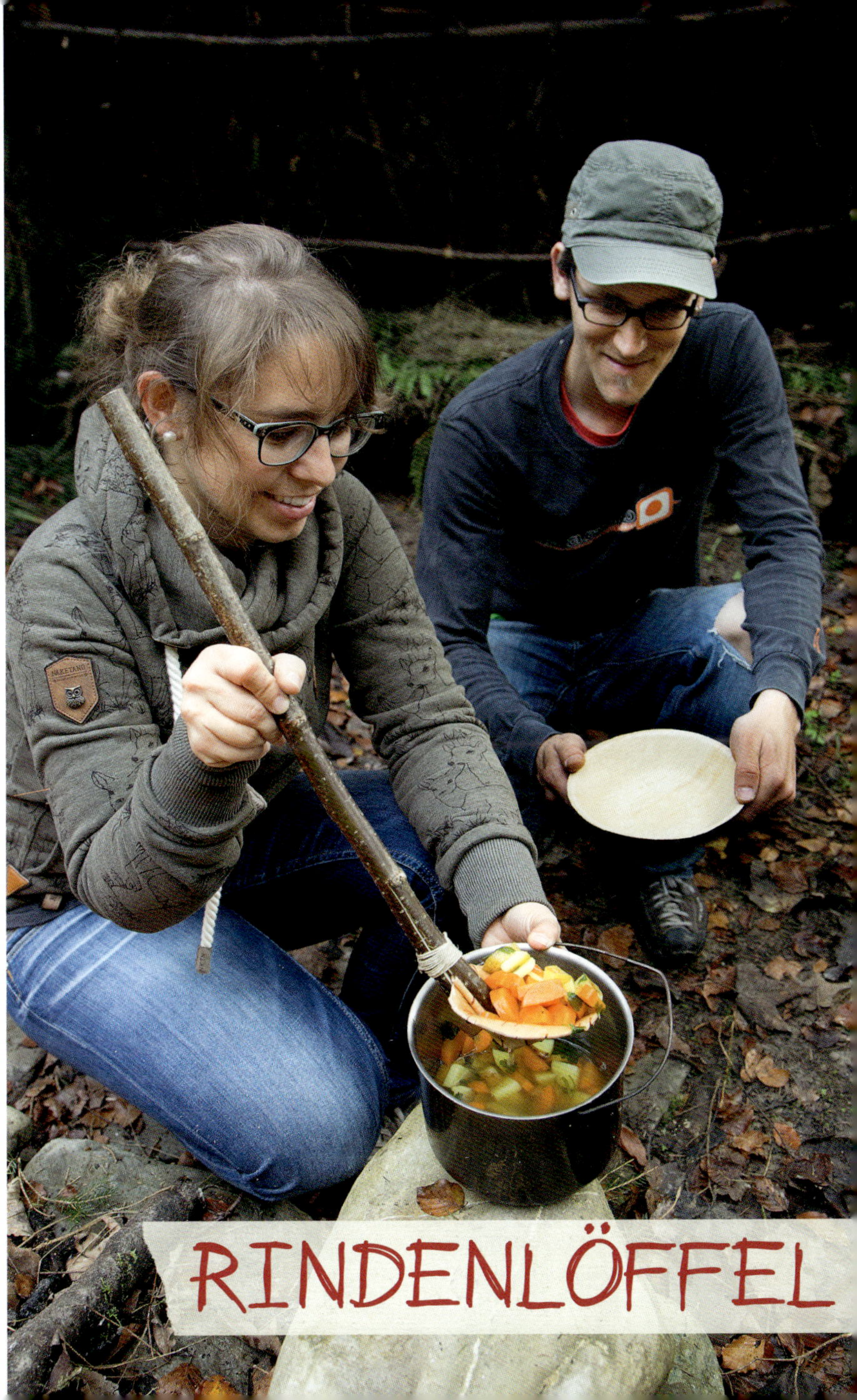

RINDENLÖFFEL

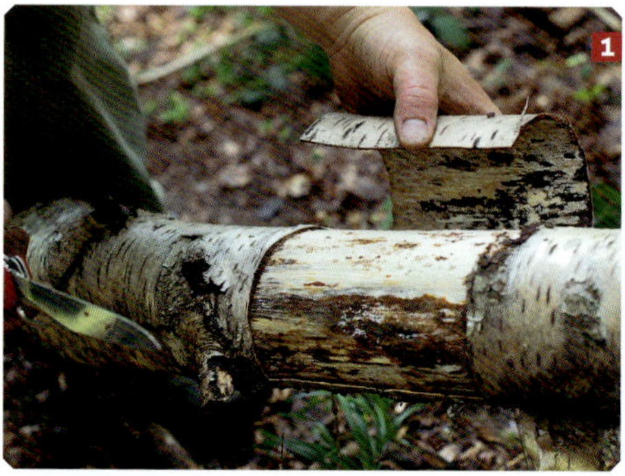

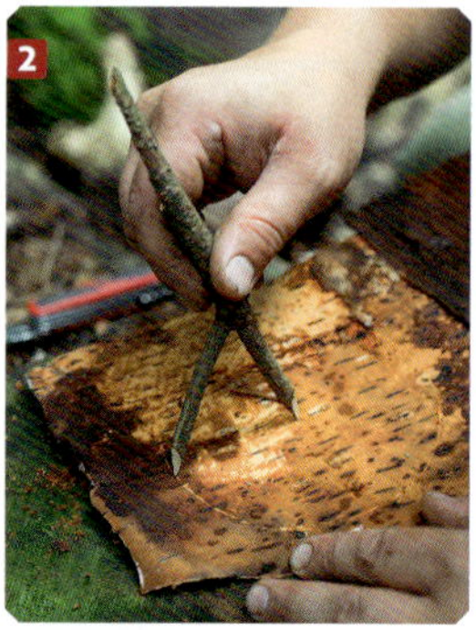

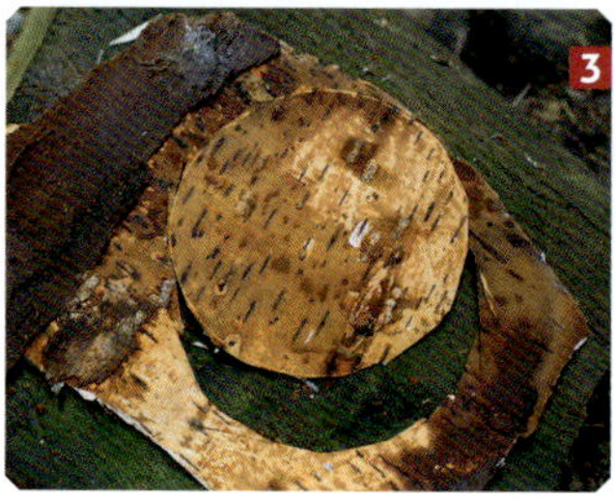

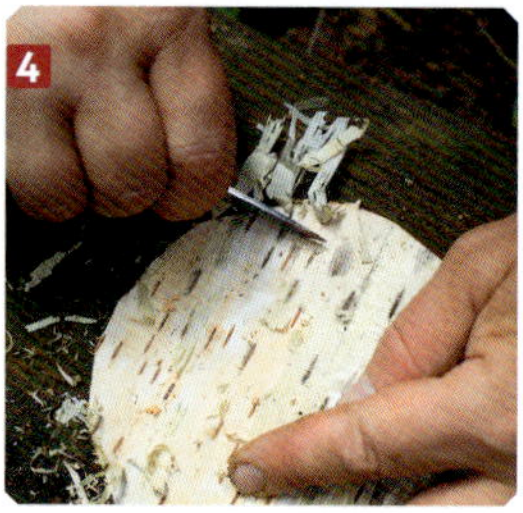

Der Rindenlöffel ist eine schnellere Methode, um sich unterwegs einen Löffelersatz herzustellen. Rindenlöffel lassen sich gut aus Birkenrinde und Kirschbaumrinde herstellen. Diese Rinden sind lederartig und lassen sich falten, ohne zu brechen. Sicher eignen sich aber auch andere Baumrinden wie zum Beispiel Fichtenrinde.

Lösen Sie ein Stück Rinde von einem umgestürzten Baumstamm **1**. Wenn das Holz schon verrottet, lässt sich die Rinde besonders leicht ablösen. Zuerst säubert man die Rinde auf der Innenseite. Mit einer kleinen Astgabel zeichnen Sie dann einen Kreis ein **2**, hier hat er einen Durchmesser von etwa 10 cm. Achten Sie darauf, beim »Mittelpunkt« mit dem Behelfszirkel kein Loch in die Rinde zu drücken, sondern lediglich eine kleine Delle. Schneiden Sie den Kreis sorgfältig aus **3** und entfernen Sie die abstehenden Häutchen auf der Außenfläche der Rinde **4**. Knicken Sie nun den Kreis zweimal bis zum Mittelpunkt ein und legen Sie die so gebildeten Falten übereinander **5**, **6**, **7**. So entsteht eine konkav gewölbte Schalenform. Klemmen Sie die überlappende Stelle zwischen einem gespaltenen Ast ein, der als Stiel für

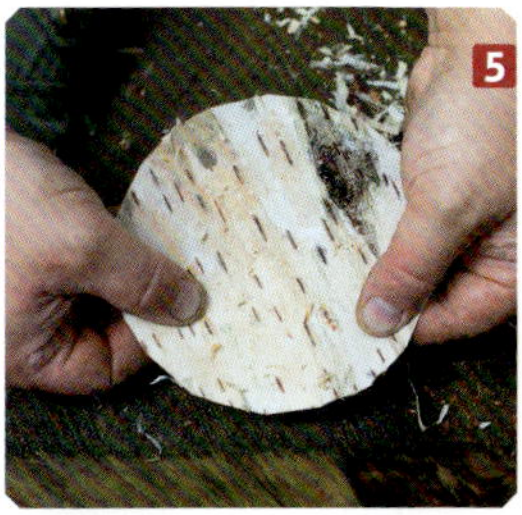

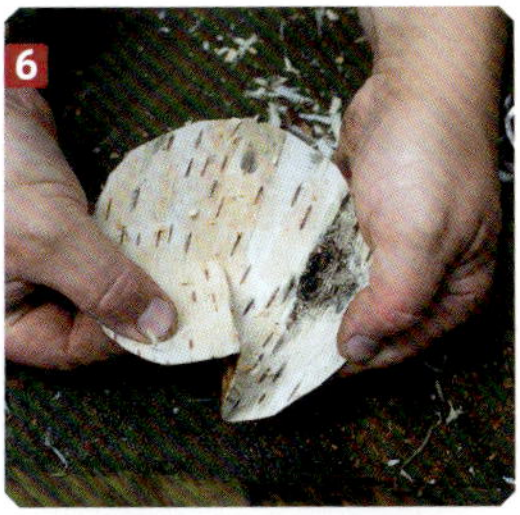

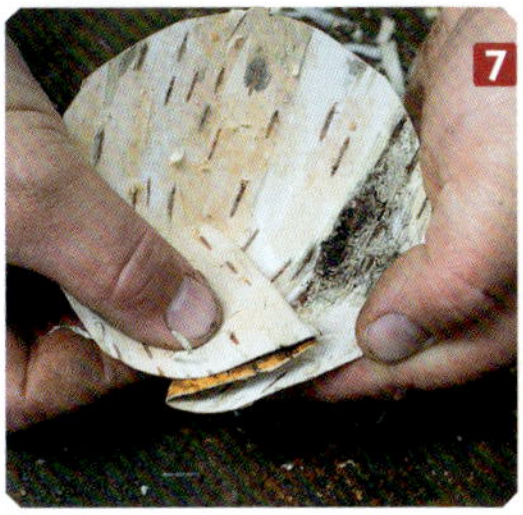

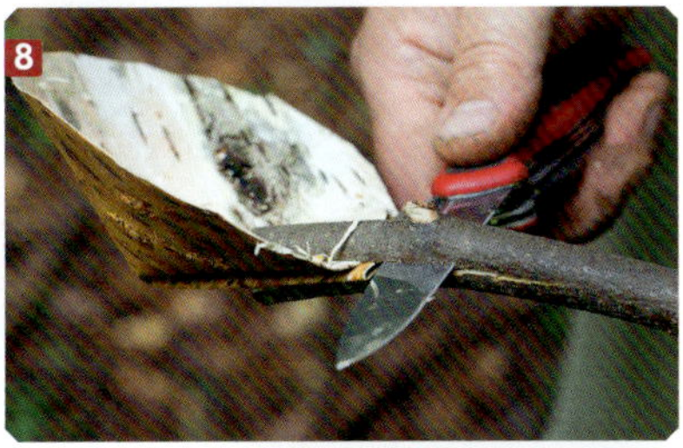

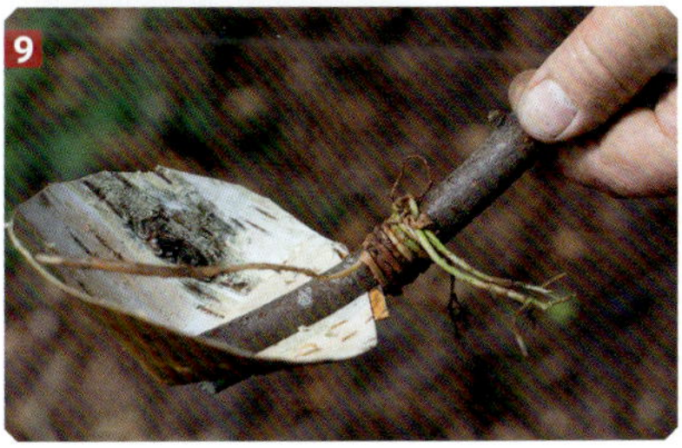

den Löffel dient 8. Mit einer straffen Wicklung aus Schnur lässt sich die Klemmwirkung zwischen den Spaltflächen zusätzlich erhöhen 9. Hier wurde für die Wicklung Fichtenwurzel verwendet, Sie können aber auch ein anderes Bindematerial oder Schnur benutzen. Rindenlöffel können ohne Mehraufwand auch größer dimensioniert werden und eignen sich dann zum Beispiel auch zum Schöpfen von Trinkwasser aus einem Bergbach.

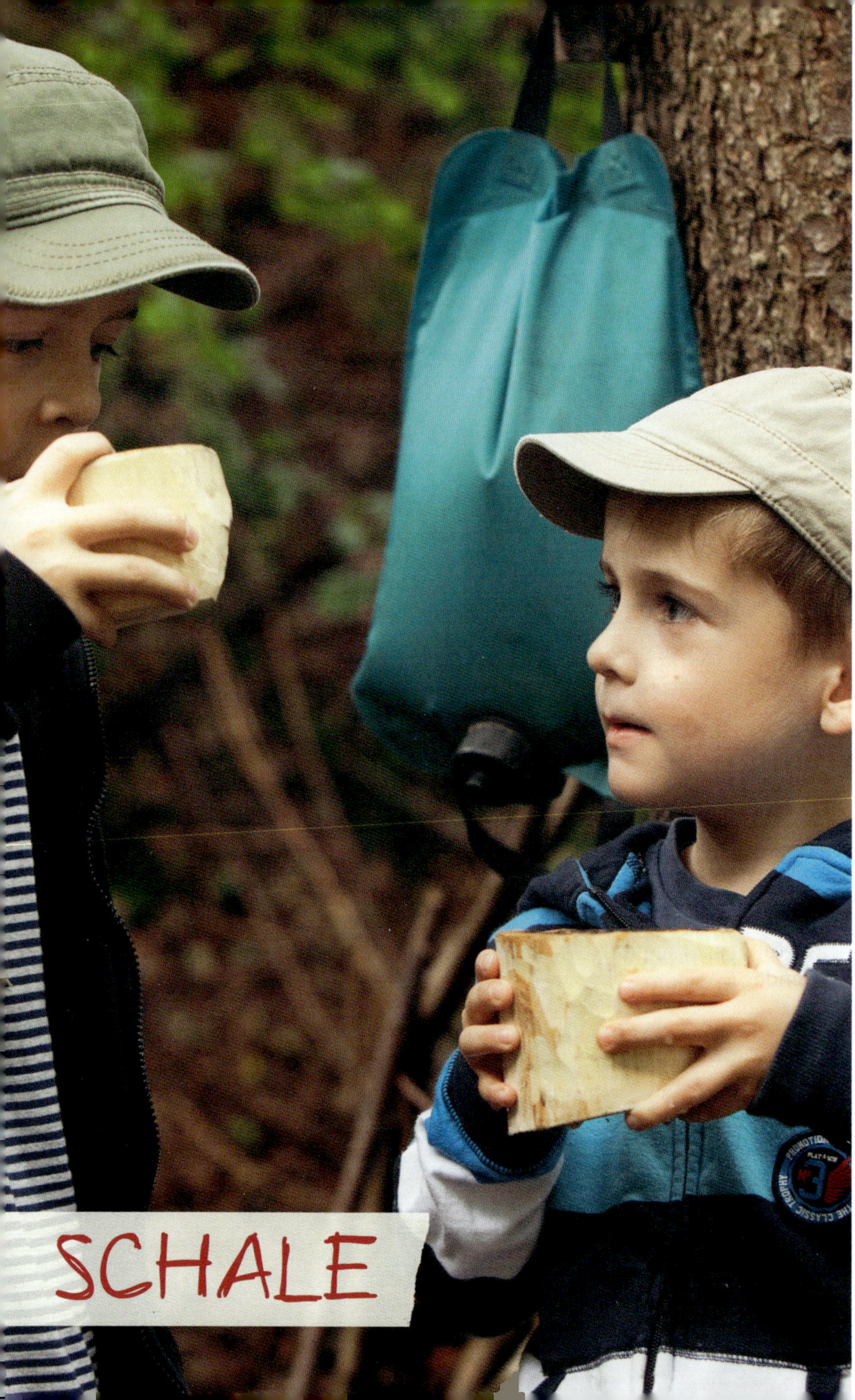

SCHALE

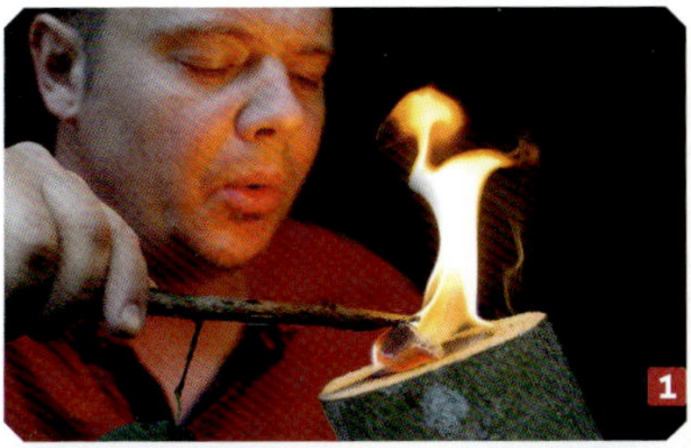

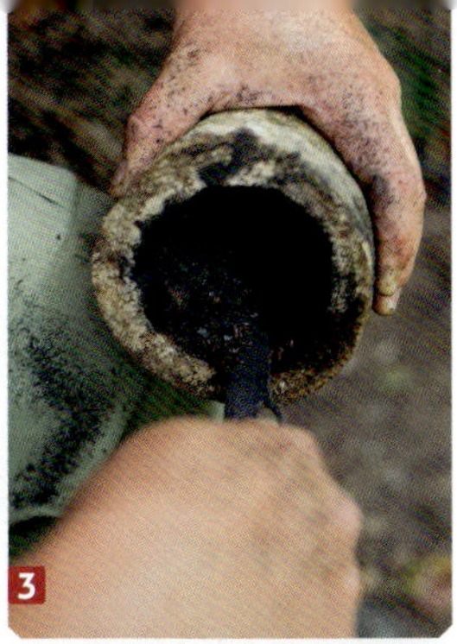

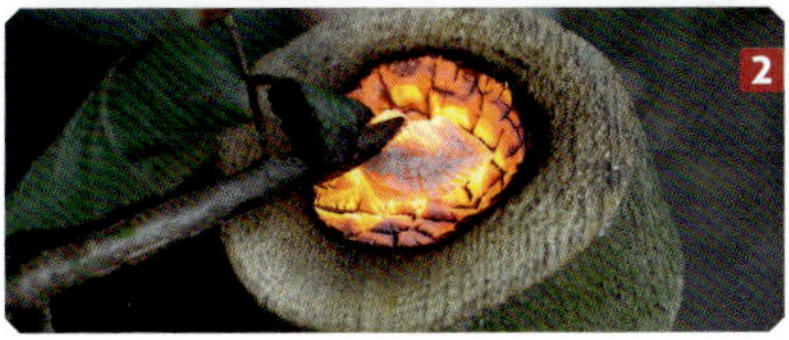

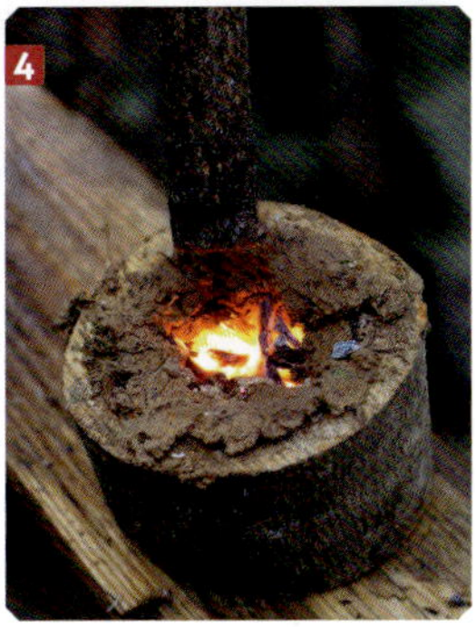

Wie gut eine Schale gelingt, hängt maßgeblich davon ab, wie trocken der Holzrohling ist, in den die Kuhle gebrannt werden soll.

Nehmen Sie mit einer Zange oder mit zwei Ästen ein Stück glühender Kohle aus dem Feuer und legen Sie es an der Stelle auf den trockenen Rohling, wo die Vertiefung entstehen soll. Mit einem Holzstück klemmt man die Glut vorsichtig fest und bläst mit dosierten, langen und gleichmäßigen Atemzügen die Glut an. Bei dieser Arbeit sollte man nach Möglichkeit sitzen. Ein Blasrohr erleichtert den Ausbrennprozess 1. Zu Beginn braucht es etwas Ausdauer, bis sich die Glut auf das Werkstück übertragen hat 2. Durch Wenden und Verschieben der Glut kann man die Form der Ausbrennstelle beeinflussen. Von Zeit zu Zeit braucht es wieder ein neues Kohlestück. Vor dem Einsetzen des neuen Glutstücks kratzen Sie mit der Klinge oder der runden Schneide des Büchsenöffners die entstandene Kohleschicht im Werkstück etwas aus 3. Wenn sich die Glut in der entstandenen Vertiefung einseitig oder in eine ungewünschte Richtung weiterfrisst, kann etwas feuchter Lehm auf die entsprechende Stelle gestrichen werden 4. Der Lehm verhindert ein weiteres Ausbrennen an dieser Stelle. Oft entstehen beim Ausbrennen kleine Spannungsrisse; daher sollten die Gefäßwände ausreichend dick sein. Wenn die Vertiefung der Schale die gewünschte Größe erreicht hat, muss die Kohleschicht möglichst sauber herausgekratzt werden. Als letzten Schritt brauchen Sie dann nur noch die Außenseite der Schale fertig zu schnitzen.

DOSENREIBE

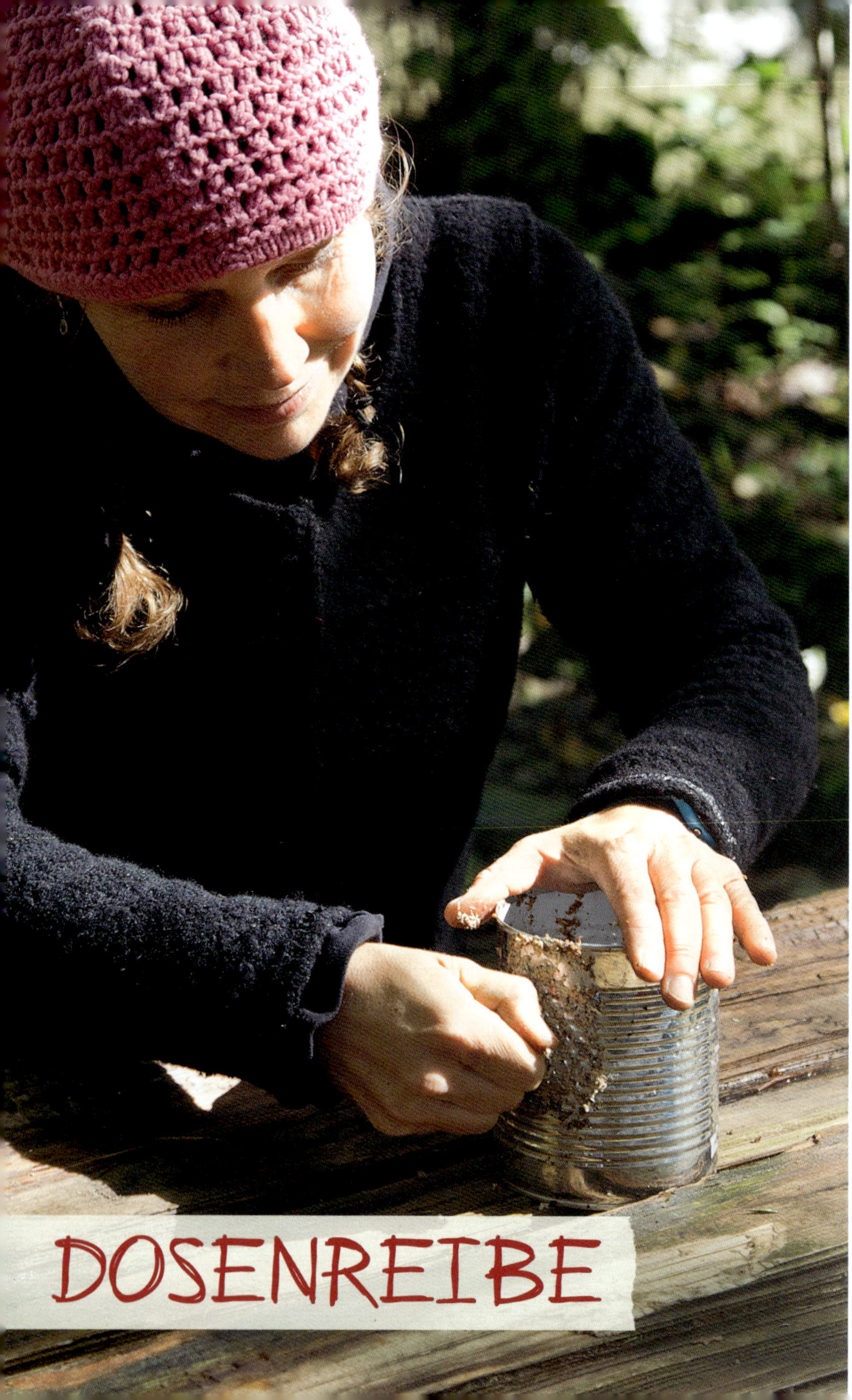

Die hier beschriebene improvisierte Raspel kann zum Reiben von allerlei Lebensmitteln wie Käse, Karotten oder Zwiebeln verwendet werden. Hier brauchen wir sie zum Herstellen von Kastanienseife.

Rosskastanien enthalten besonders viel Saponin. Auf dem Youtube-Kanal von Peter Wörner wird eine Methode zur Seifenherstellung vorgestellt, die unglaublich gut funktioniert. Dafür braucht man eine Dosenreibe.

Um sie herzustellen, brauchen Sie eine Konservendose mit einem Durchmesser von 10 cm. Drücken Sie die Ahle des Taschenmessers von innen nach außen durch das Blech 1, 2. Dabei entstehen auf der Außenseite der Dose kleine Häkchen, die wie bei einer Parmesanreibe als Raspel genutzt werden können 3. Stechen Sie möglichst viele solcher Löcher und versuchen Sie dabei, die Löcher so zu stechen, dass sie versetzt zueinander stehen 4.

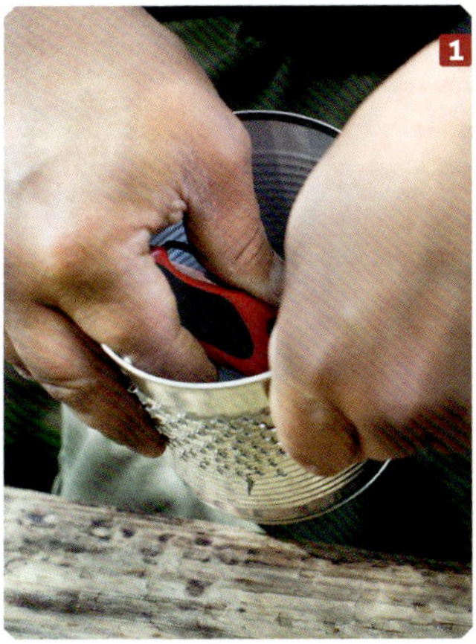
1

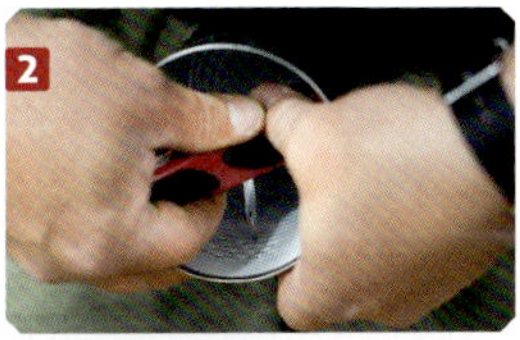
2

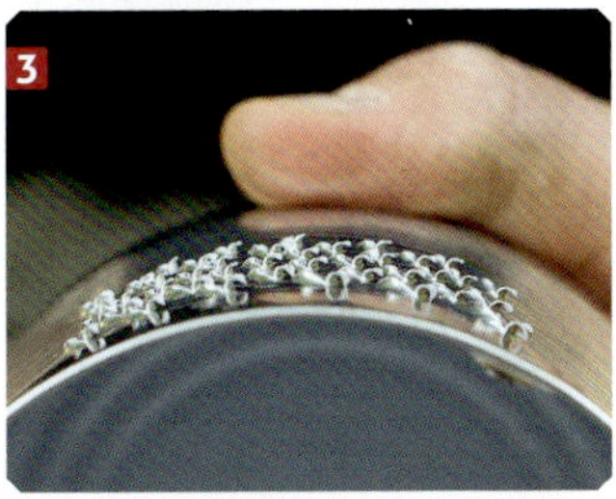
3

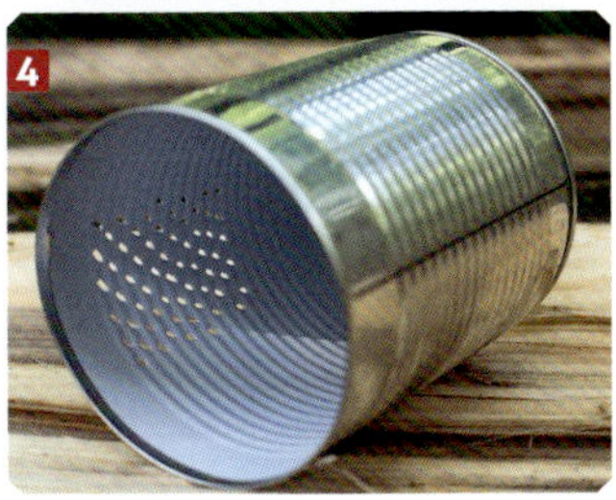
4

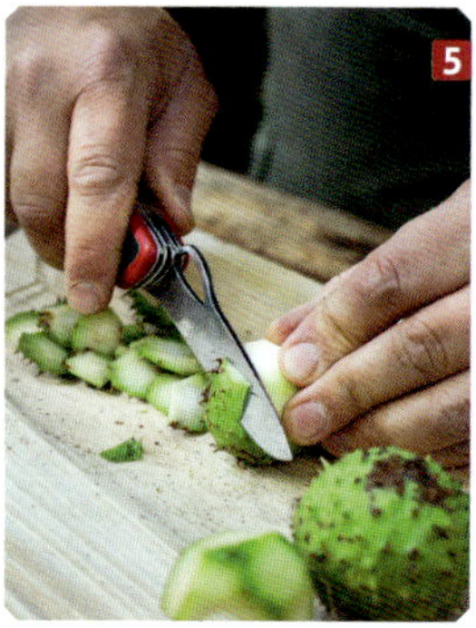

5

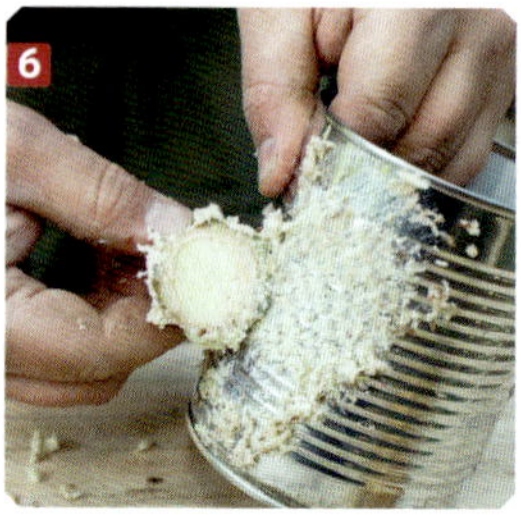

6

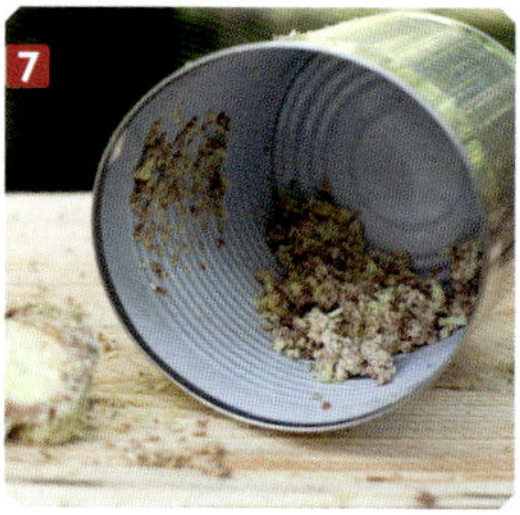

7

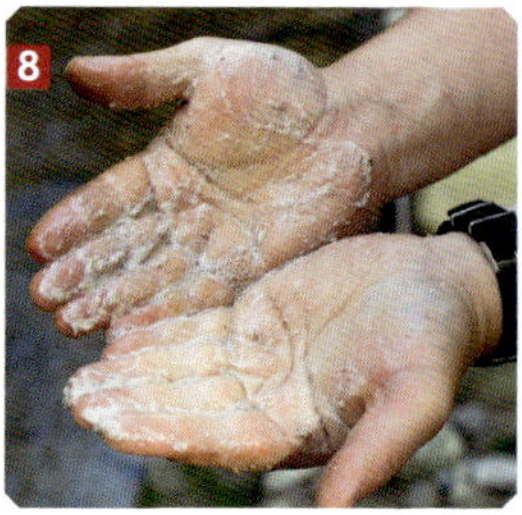

8

Der benötigte Kraftaufwand für diese Technik ist erstaunlich gering. Achten Sie darauf, dass Sie sich beim Reiben nicht an den scharfen Kanten der Haken verletzen. Um Rosskastanien zu reiben, genügt es, ihre stacheligen Schalen nur grob zu entfernen 5. Den entstandenen Abrieb 6, 7 kann man wie Sandseife zum Händewaschen benutzen. Die gute Wirkung dieser Seife und auch die Schaumbildung beim Reiben zwischen den Händen mit etwas Wasser ist immer wieder faszinierend 8, 9. Wegen des zusätzlichen Peelingeffekts des Abriebs funktioniert diese Naturseife sogar bei stark verschmutzten Händen.

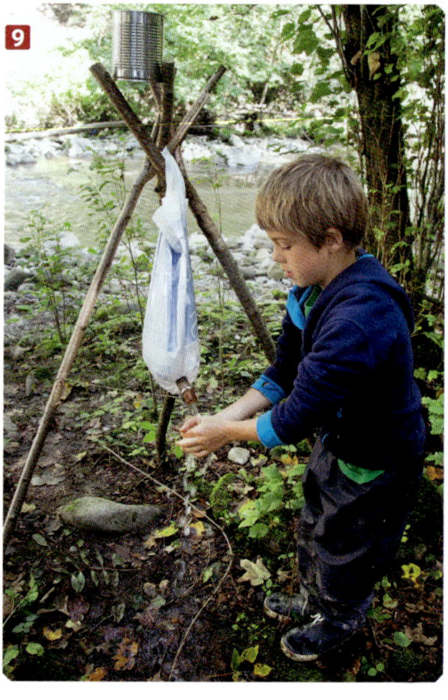

9

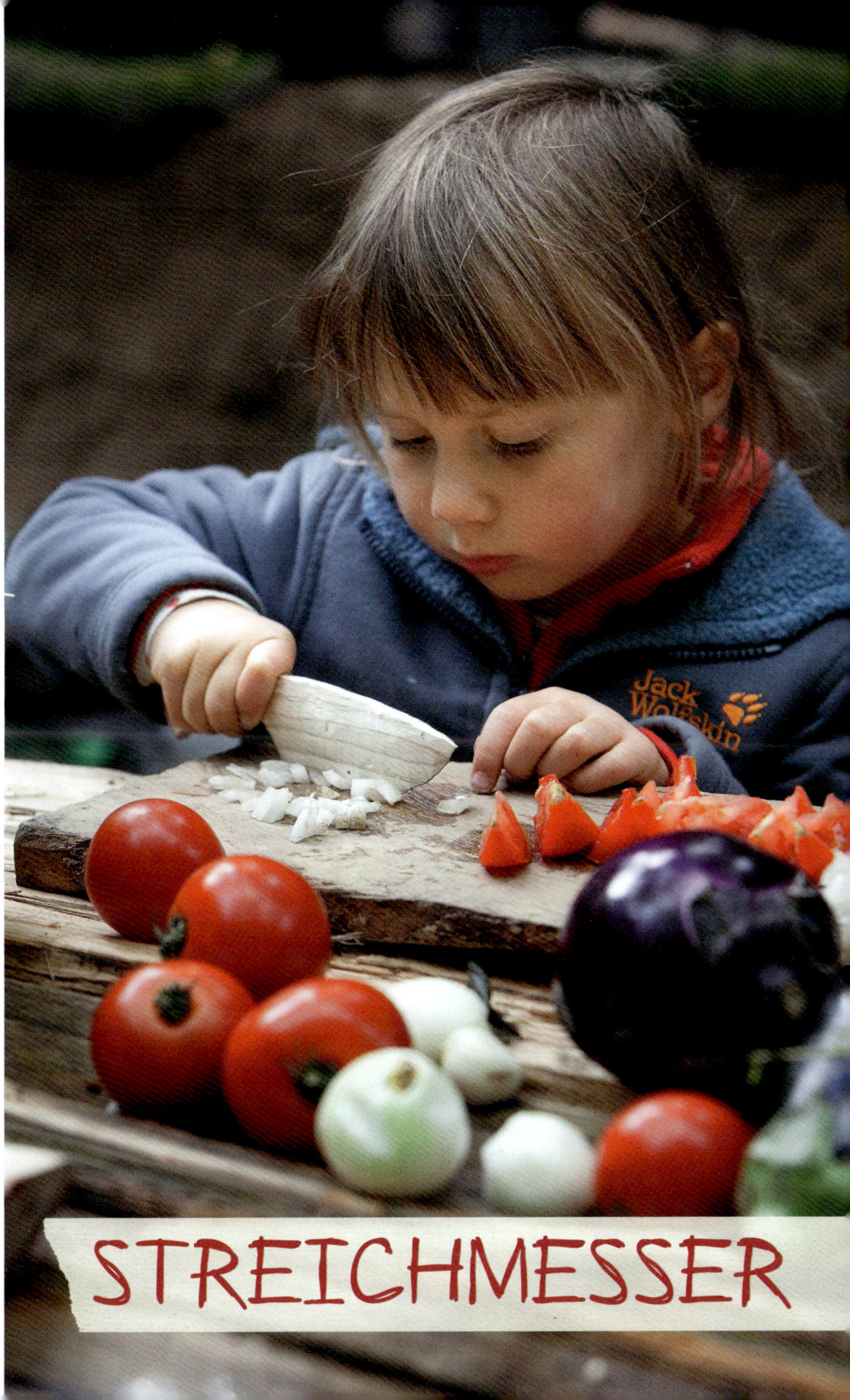

STREICHMESSER

Aus einem geeigneten Holzstück lässt sich ein Messer herstellen, das zum Beispiel zum Streichen von Weichkäse oder Butter auf Brot verwendet werden kann. Auch leichte Schneidearbeiten beim Verarbeiten von Gemüse oder beim Sammeln von Pflanzen können mit einem solchen »scharfen« Holzmesser verrichtet werden.

Mit etwas Glück finden Sie an einem Forstplatz oder an einem abgeknickten Baum ein brettähnliches Bruchstück, das Sie direkt als Rohling verwenden können. Andernfalls spalten Sie mit dem Taschenmesser und mit Holzkeilen ein etwa 6 mm starkes Brett aus einem Hartholzast heraus 1, 2, 3. Zeichnen Sie mit einem Kohlestift (siehe Seite 26) oder einem anderen Schreiber die Konturen des Messers ein 4. Schnitzen Sie anschließend das Messer aus dem Brettchen heraus 5.

Um zu verhindern, dass das Holz beim Schnitzen der Kontur aufreißt, ist es sehr wichtig, auf die korrekte Bearbeitungsrichtung zu achten 6.

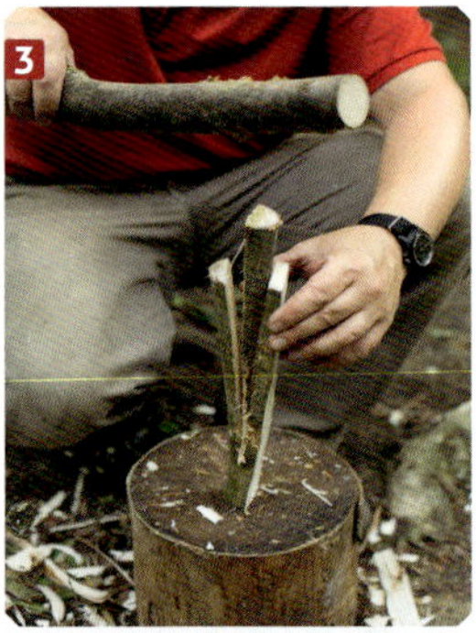

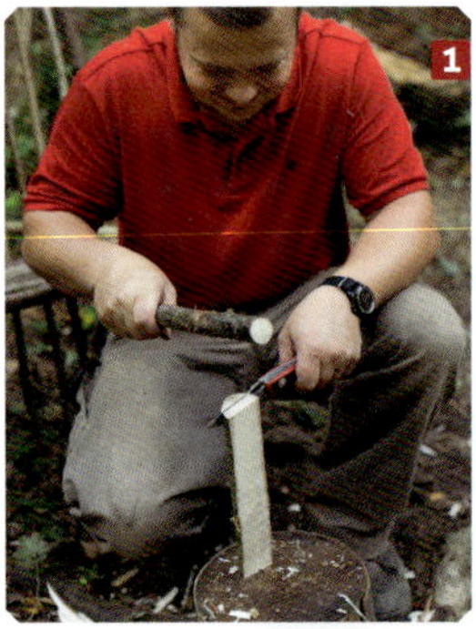

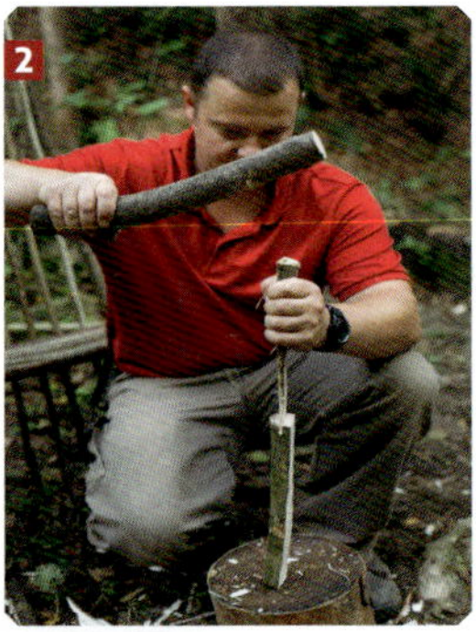

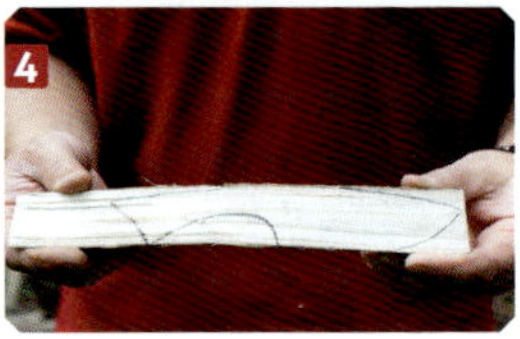

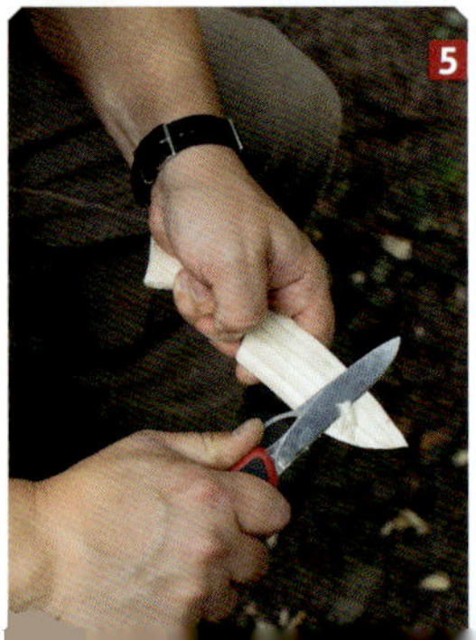

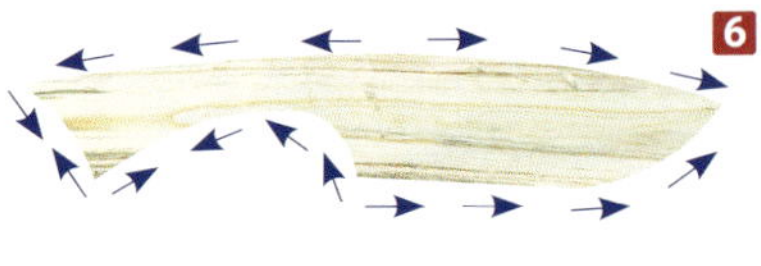

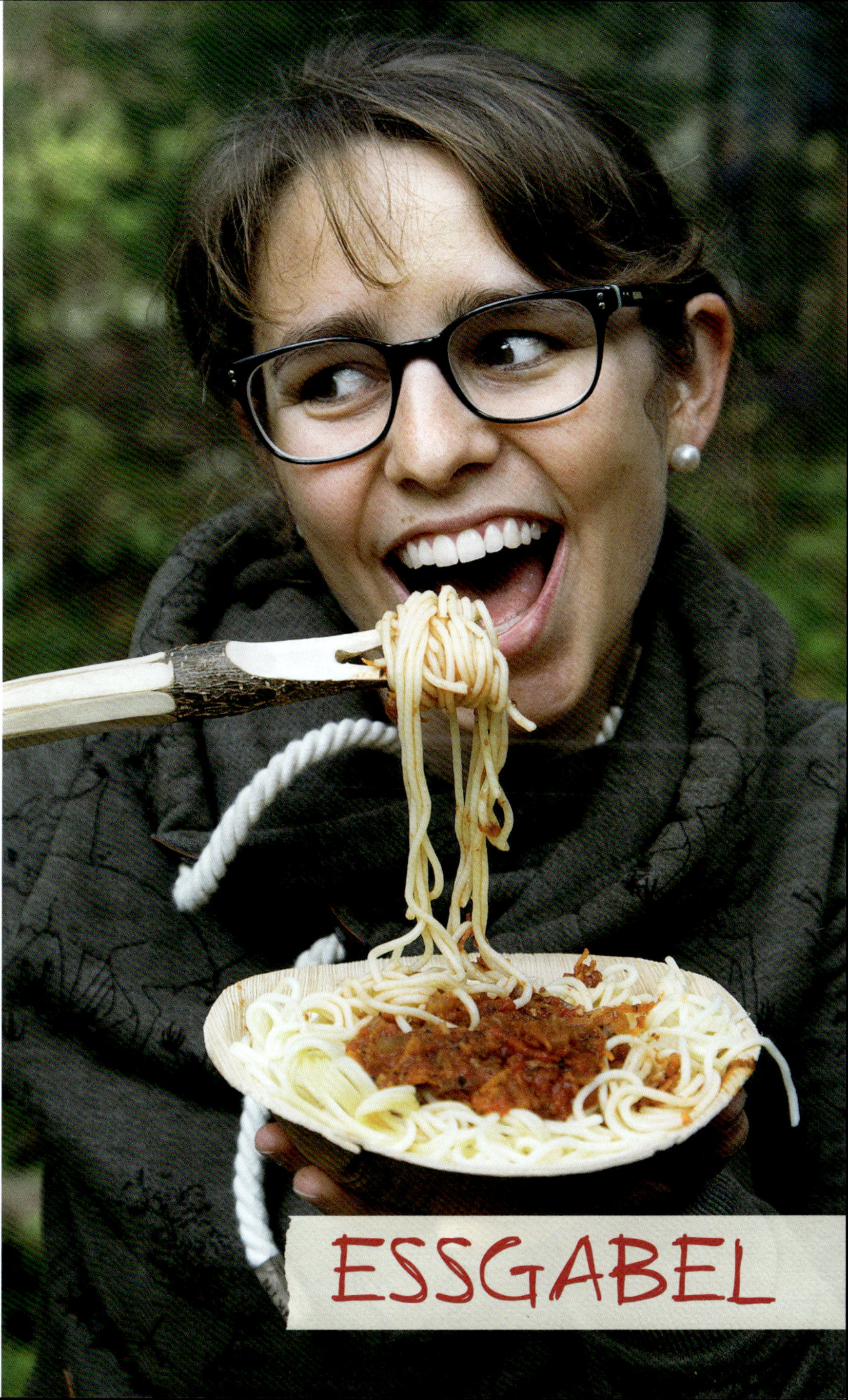

ESSGABEL

Egal, ob ein winterliches Outdoor-Fondue, leckere Tomaten-Spaghetti über dem Feuer oder aufgespießte Marshmallows – man braucht dazu eine Gabel.

Als Ausgangsmaterial wurde eine Haselrute mit etwa 12–20 mm Durchmesser verwendet. Es eignen sich aber auch Birke, Ahorn, Fichte, Buche oder andere ungiftige Holzarten. Je nach Verwendungszweck der Gabel variiert die Gesamtlänge.

Schnitzen Sie mit der Klinge zwei einander gegenüber liegende Flächen. Das Astende sieht nun aus wie ein großer, flacher Schraubenzieher 1, aus dem anschließend die Zinken herausgearbeitet werden können.

Wenn die Materialstärke an der Spitze noch 2–3 mm beträgt, bohren Sie etwa 4 cm vom Ende mit der Ahle ein Loch in die Mitte der Fläche 2. Bohren Sie vorsichtig! Das Holz soll sich dabei nicht spalten. Legen Sie die Fläche der entstehenden Gabel auf eine Holzunterlage. Setzen Sie die Klingenspitze am Loch an und legen die Schneide so auf die Fläche, dass eine spitze Gabelzinke entsteht 3. Drücken Sie nun die Klinge mit leichten, wippenden Bewegungen durch das Holz. Wenn Sie dazu zu wenig Kraft haben, können Sie auch mit einem Ast auf den Messerrücken schlagen, um die Zinkenkontur herauszuarbeiten. Mit der Klinge können abschließend die Zinken noch etwas nachgeschnitzt werden 4.

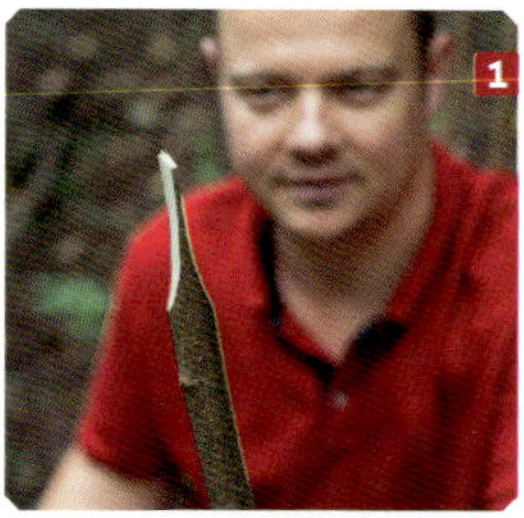
1

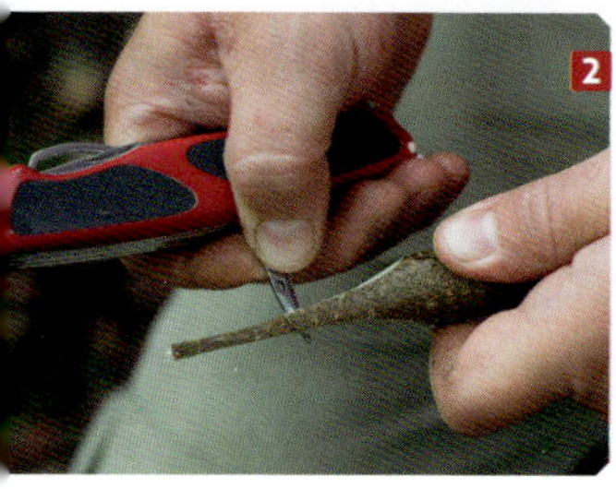
2

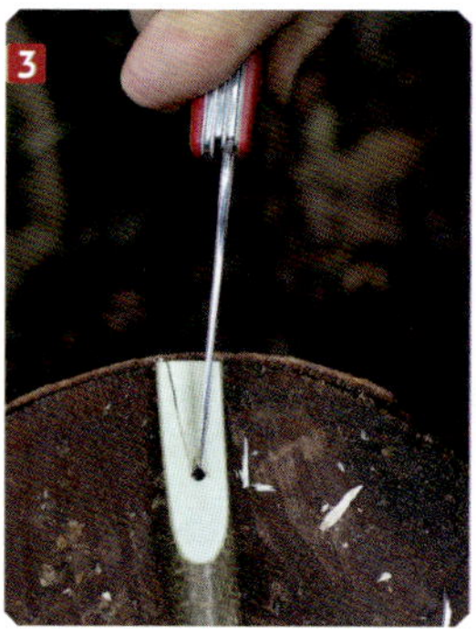
3

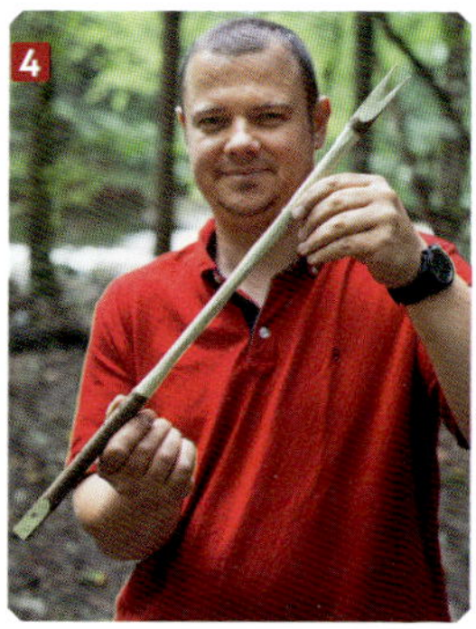
4

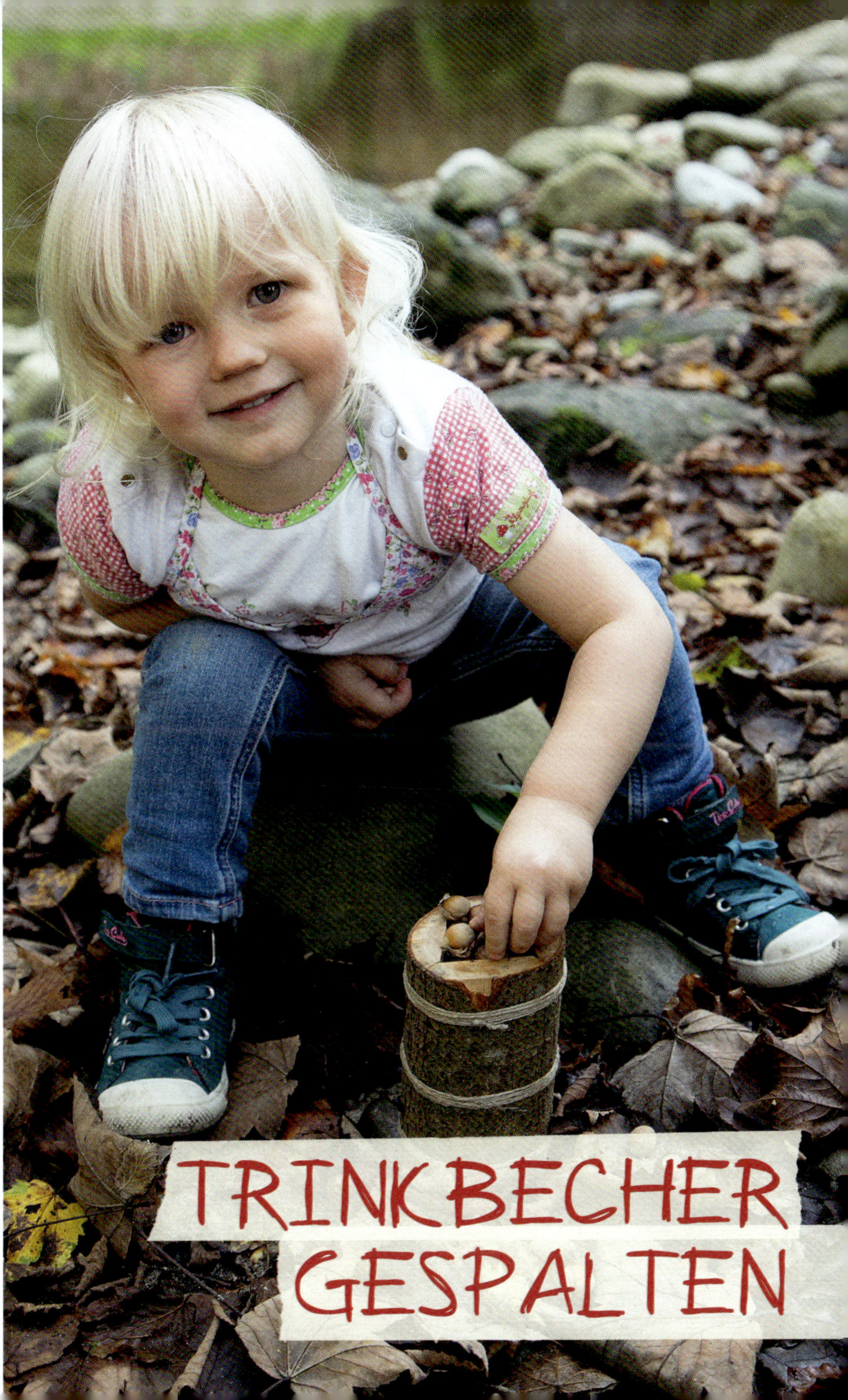

TRINKBECHER GESPALTEN

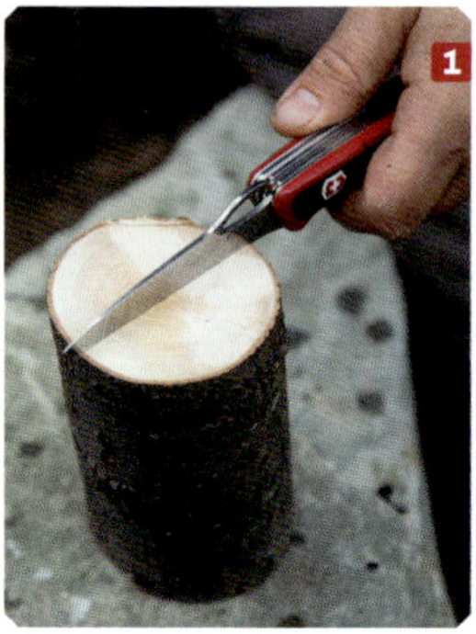

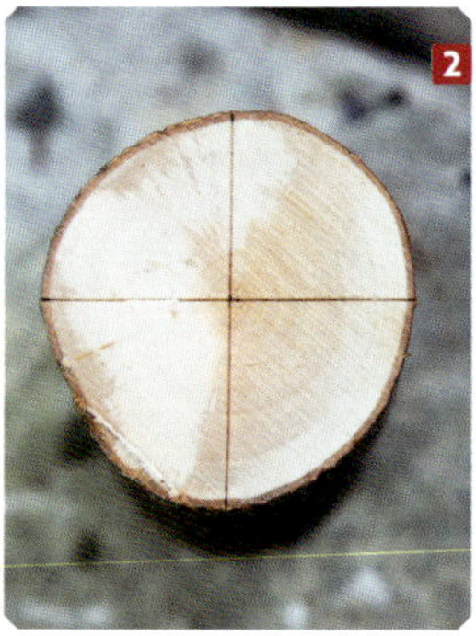

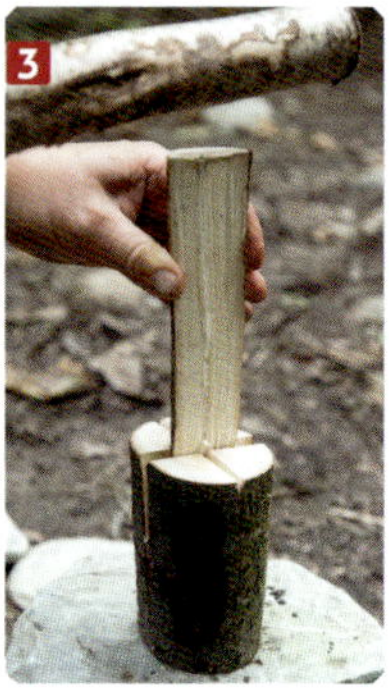

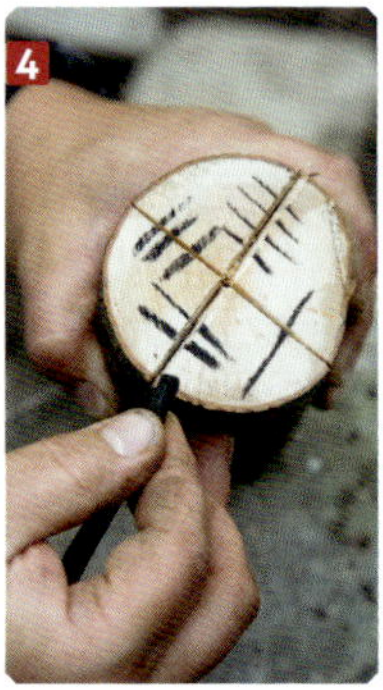

Küfer oder Böttcher stellen mit großer Präzision aus einzelnen Dielen ein dichtes Fass her. Der gespaltene Trinkbecher ist an diese Handwerkskunst angelehnt. Wenn man sauber gespalten hat, werden die zusammengebundenen Segmente mit ein bisschen Glück ein wasserdichtes Gefäß ergeben, wenn man es im Wasser aufquellen lässt.

Verwenden Sie für den Trinkbecher ein Aststück von maximal 8 cm Durchmesser und einer Höhe von circa 15 cm. Hier wurde ein Trinkbecher aus vier Segmenten hergestellt.

Setzen Sie die Klinge exakt in der Mitte des Marks an 1 und schlagen Sie sie vorsichtig bis zum Klingenrücken in das Holz. Ziehen Sie die Klinge aus dem Holz und schlagen Sie in einem Winkel von 90 Grad zum ersten Spalt die Klinge erneut mittig ins Mark. Zurück bleiben zwei Spalte, die sich exakt in der Mitte der Schnittfläche kreuzen 2. Setzen Sie nun den Holzkeil in den entstandenen Spalten an und spalten Sie das Aststück so in vier gleiche Teile 3. Setzen Sie die Teile wieder zusammen und markieren Sie die Übergänge am künftigen Becherboden mit einem Kohlestift (siehe Seite 26) oder einem anderen Stift 4, 5. Sägen Sie an allen vier Stücken über dem Becherboden 2 cm tief ein. Sägen Sie aber nur so tief,

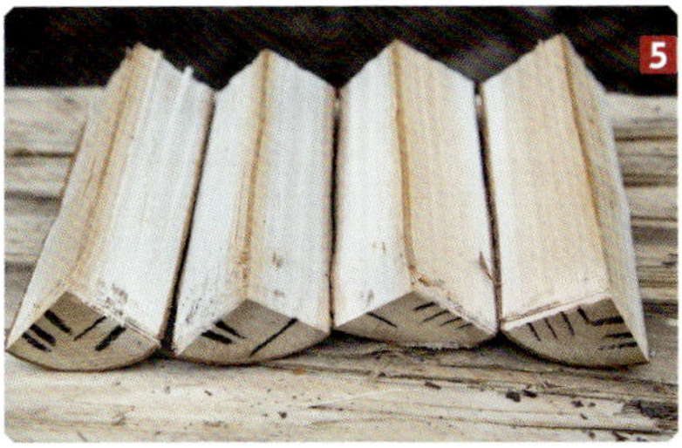
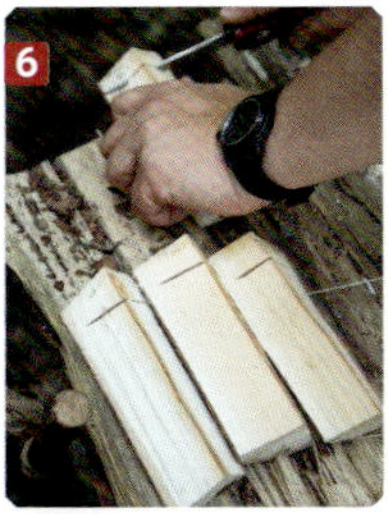
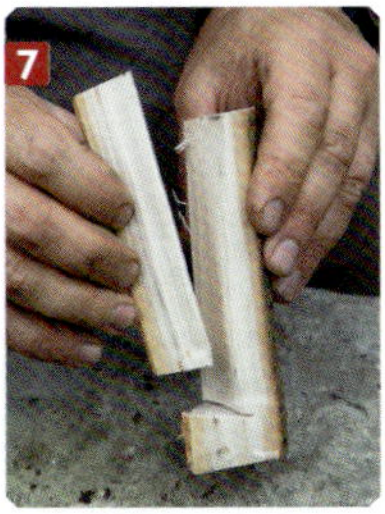
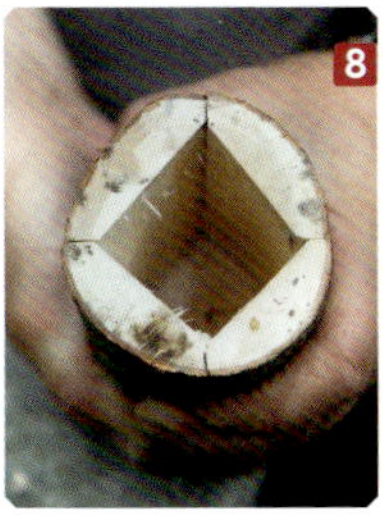
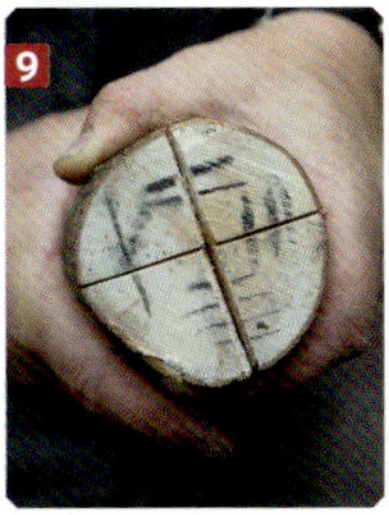
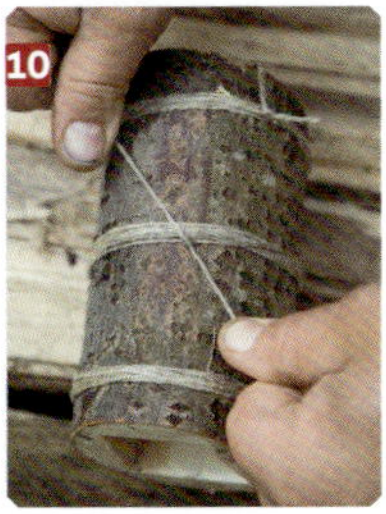

dass mindestens 1 cm Wandung stehen bleibt 6. Spalten Sie die Innenteile der Viertel ab, sodass beim Zusammensetzen der Einzelteile ein Hohlraum entsteht 7, 8. Schnitzen Sie nun bei allen vier Stücken die Innenseiten der Wandung noch etwas nach, sie sollen überall gleich dick sein. Jetzt werden die Viertel wieder zusammengesetzt 9 und außen mit drei straffen Wicklungen fixiert 10. Beschweren Sie den Becher mit Steinen und legen Sie ihn für einige Stunden ins Wasser; der ganze Becher soll unter Wasser sein. Mit etwas Glück ist Ihr Becher nach dem Aufquellen wasserdicht 11.

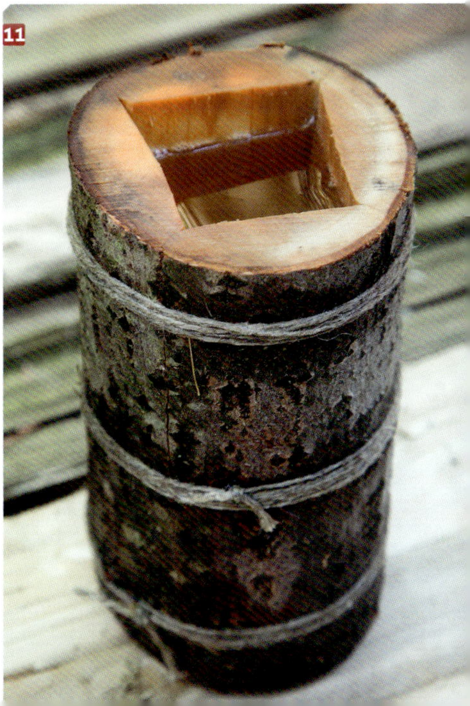

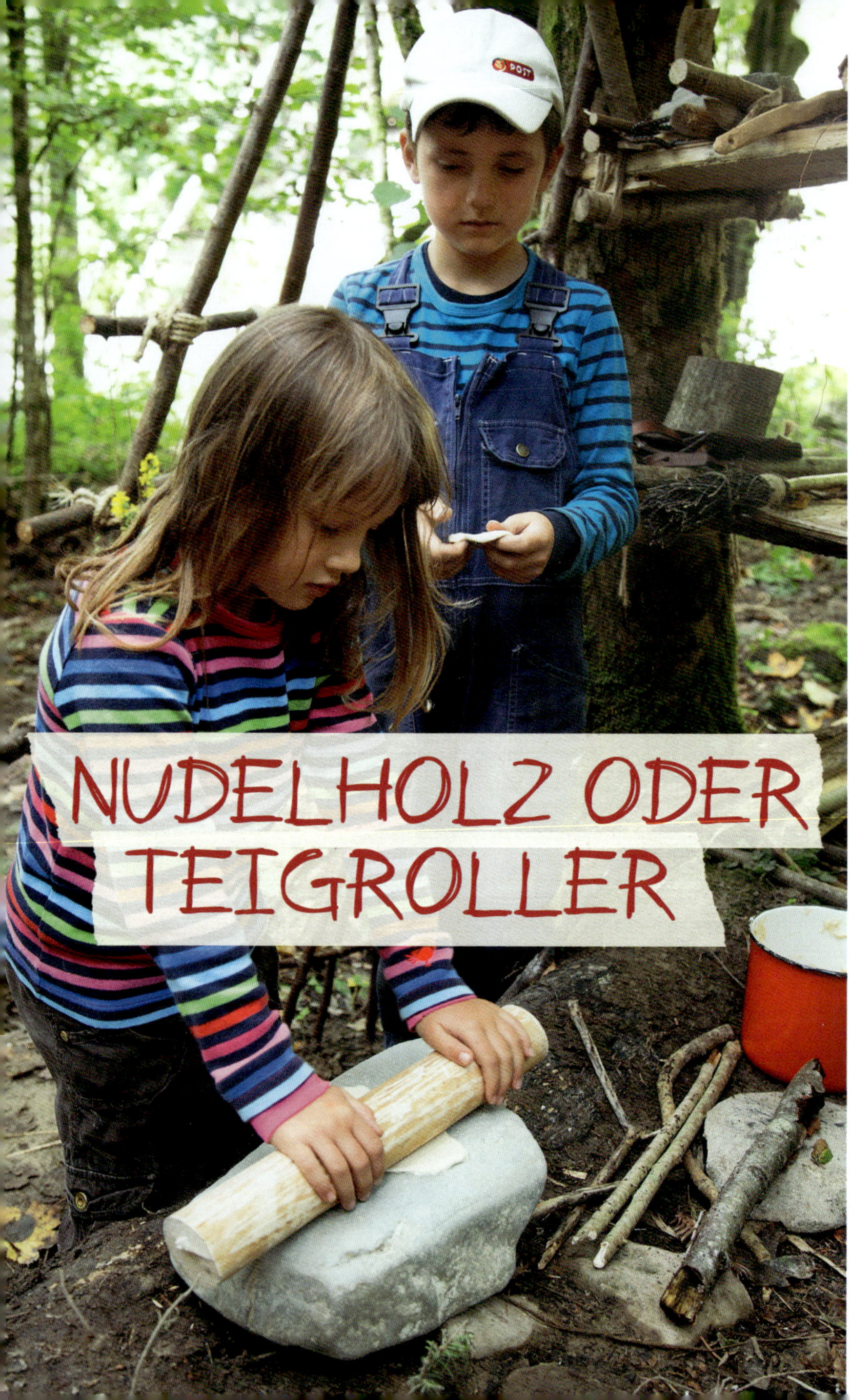

NUDELHOLZ ODER TEIGROLLER

Um den Teig für Fladenbrote auf einem flachen Stein dünn ausrollen zu können, ist ein Nudelholz eine große Hilfe 1, 2, 3. Es wurde aus einem Eschenast mit einem Durchmesser von etwa 6 cm hergestellt, der für den Rindenkochtopf (siehe Seite 98) bereits geschält worden war 4. Nun braucht man den Ast nur noch abzulängen, und das Nudelholz ist gebrauchsfertig. Falls der Ast Unregelmäßigkeiten oder Wölbungen aufweist, lassen sich diese leicht mit dem Messer beseitigen.

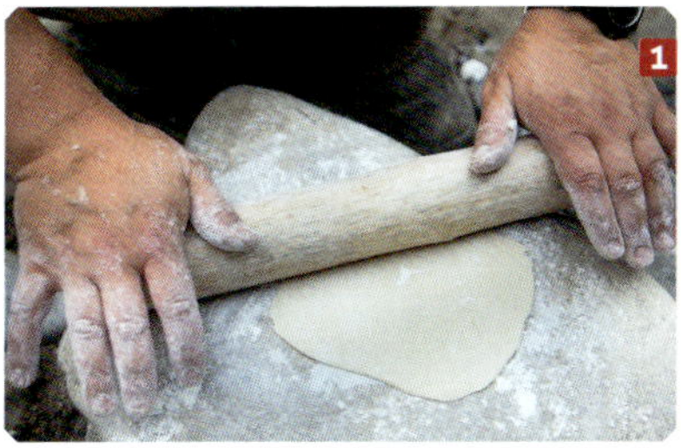
1

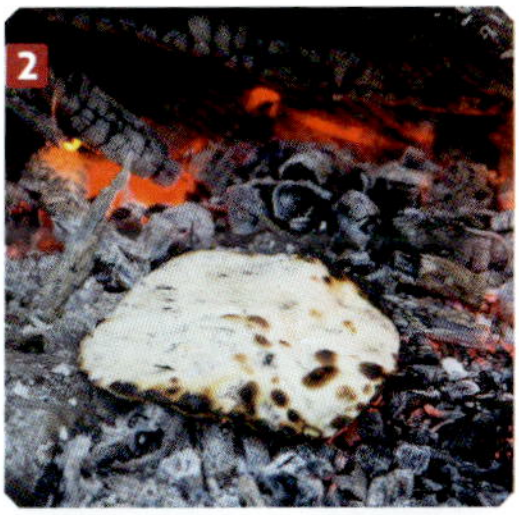
2

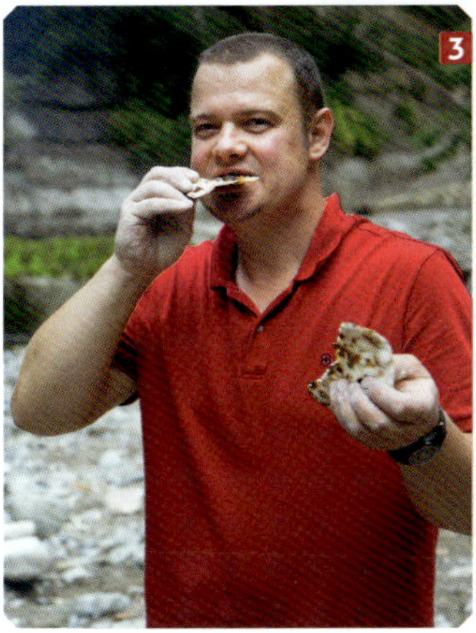
3

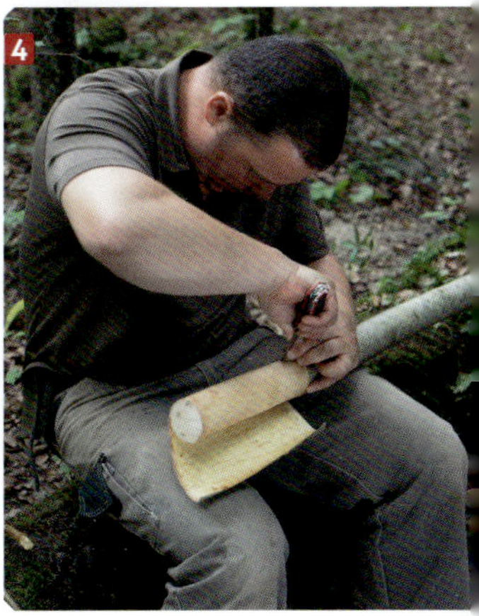
4

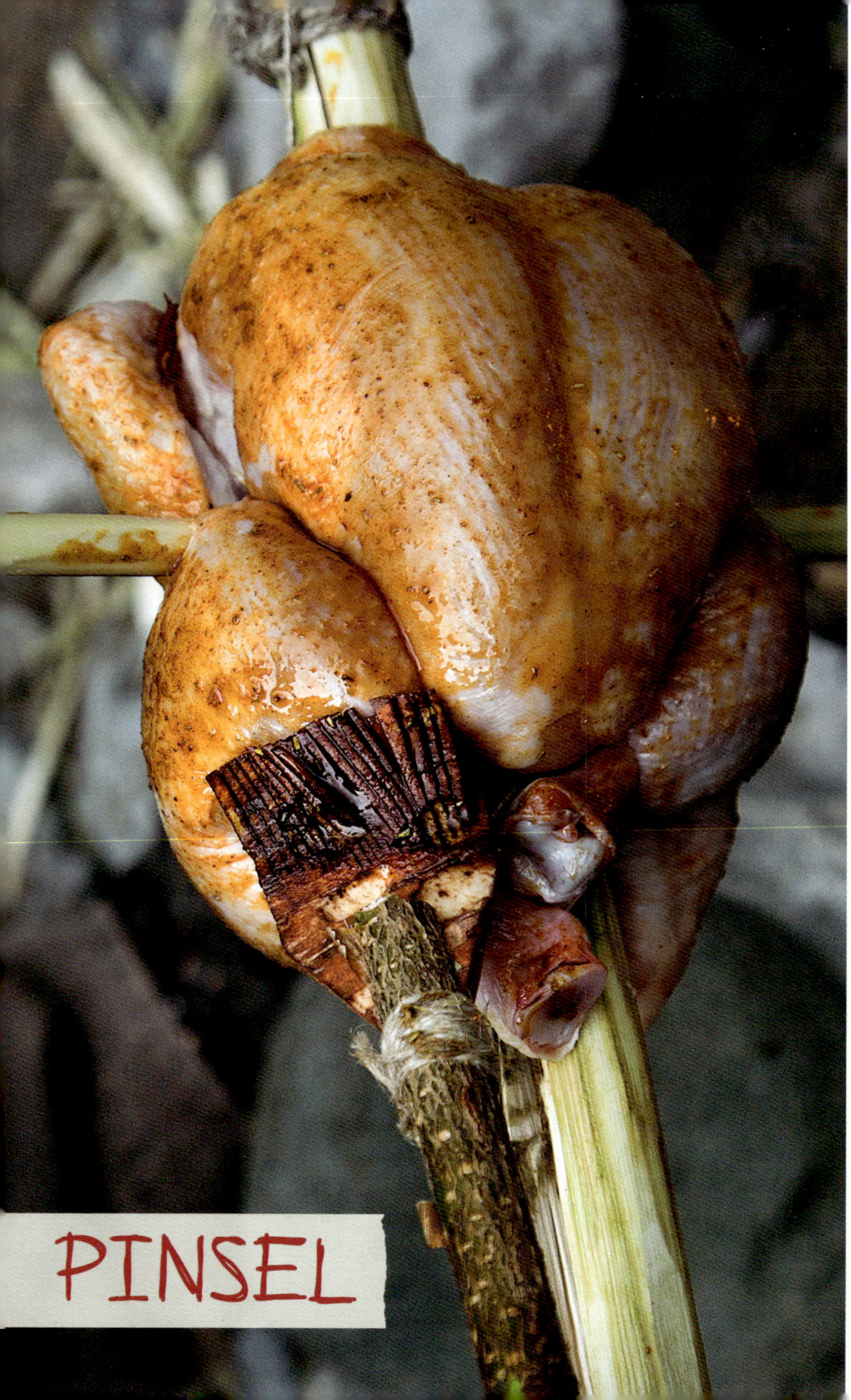

PINSEL

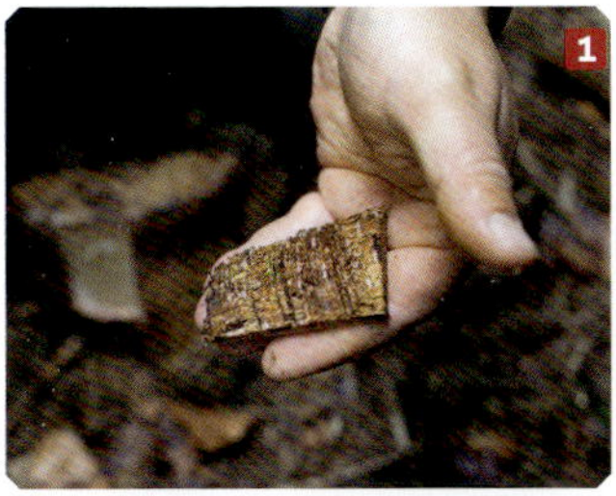

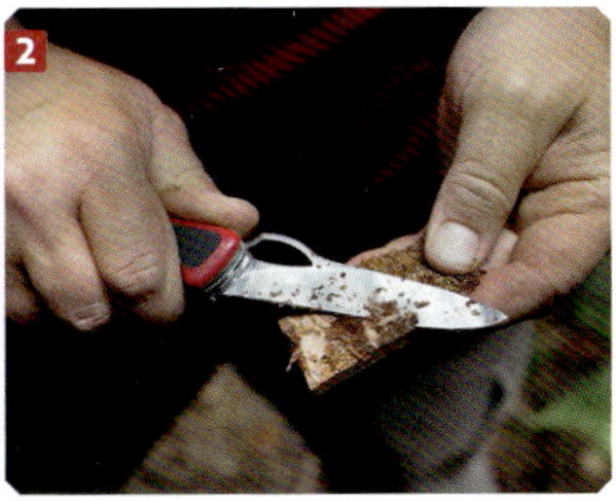

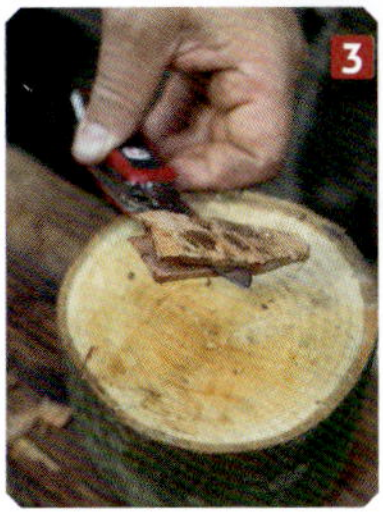

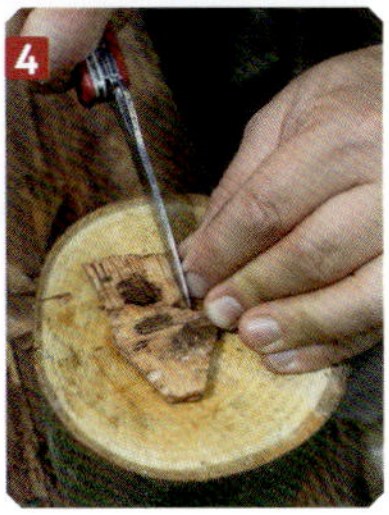

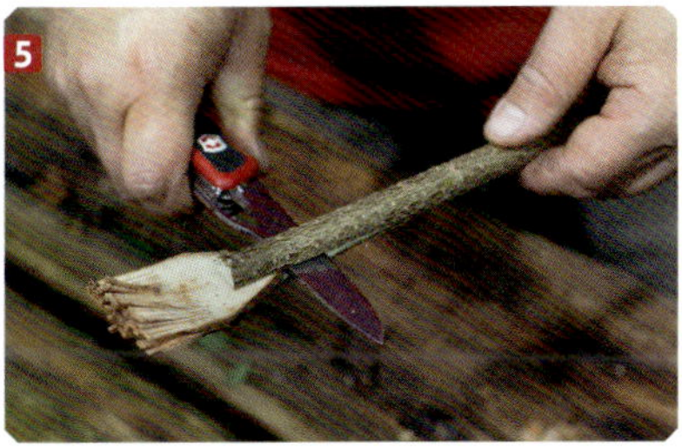

Um ein Grillhähnchen oder ein deftiges Stück Fleisch mit Marinade zu bestreichen, leistet ein Pinsel gute Dienste.

Schneiden Sie von einem frisch gefällten Tannenstamm ein rechteckiges Stück Rinde inklusive der Bastschicht heraus 1, 2. Entfernen Sie die Rindenteile vorsichtig mit dem Messer 3, sodass nur noch die flexible Bastschicht übrig bleibt. Halbieren Sie die Bastschicht 2 cm tief mit einem vorsichtigen Schnitt. Um die Pinselhaare herzustellen, schneiden Sie nun möglichst feine Längsschnitte 4. Klemmen Sie die Pinselhaare in einen gespaltenen Haselstock 5 und verstärken Sie die Klemmwirkung mit einer straffen Bindung. Schon ist der Pinsel fertig.

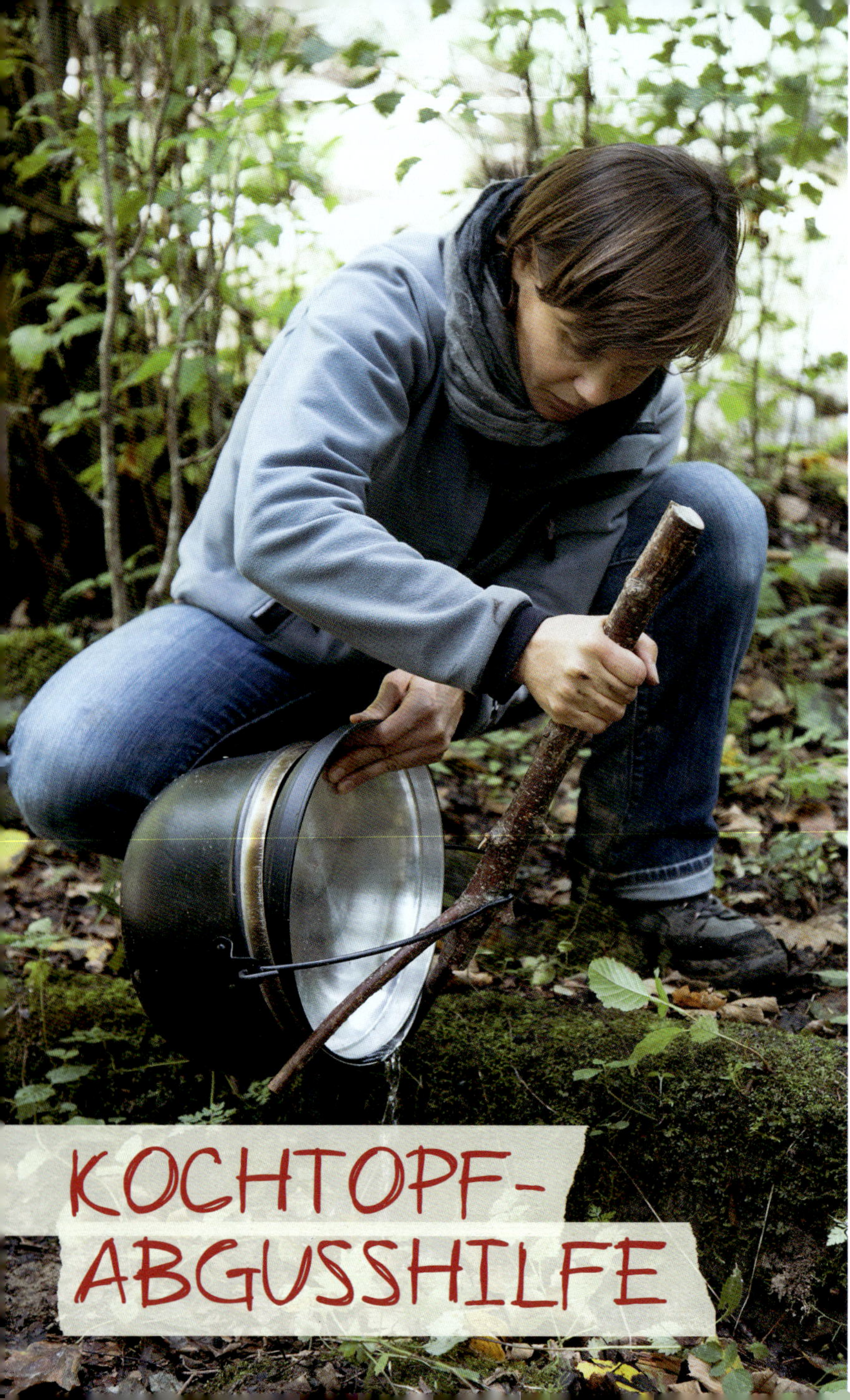

KOCHTOPF-ABGUSSHILFE

Dieses praktische Hilfsmittel sorgt dafür, dass es keine verbrannten Finger mehr gibt und auch keine Ladung Spaghetti mehr auf dem Waldboden landet. Suchen Sie eine möglichst symmetrische Astgabel. Längen Sie die beiden Schenkel ab und sägen Sie eine Kerbe in den Ast, in die der Henkel eingehängt werden kann.

Die exakte Position der Kerbe für den Henkel muss direkt am jeweiligen Kochtopf ermittelt und markiert werden. Die beiden Schenkel der Astgabel drücken beim Abgießen des Kochwassers den Rand nach hinten, und das Abgießen des Kochwassers geht ganz problemlos 1, 2, 3.

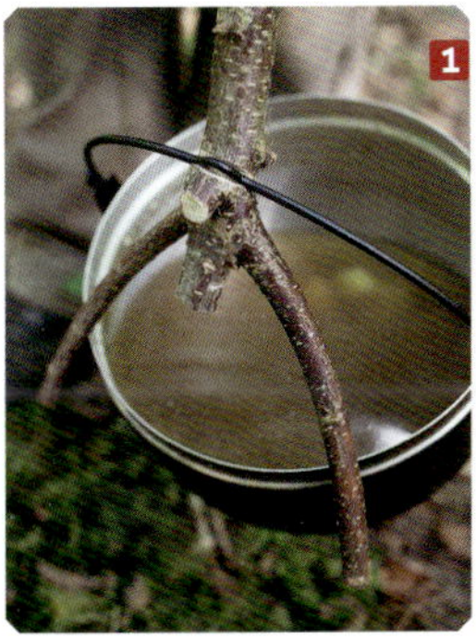

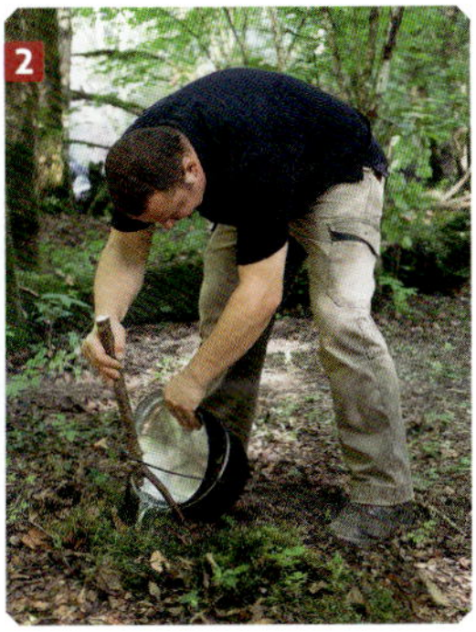

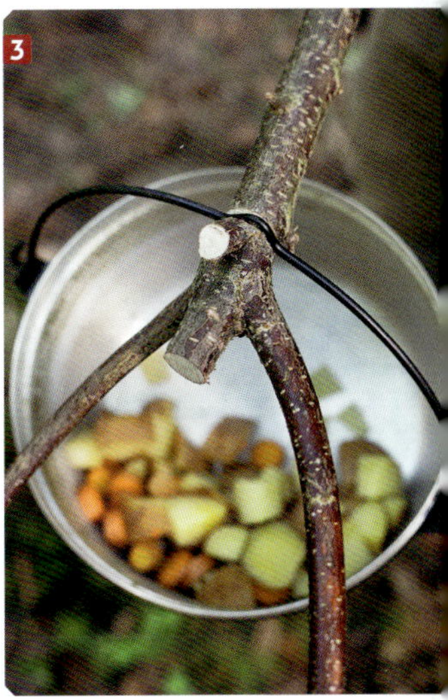

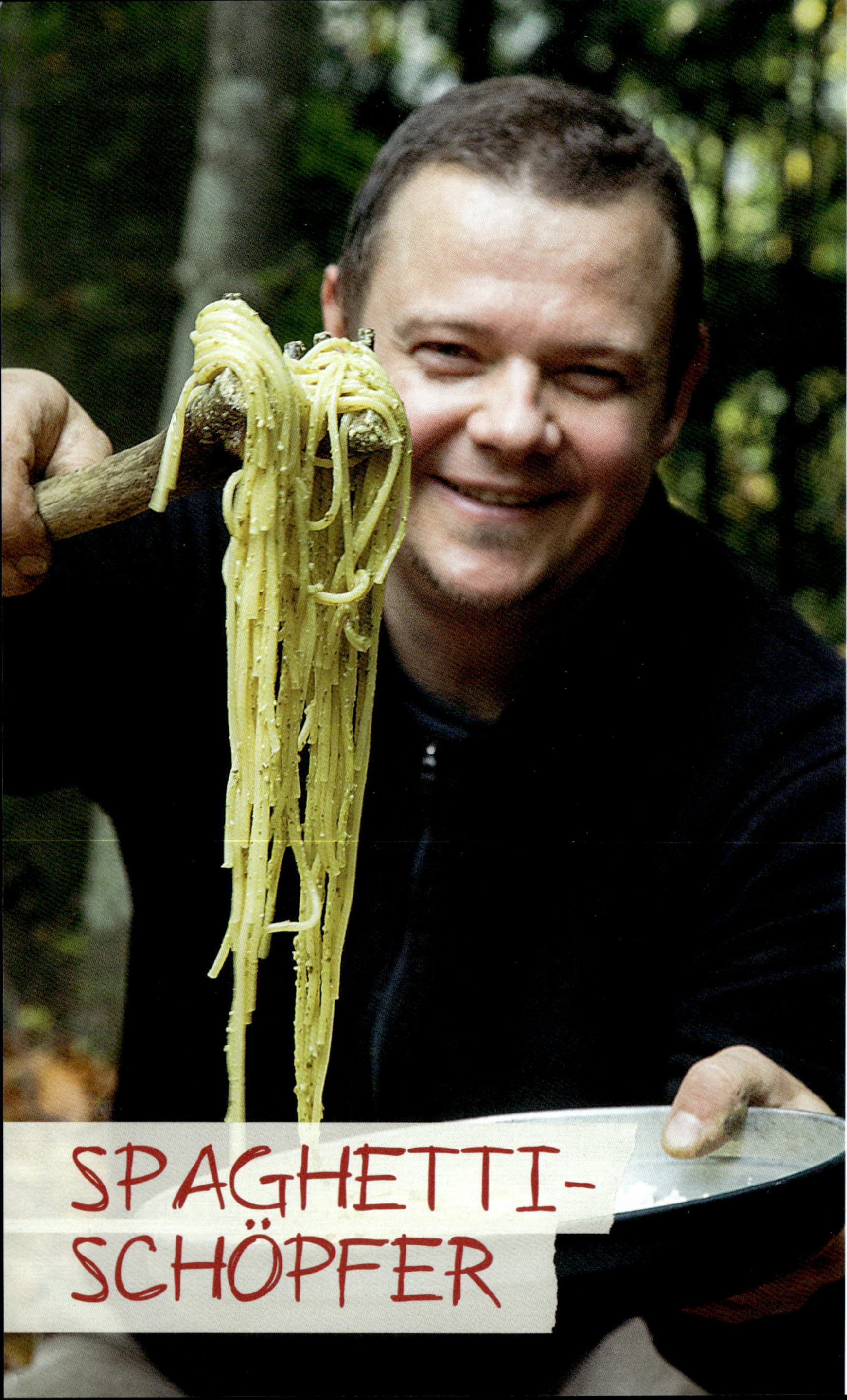

SPAGHETTI-SCHÖPFER

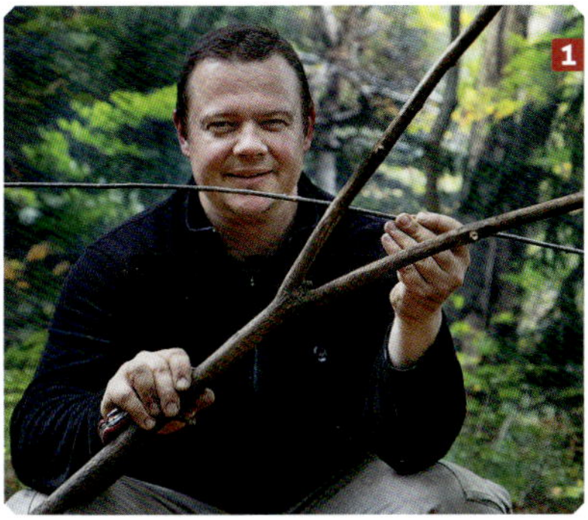

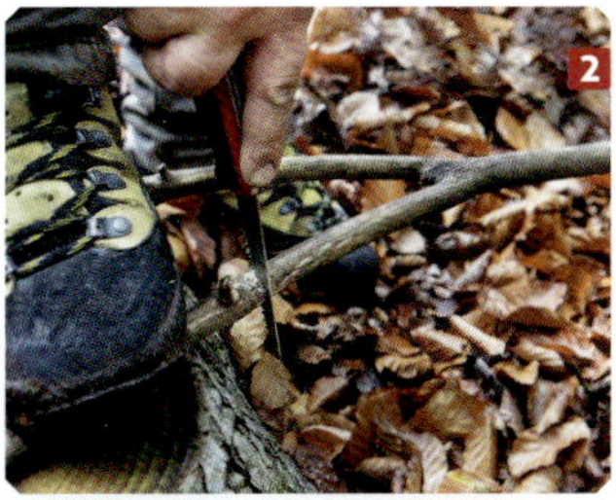

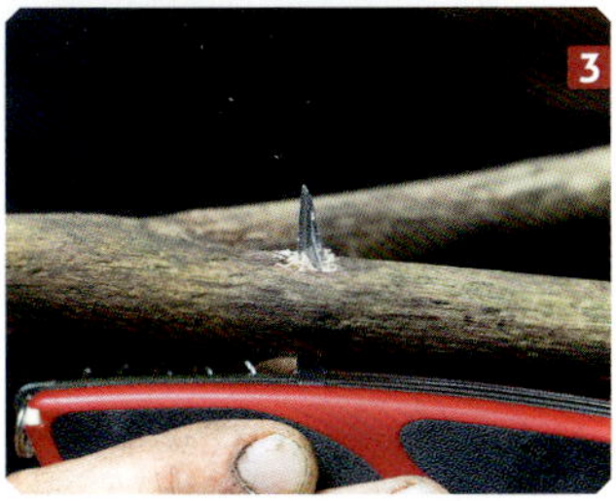

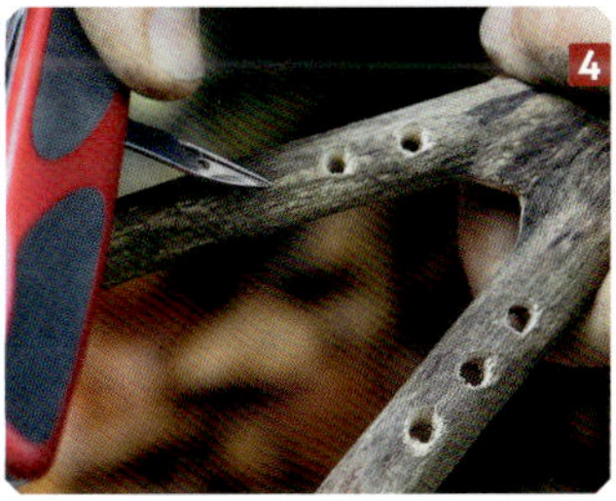

Spaghetti kochen ist einfach, aber das Herausschöpfen war es nicht, bis mir eine Teilnehmerin eines Schnitzworkshops zeigte, wie man einen einfachen Spaghettischöpfer selber schnitzen kann.

Suchen Sie eine Astgabel und einen dünnen trockenen Ast für die Zinken, beides aus ungiftigem Holz 1, z. B. Hasel, Ahorn, Esche, Birke, Erle oder Fichte. Sie können für den Schöpfer Frischholz oder Totholz verwenden. Frischholz hat den Vorteil, dass sich die Astgabel beim Trocknen zusammenzieht und die eingesteckten Zinken festklemmt, sofern die Zinken aus trockenem Holz geschnitzt wurden. Idealerweise verwenden Sie eine Astgabel mit einem möglichst kleinen Öffnungswinkel. Die Schenkel müssen einen Mindestdurchmesser von ca. 1,5 cm haben.

So kann man mit der Ahle Löcher für die Zinken bohren, ohne dass das Holz spaltet.

Lassen Sie die Schenkel etwas länger als das Endmass 2. Bohren Sie vorsichtig in jeden Schenkel 3–4 Löcher im Abstand von ca. 1,5 cm. Ich bohre mit der Ahle jeweils voll durch 3, 4, so lassen sich die Zinken gut festklemmen.

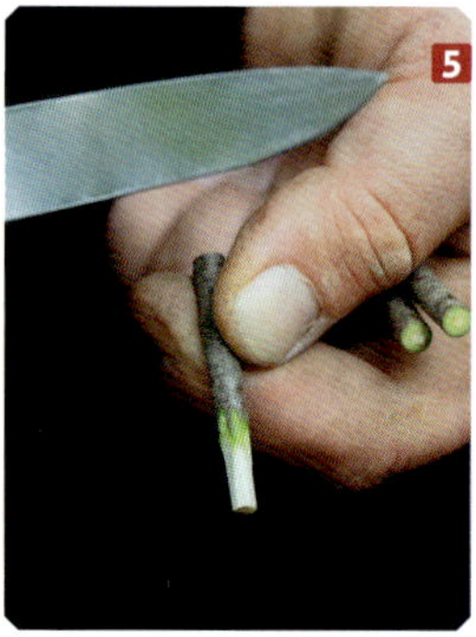

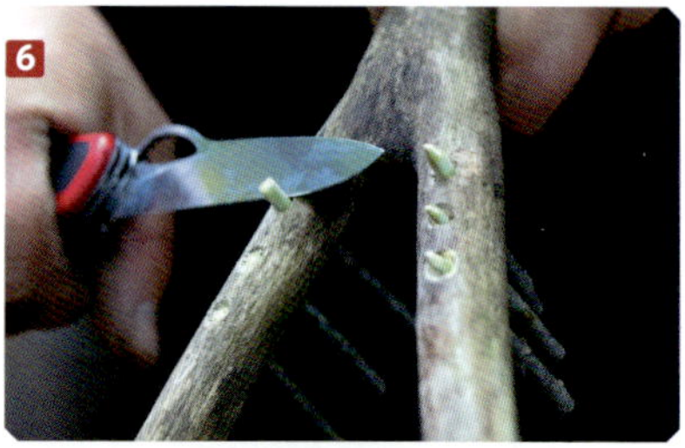

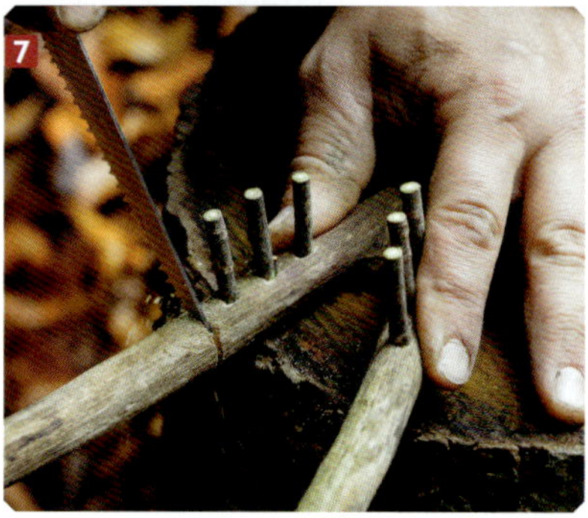

Die Zinken werden aus einem dünnen Ast (Durchmesser 5–7 mm) angefertigt. Längen Sie die benötigte Anzahl Zinken auf je ca. 4 cm ab. Wenn sich die Zinken noch nicht in die Löcher einpressen lassen, schnitzen Sie sie auf einer Seite etwas dünner 5. Nun schneiden Sie die eingepressten Zinken, die auf der Rückseite aus der Astgabel ragen, bündig ab 6. Zum Schluss sägen Sie die Schenkel auf die gewünschte Länge ab 7. Jetzt kann der Spaghettiplausch beginnen … Buon appetito!

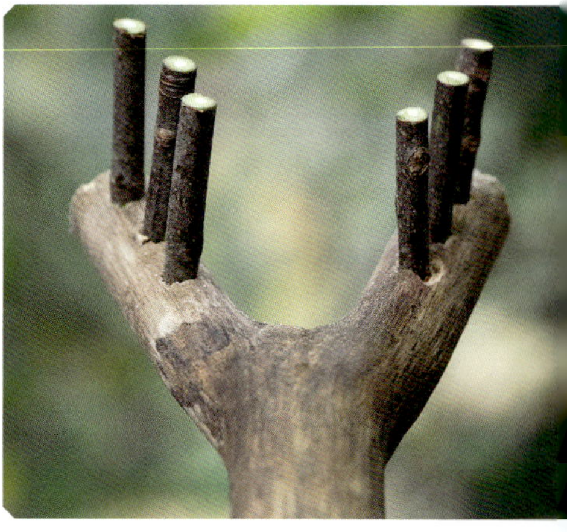

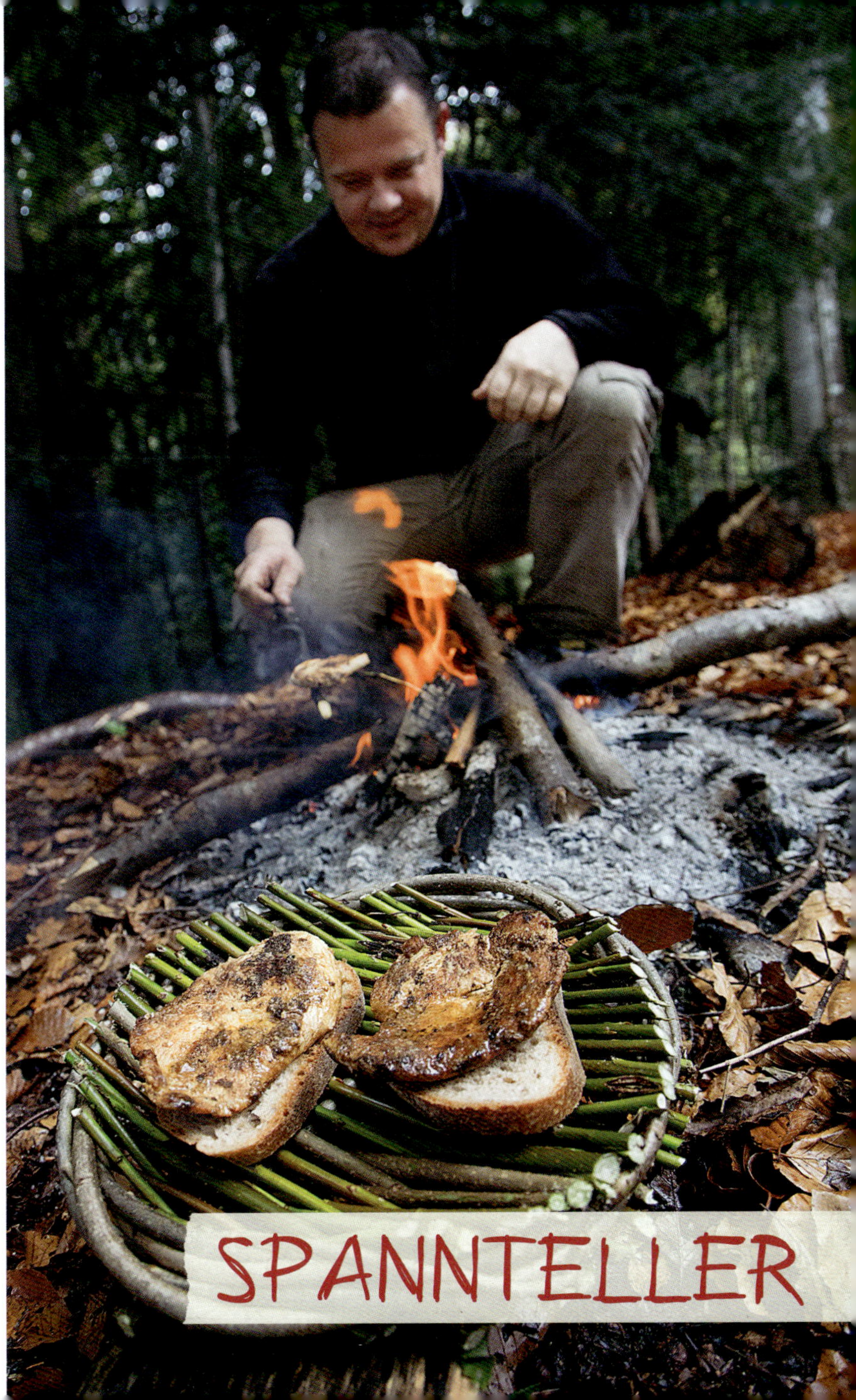

SPANNTELLER

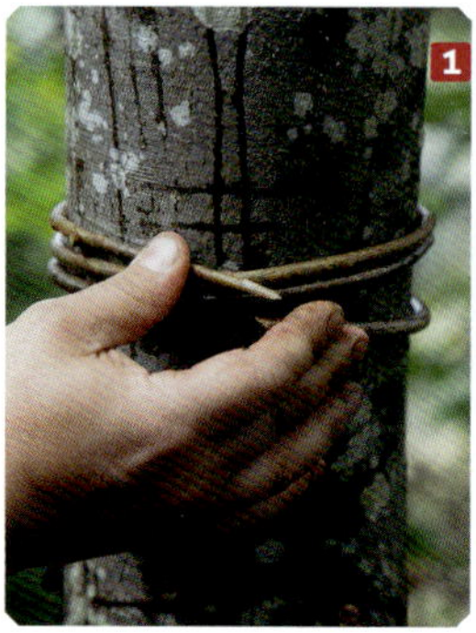

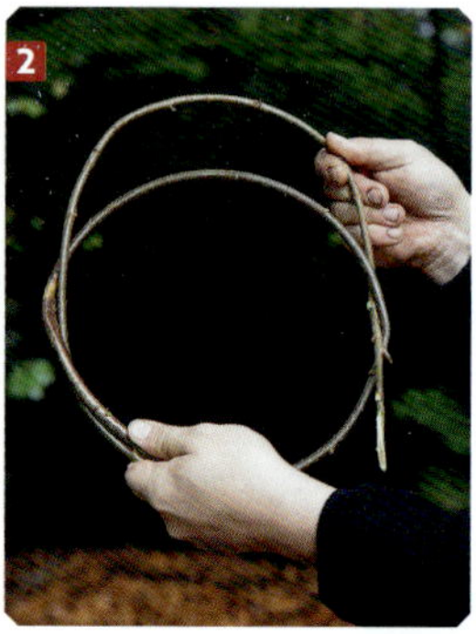

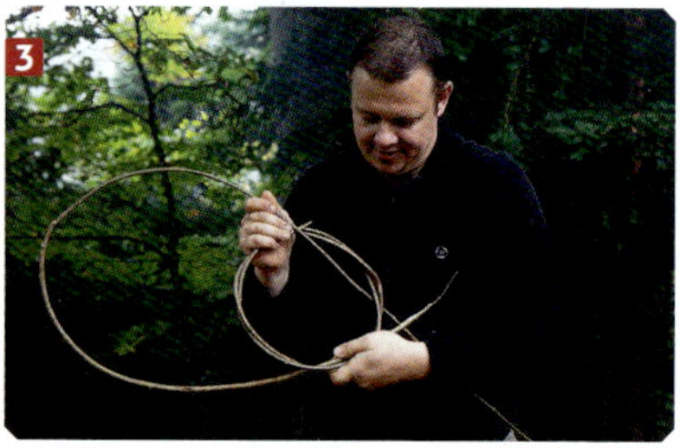

Der Spannteller heißt so, weil er durch die Spannung der einzelnen Ruten zusammengehalten wird. Die Spannung lässt allerdings mit der Zeit nach. Dann ersetzen Sie einfach die trockenen Ruten oder Sie flechten sich eine neue Schale. Als Material eignen sich biegsame gerade gewachsene Ruten, von Birke, Hasel oder Weide.

Schalen mit nur einem Querstab können einen Durchmesser von 20–25 cm haben. Für Teller mit größeren Durchmessern verwende ich dann jeweils mehrere Querstäbe. Nehmen Sie die längste Rute und biegen Sie sie, ausgehend vom dickeren Ende, zu einem Ring. Ich wickle die Ruten zuerst um einen kleinen Baumstamm 1. So sind sie vorgebogen, werden flexibel und knicken oder brechen nicht. Wickeln Sie das dünne Ende so oft wie möglich um den Ring herum 2. Nun springt der Ring nicht mehr auf, wenn Sie ihn loslassen. Wickeln Sie noch ein bis zwei weitere Ruten herum 3, sodass ein solider Rahmen entsteht.

Legen Sie jetzt ein einen stabilen Stock auf den Rahmen. Er sollte auf beiden Seiten genügend vorstehen 4. Beginnen Sie in der Mitte zu flechten. Führen Sie eine dünne Flechtrute unter den Rahmen, über den Querstab und wieder unter den Rahmen. Die beiden Enden drücken dann von unten auf den Rahmen. Die nächste Rute kommt dann unter dem Querstab hindurch, wobei die beiden Enden von oben auf den Rahmen drücken 5. Schieben Sie das Geflecht immer

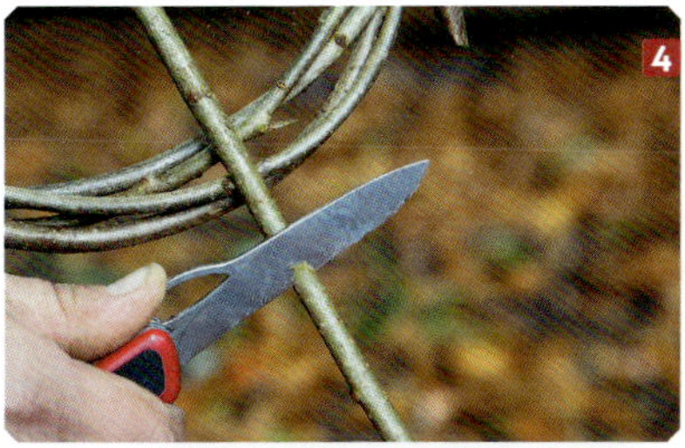

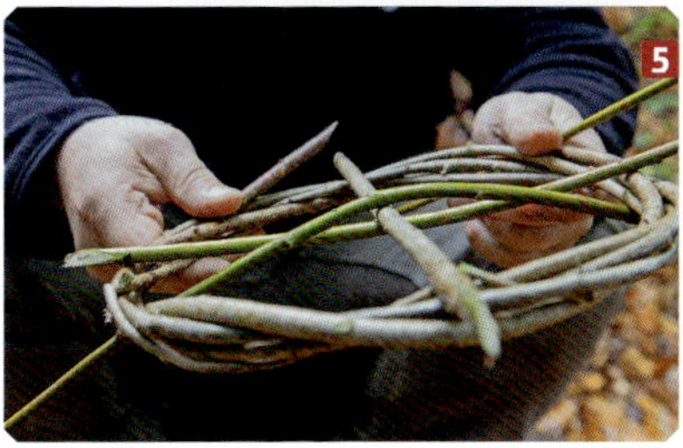

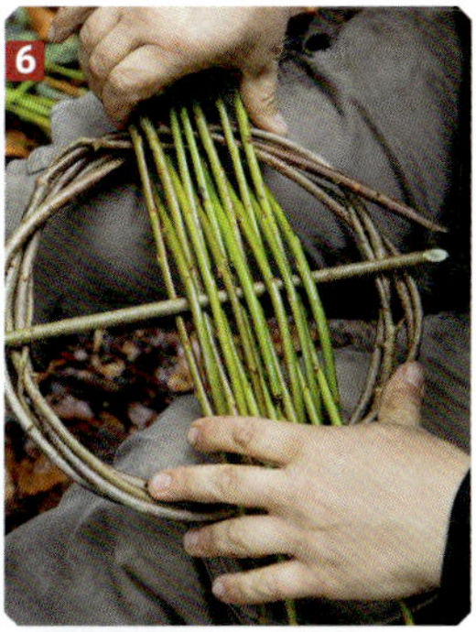

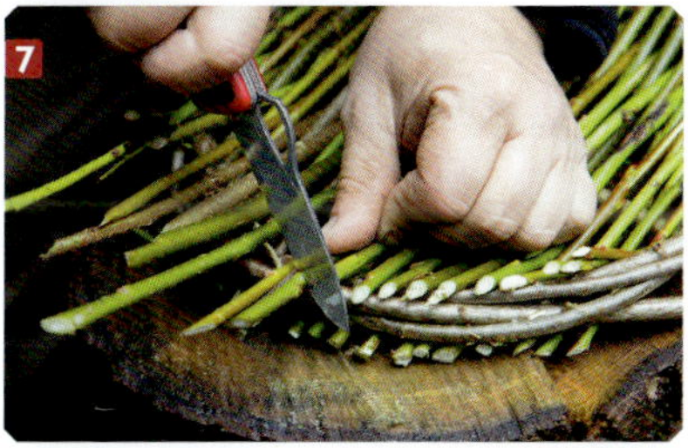

wieder in Richtung des Querstabes etwas dichter zusammen 6. Fahren Sie so fort, bis das Geflecht einen Boden bildet. Querstab und Flechtruten werden am Schluss abgeschnitten. Am einfachsten geht das mit einer Astschere. Aber mit der Taschenmesserklinge oder mit der Säge kommen Sie auch zum Ziel 7.

Mit einem Blatt ausgekleidet, können Sie auf diesem Teller sogar Kartoffelpüree oder Risotto servieren.

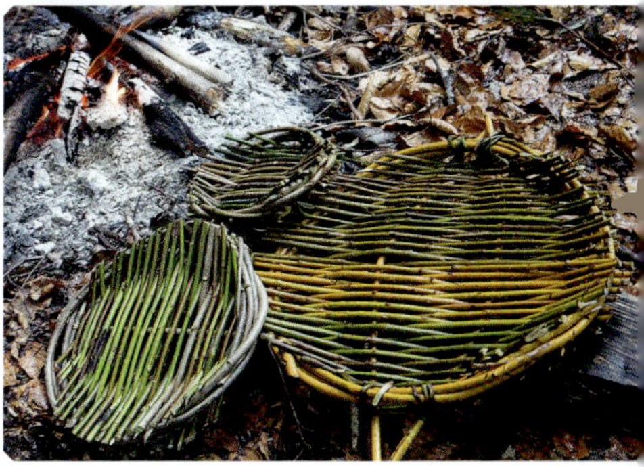

KOCHSTELLE

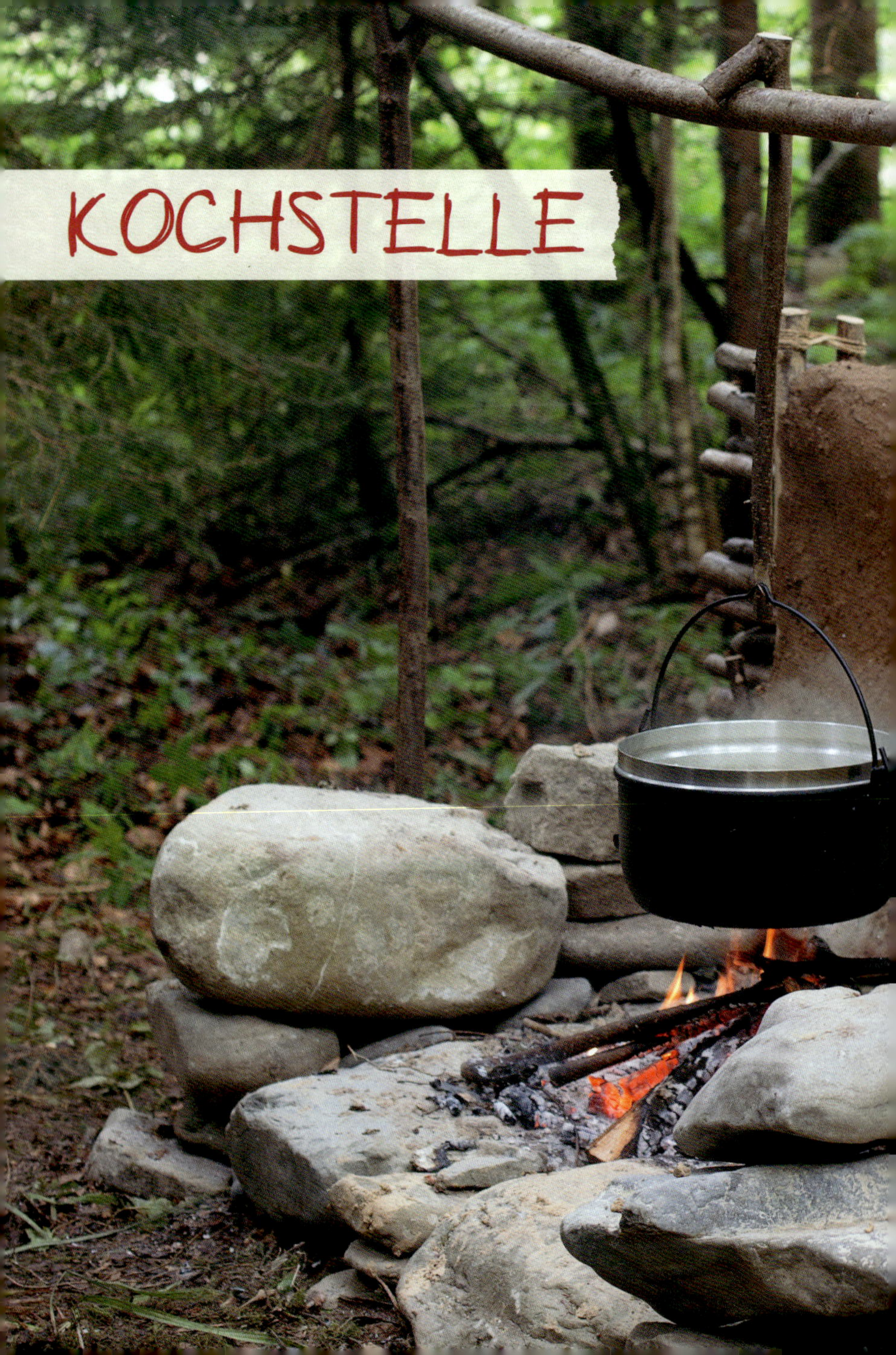

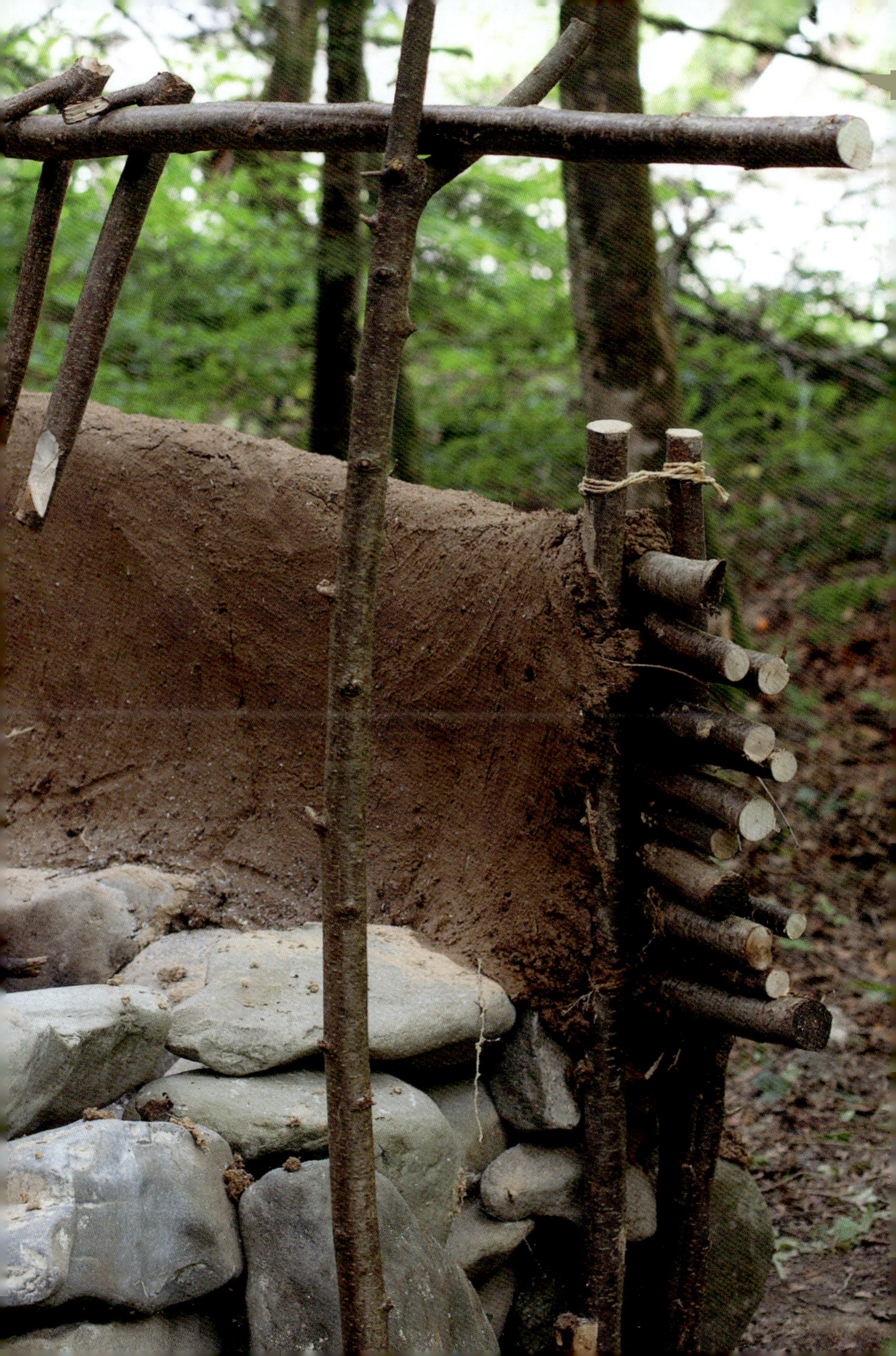

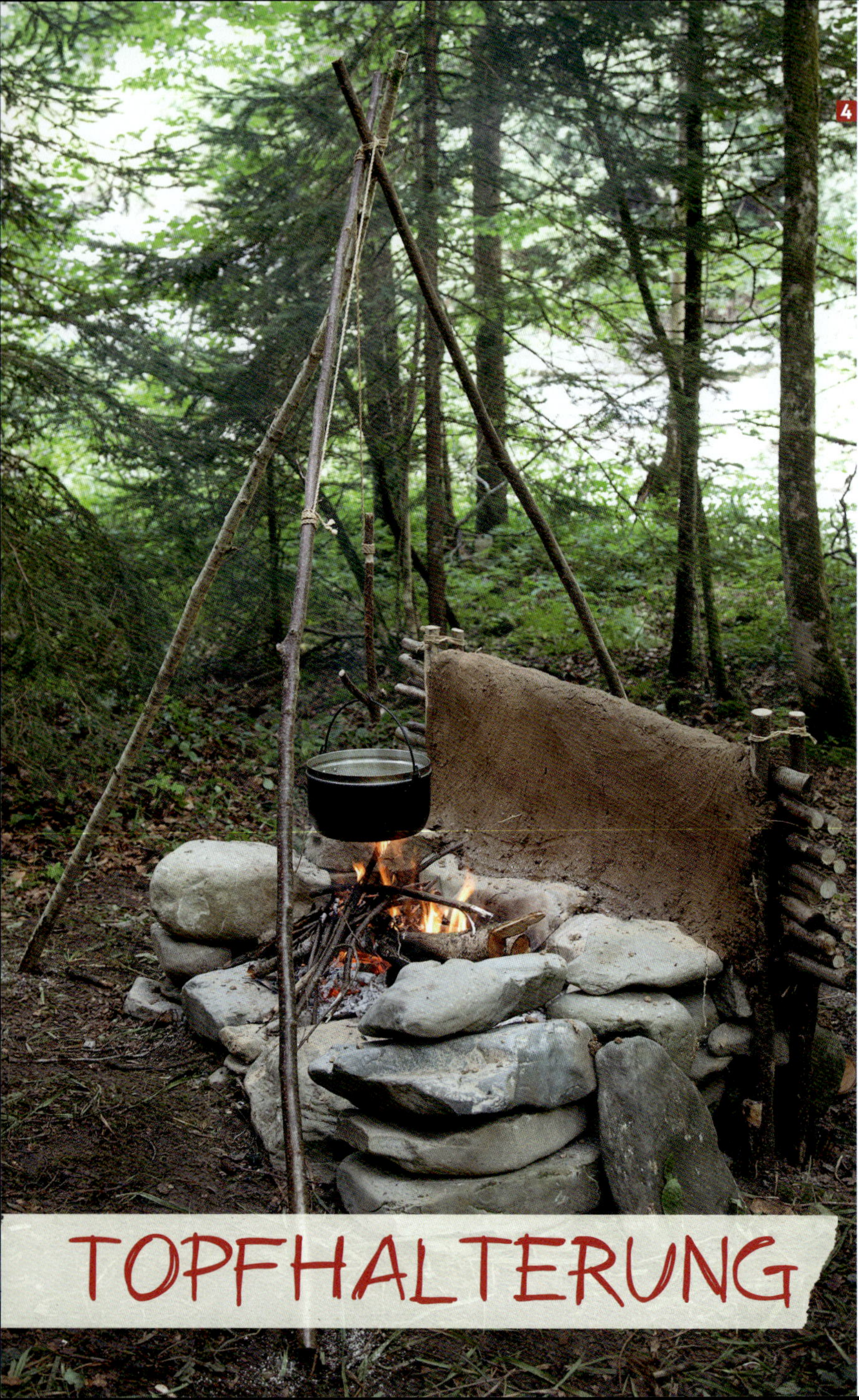

TOPFHALTERUNG

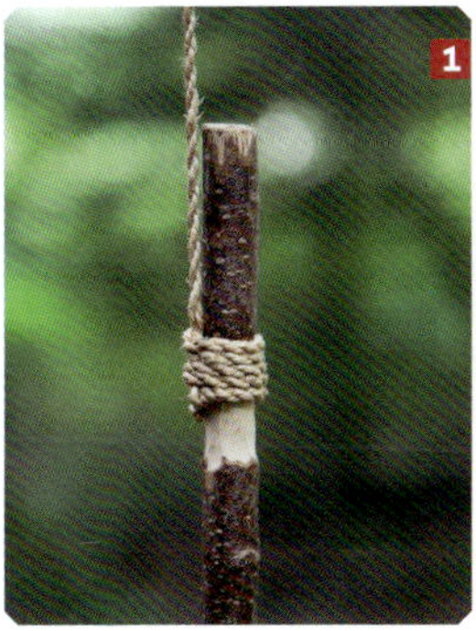

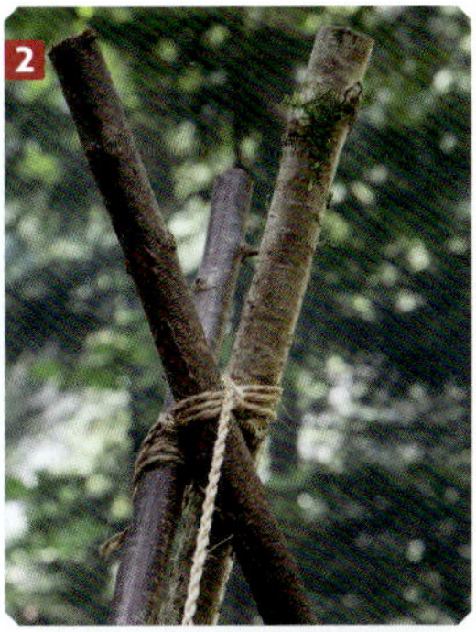

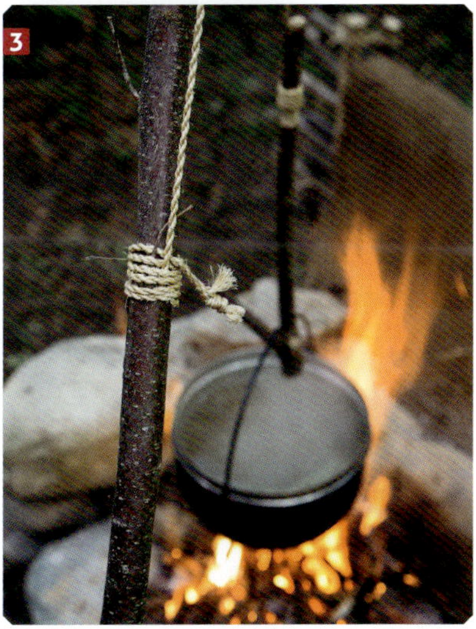

Wenn man in einer Pfanne über offenem Feuer etwas kochen möchte, ist eine Topfhalterung ein nützliches Hilfsmittel. Das Dreibein ist ein Klassiker unter den Topfhalterungen. Allerdings benötigt man in dieser höhenverstellbaren Version ziemlich viel Schnur 1, 2, 3. Die Schnur wird an einem Haken (aus einer Astgabel) befestigt. Der Topfgriff wird am Haken eingehängt. Wenn die Schnur für die Höhenverstellung über das Dreibein gelegt wird 4, wird der Reibungswiderstand bei einem schweren, vollen aufgehängten Kochtopf ziemlich groß. Perfekt wäre es, wenn die Schnur für die Höhenverstellung am Kreuzpunkt der drei Stützen in einem Karabiner umgelenkt wird. Dies vermindert Abnutzung und minimiert die Widerstände durch Reibung.

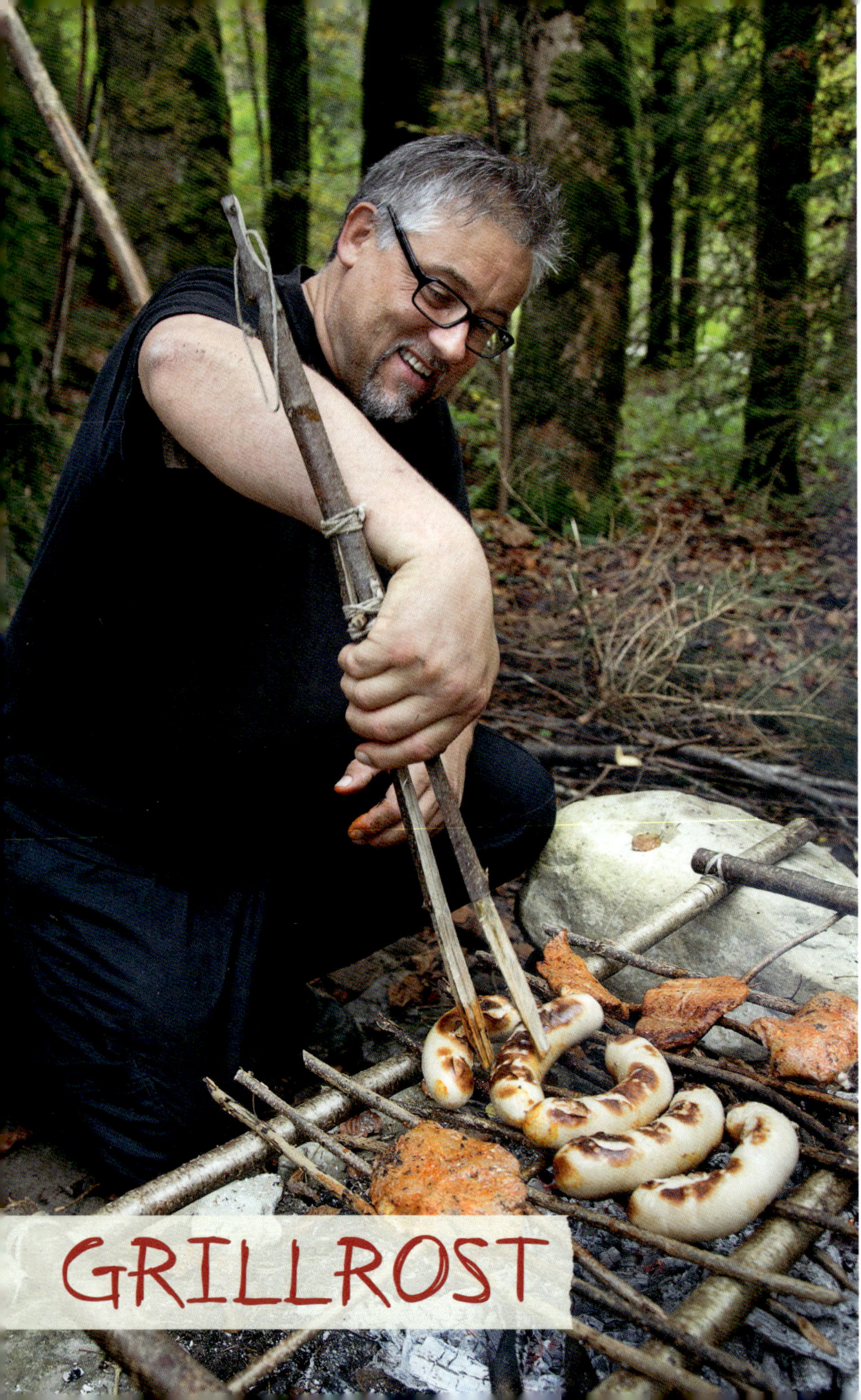

GRILLROST

Was wäre ein Wildniscamp ohne ein saftiges Stück Fleisch oder etwas anderes Leckeres vom Grill? Nahrung über der Glut zu braten oder zu rösten, ist von jeher eine der einfachsten und ursprünglichsten Zubereitungsarten.

Hier die Anleitung für einen Grill, der aus einem stabilen Rahmen besteht und bei dem die Grillstäbe ausgewechselt werden können, wenn sie durchgebrannt sind. Der Rahmen wird beidseitig auf der steinernen Umrandung der Feuerstelle aufgelegt.

Sammeln Sie vier dickere, gerade gewachsene Äste für den Rahmen und etwas dünneres Material für das Geflecht. Damit der Rahmen die nötige Stabilität erreicht, kommt die Kreuzverbindung zur Anwendung.

Schneiden Sie dazu an allen vier Rahmenhölzern je nach gewünschter Größe des Rostes an der entsprechenden Stelle mit der Säge ein rechtwinkliges Kreuz 1. Die Sägenuten müssen beinahe bis zur Mitte des Astdurchmessers gesägt werden. Dann werden mit der Messerspitze die beiden gegenüberliegenden Dreiecke herausgebrochen 2. Nun lassen sich die Hölzer ineinanderstecken 3, werden zusammengedrückt und abgebunden 4. Der Rahmen wird zum Schluss mit einem Geflecht aus dünnen Ästen versehen.

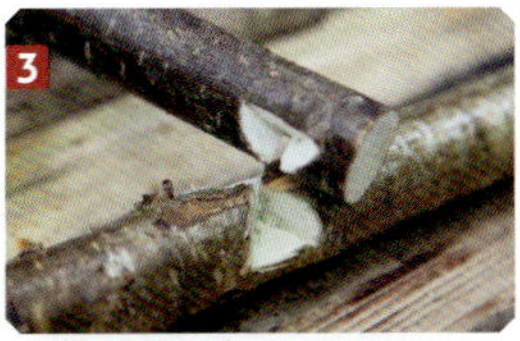

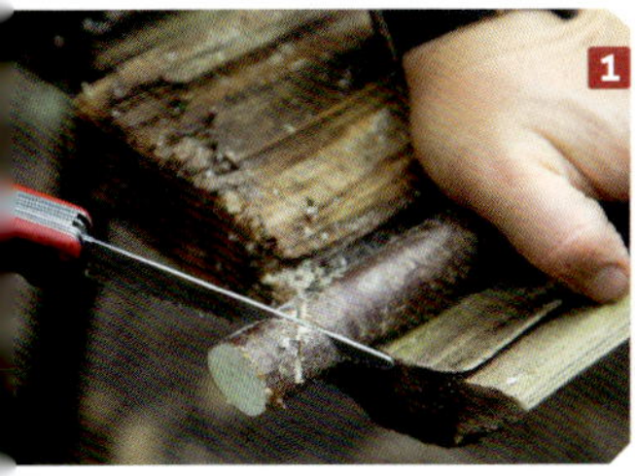

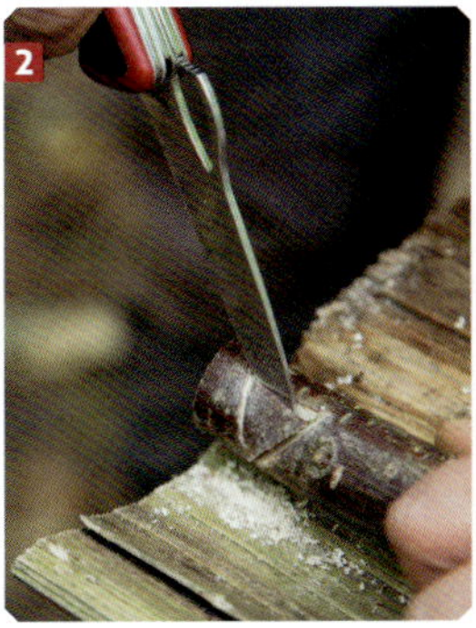

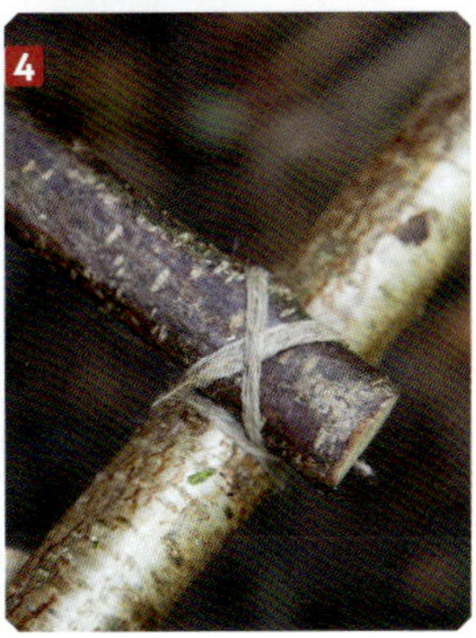

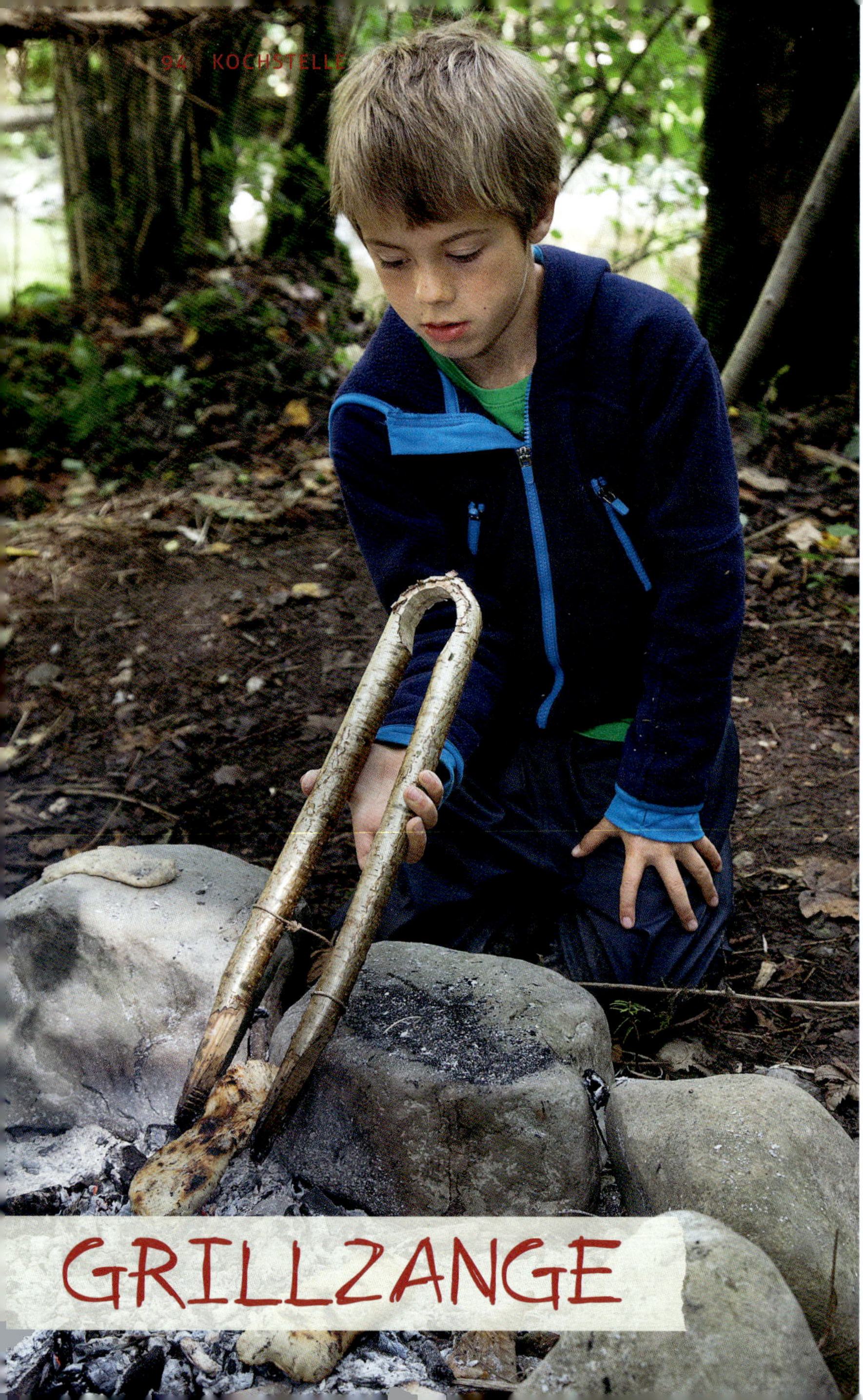

GRILLZANGE

Beim Kochen und Grillen über dem Feuerer, beim Entnehmen von Glutstücken, bei der Feuerpflege oder wenn es darum geht, heiße Gegenstände anzufassen, ist eine Zange unverzichtbar. Es gibt verschiedene Techniken, um aus einem Ast eine Zange herzustellen. Hier stellen wir eine gesägte Zange her.

Als Ausgangsmaterial dient ein etwa 3 cm dicker Haselast von ungefähr 80–100 cm Länge. Mittig wird bis zur Hälfte des Durchmessers eine etwa 20 cm lange Vertiefung geschnitzt 1, 2. In dieser Vertiefung werden dann Nuten quer zum Ast bis zur Mitte der übrigen Materialstärke gesägt; der Abstand der Nuten beträgt etwa 8 mm 3. Anschließend wird der Ast um diese Vertiefung herum gebogen. Biegen Sie ihn langsam und vorsichtig mit möglichst viel Zugkraft um einen dünnen Stamm, um Span-

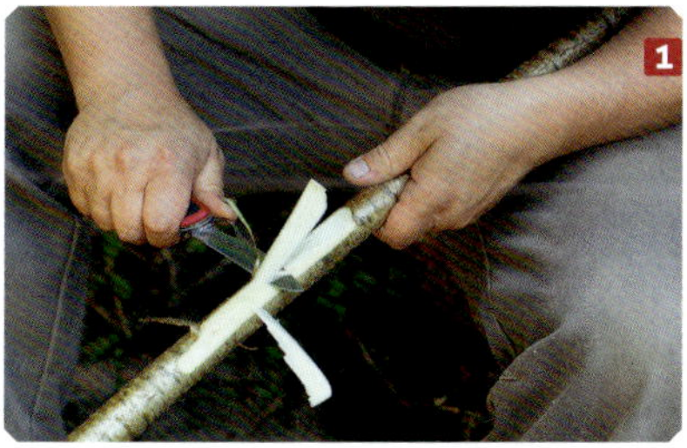

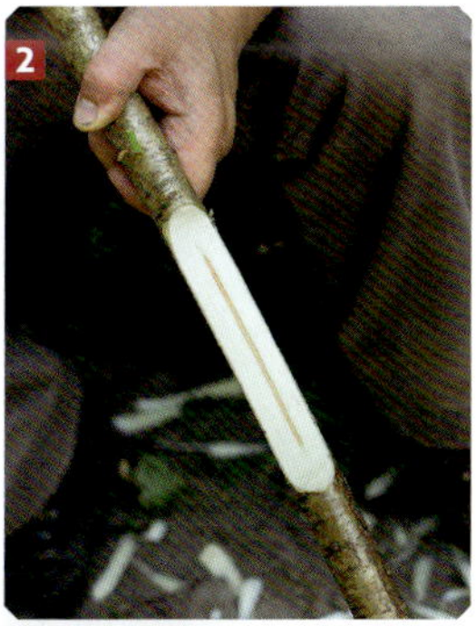

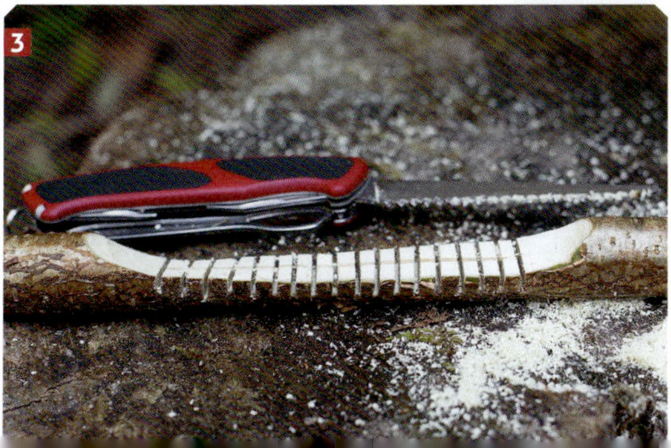

nungsspitzen bzw. Bruchstellen zu vermeiden 4, 5. Nach dem Biegen werden an den beiden Greifenden der Zange Flächen geschnitzt. Die Innenflächen können zusätzlich mit einigen Quernuten etwas griffiger gemacht werden 6. Begrenzen Sie den Öffnungswinkel mit einem Stück Schnur. Solche Zangen können Sie natürlich in verschiedenen Größen anfertigen 7.

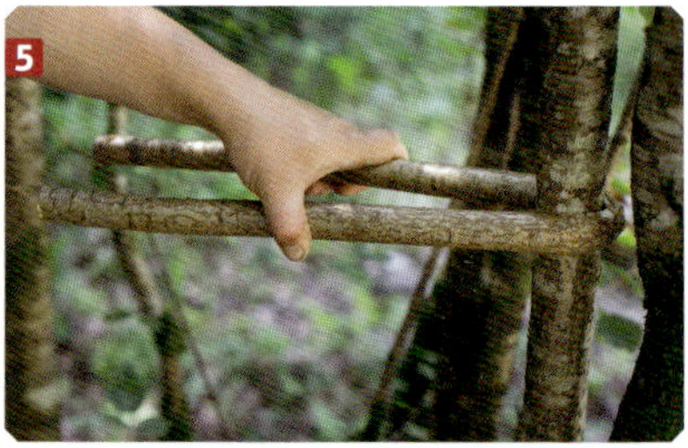

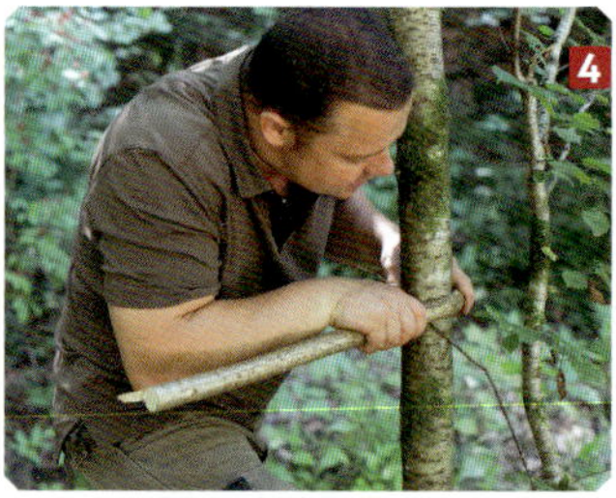

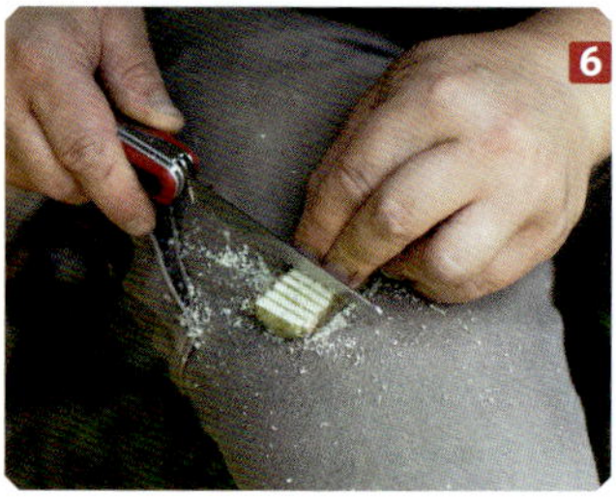

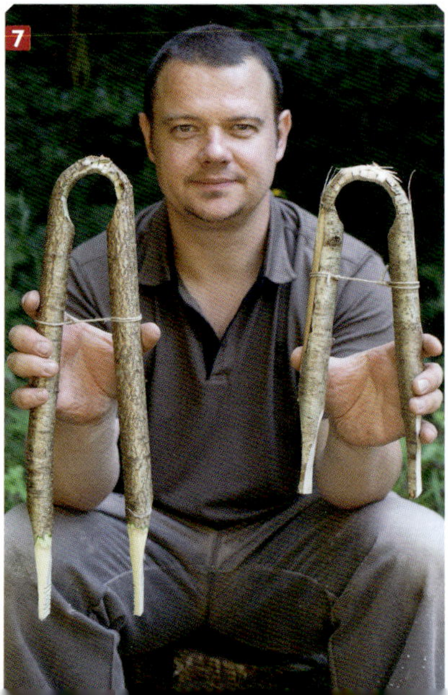

RINDEN-KOCHTOPF

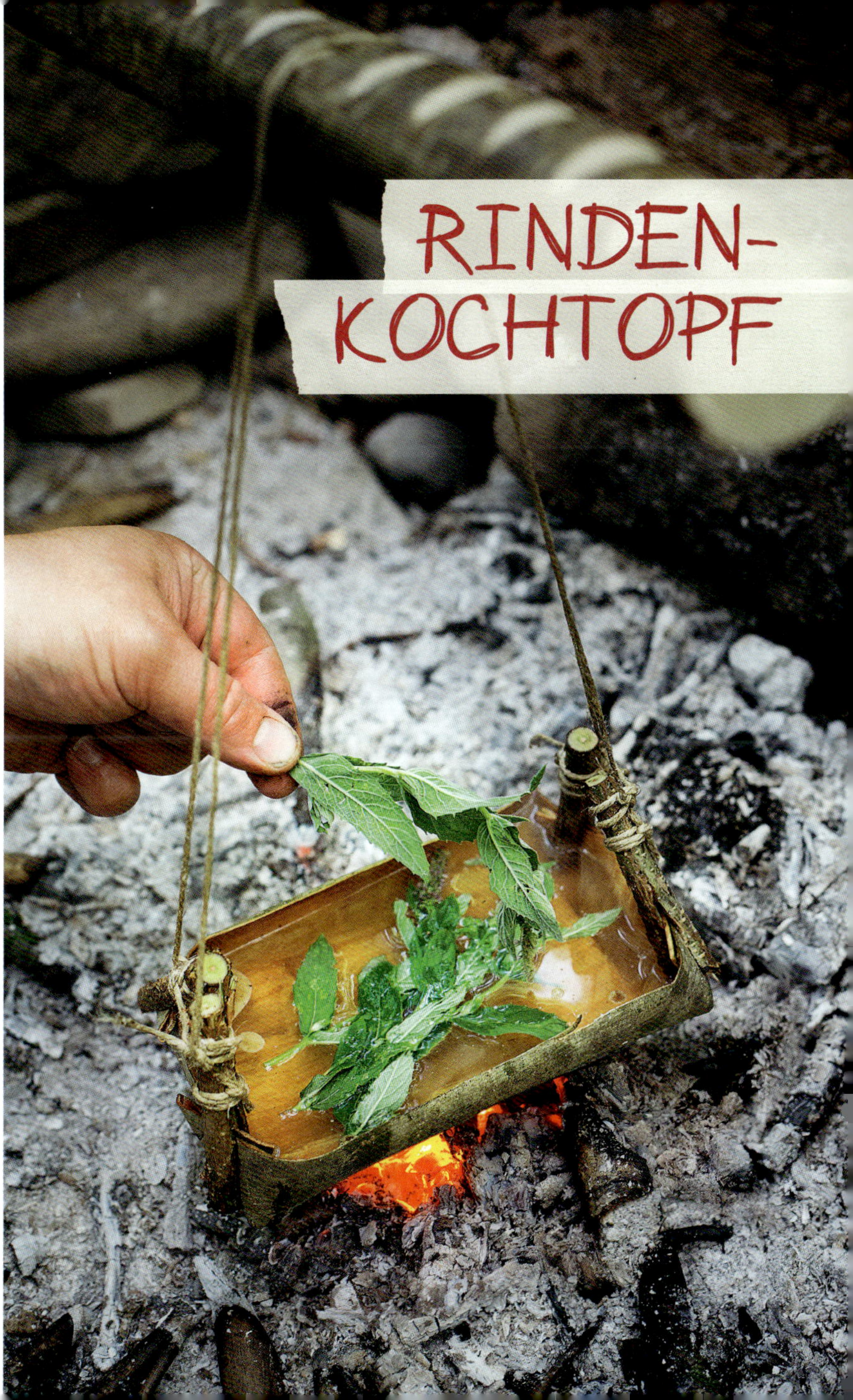

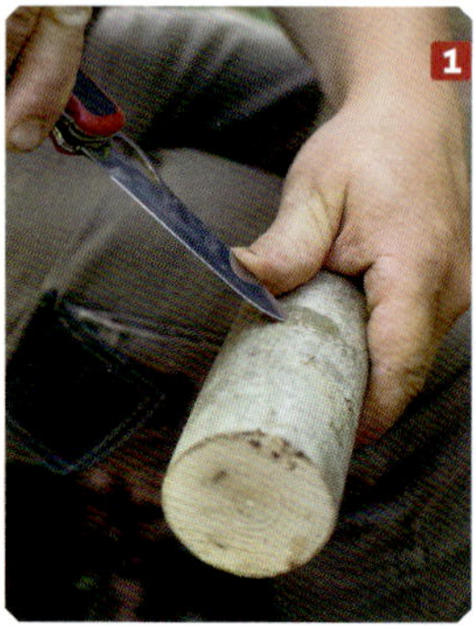

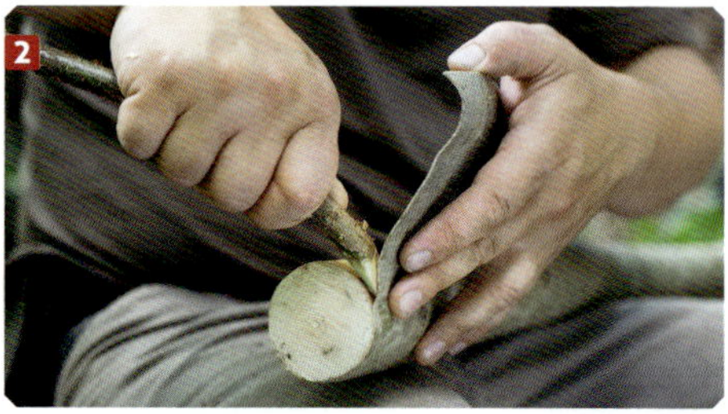

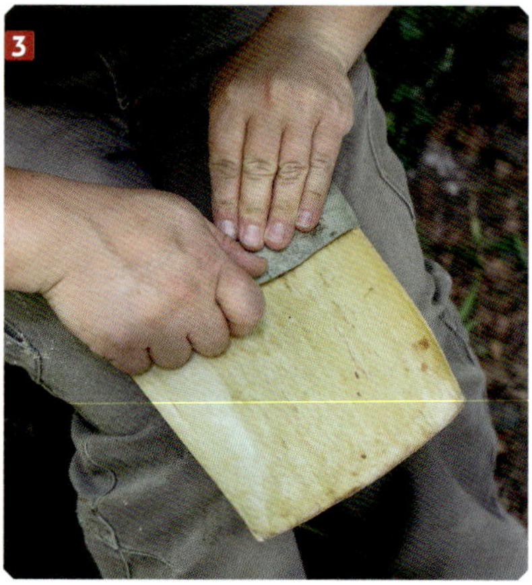

Dieses Projekt lässt sich im Frühling und Sommer am einfachsten umsetzen, wenn die Bäume im Saft stehen und sich deshalb die Rinde einiger Baumarten leicht abschälen lässt. Bitte nie lebende Bäume abschälen! Halten Sie Ausschau nach frisch gefällten oder umgestürzten Bäumen. Neben Fichte und Esche lassen sich mit Sicherheit auch von anderem gut schälbarem Holz Rindenkochtöpfe realisieren.

Schneiden Sie mit dem Messer die Begrenzungsschnitte für das Rindenstück, das Sie ablösen wollen 1. Die Begrenzungsschnitte sollten ausreichend tief sein, insbesondere in der Richtung quer zum Faserverlauf. Sonst kann es schnell passieren, dass die Rinde beim Lösen einreißt. Beginnen Sie beim Längsschnitt die Rinde zu lösen, indem Sie vorsichtig mit dem Messer darunterfahren. Wenn die Rinde in der Längsrichtung 1–2 cm gelöst ist, können Sie mit dem Finger oder mit einem zugespitzten Stock unter die Rinde fahren und sie so weiter lösen 2. Bei Unebenheiten oder bei kleineren Verletzungen der Rinde müssen Sie besonders sorgfältig arbeiten. Nachdem das Rindenstück abgelöst ist, biegen Sie an allen vier Seiten die

Seitenwände hoch 3. In den Ecken entstehen Ohren, die Sie vorsichtig zusammendrücken, zur Seite umlegen und mit einer Klammer sichern 4. Klammern lassen sich aus Haselästen herstellen, die Sie zu drei Viertel ihrer Länge spalten. Damit sie nicht weiterspalten, binden Sie sie ab. Der Rindenkochtopf sollte nicht über einer großen Flamme verwendet werden. Am besten abwarten, bis die Flammen erloschen sind, und den Kochtopf mit ausreichendem Abstand über der Glut auf einem Grillrost, auf flachen Steinen oder nassen Stöcken platzieren 5. Den Rindentopf nicht direkt auf die Glut stellen.

Es lohnt sich, diese rustikale und ursprüngliche Art des Kochens auszuprobieren. Ein schmackhafter Tee, in einem selbstgemachten Rindenkochtopf gebraut, ist ein unvergessliches Naturerlebnis 6.

5
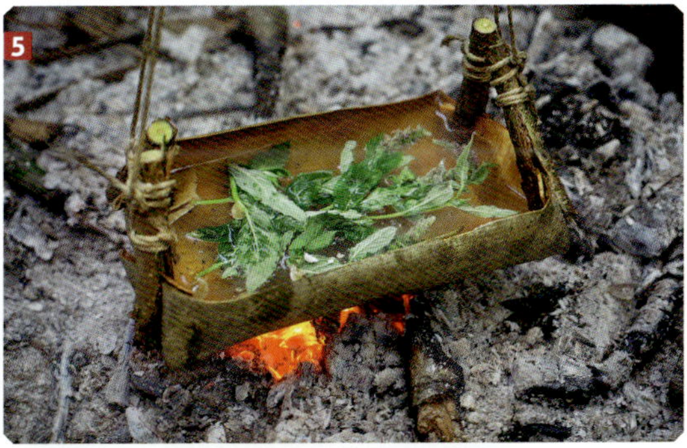

4
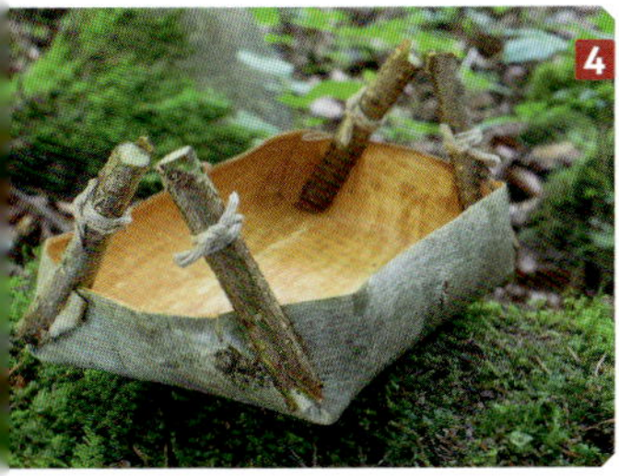

6
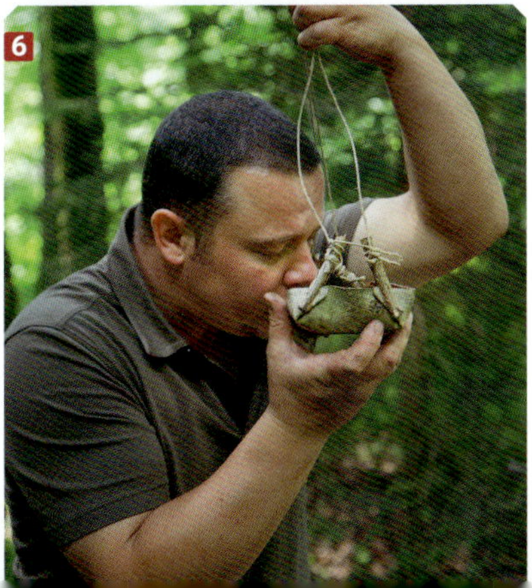

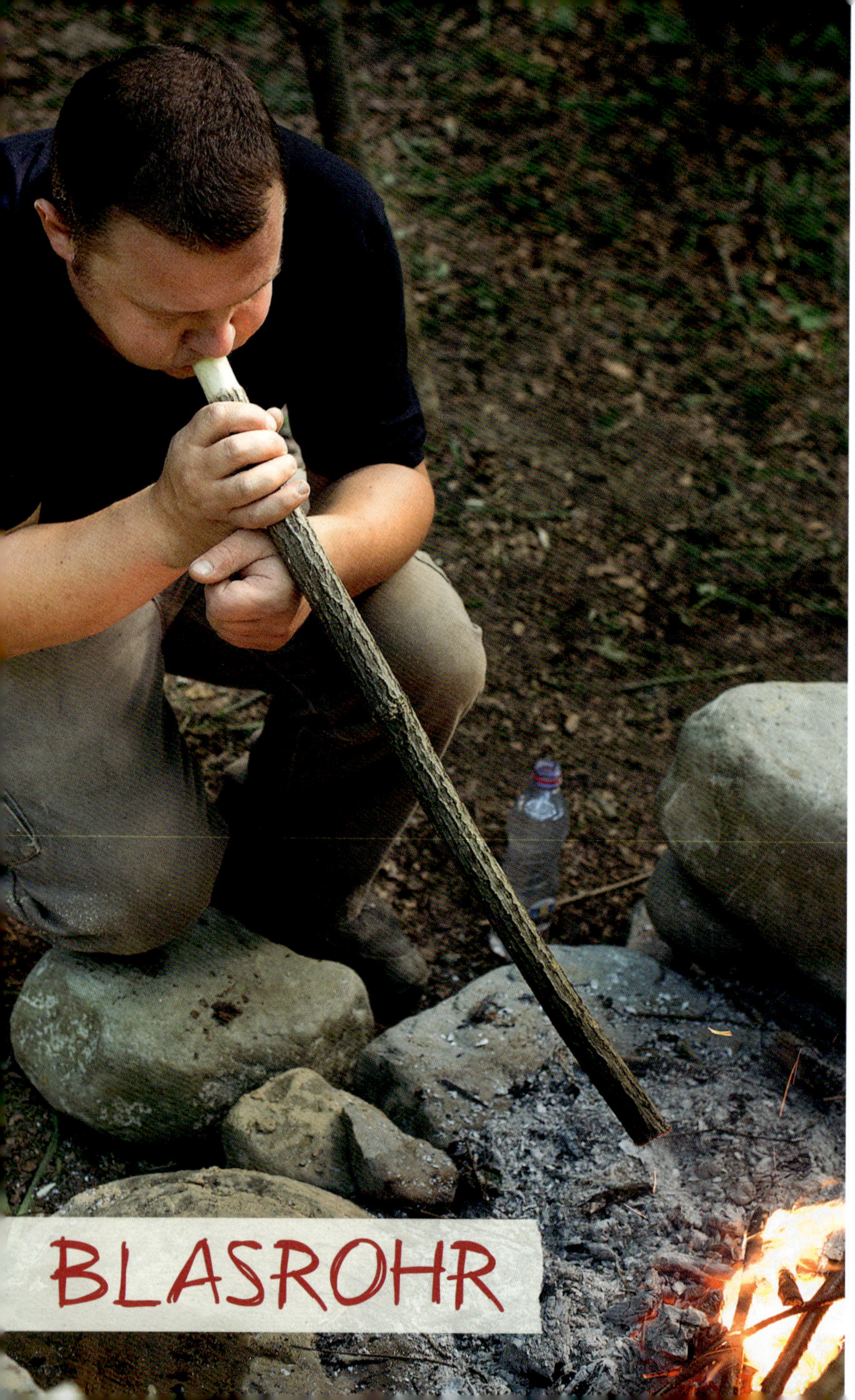

BLASROHR

Das Blasrohr dient dazu, ein Glutnest durch Anblasen wieder zum Brennen zu bringen. Der eingeblasene Sauerstoff unterstützt den Verbrennungsprozess und lässt Glutnester wieder in Flammen auflodern. Mit einem Blasrohr lässt sich bequem und aus sicherer Entfernung die Glutstelle anpusten, ohne dass dabei Asche und Glutfunken unkontrolliert auffliegen. Der Luftstrahl ist gebündelt und kann gezielt eingesetzt werden. Zudem ist es komfortabel, sich nicht jedes Mal zum Feuer hinunterbücken zu müssen und schmutzige Hosen oder nasse Knie zu bekommen, wenn man ein Feuer neu entfachen möchte.

Suchen Sie ein gerade gewachsenes, etwa 50 cm langes Holunderrohr mit einem Markdurchmesser von mindestens 8 mm 1. Wenn das Holunderrohr einen Seitenast hat, kann dieser als Griff oder Aufhänger dienen. Wer ein Stück Draht oder ein Armierungseisen findet, kann dieses mithilfe von Steinen zurechtbiegen und hämmern 2, und es dann ins Feuer legen, bis die ersten 10 cm rot glühen.
Mit dieser glühend heißen Spitze lässt sich das Mark des Holunderastes ausbrennen. Es raucht zwar stark, funktioniert aber wunderbar 3. Bei kürzeren Blasrohren kann das Mark auch mit einem Bohrer, einem trockenen Hartholzzweig oder mit einem Stück Draht ausgestoßen werden. Beim Mundstück des Blasrohrs schnitzt man die Rinde noch etwas weg 4, und schon ist es fertig.

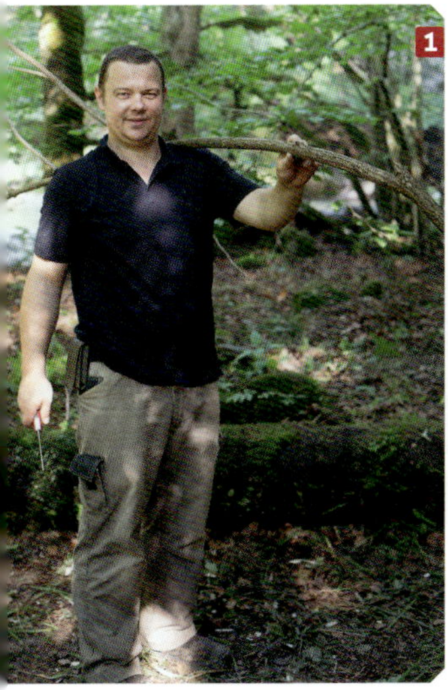
1

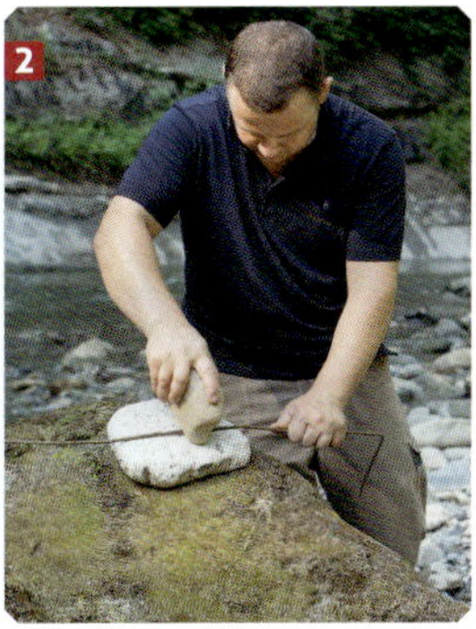
2

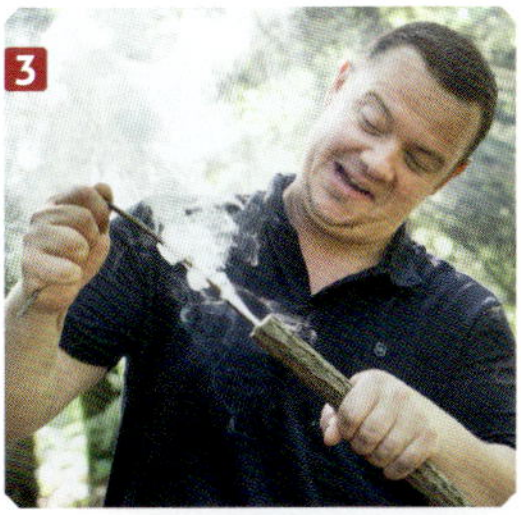
3

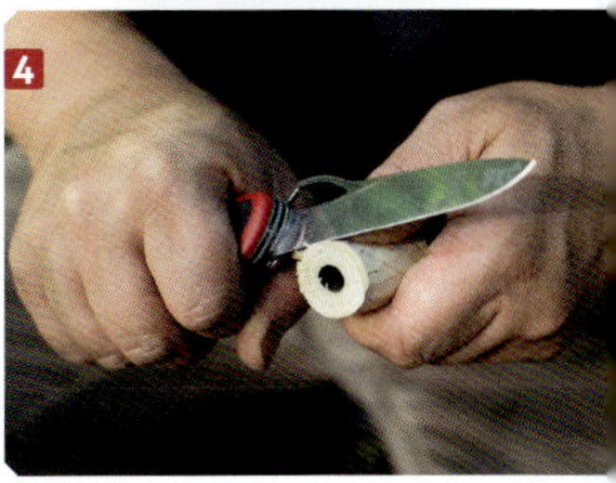
4

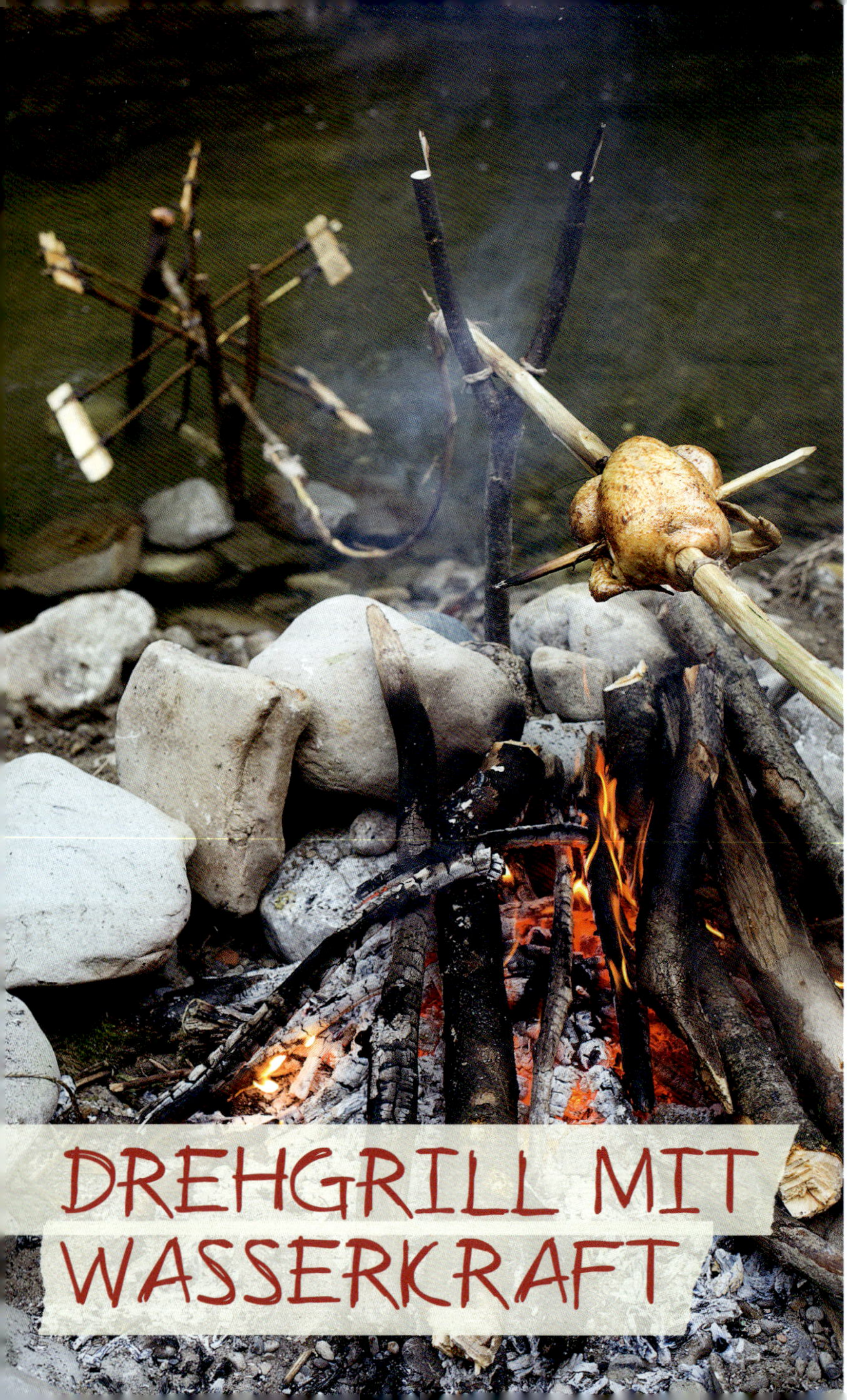

DREHGRILL MIT WASSERKRAFT

Für den Bau des Wasserrads braucht es zwei Astgabeln als Lager, einen gerade gewachsenen Ast mit einem Durchmesser von 2–3 cm als Achse (z. B. Hasel), sechs gerade Triebe als Speichen (z. B. Hasel oder Hartriegel) und sechs dünne Holzbrettchen.

An einer geeigneten Stelle an einem Bach mit ausreichender Strömung und Wassertiefe werden die beiden Astgabeln am Ufer oder auch direkt im Bach platziert. Wenn man sie nicht ausreichend tief in das Flussbett eingraben kann, müssen aufgeschichtete Steine den Lagern zusätzlichen Halt geben 1.

Die Achse spaltet man mittig 25–30 cm der Länge nach auf. Dabei wird die Klinge in der Mitte möglichst flach auf das Holz gelegt und mit einem Aststück hindurchgetrieben 2, bis die Klingenspitze auf der gegenüberliegenden Seite herausschaut. Danach die Achse aufstellen und den Spalt durch dosierte Schläge auf die Klingenspitze vergrößern. Immer noch im Spalt wird die Messerklinge vorsichtig um 90 Grad gedreht, bis sie steht und zwischen den Spaltflächen klemmt. In den entstandenen Spalt steckt man einen Ast hinein 3. Im 60-Grad-Winkel zum ersten Spalt bringt man auf dieselbe Weise einen zweiten und

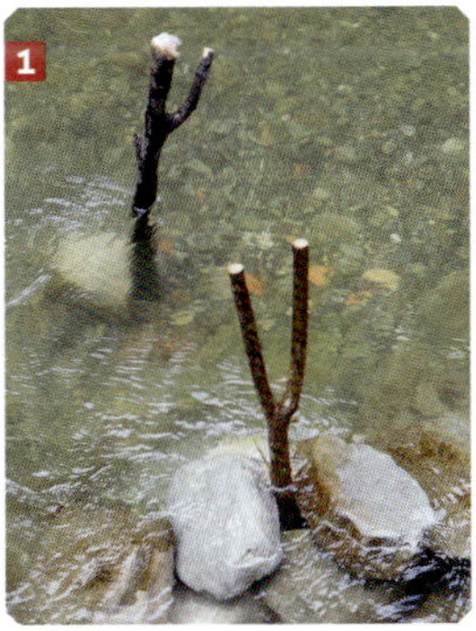

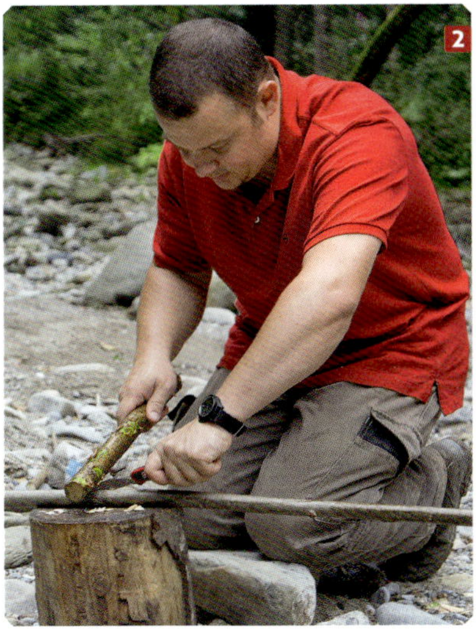

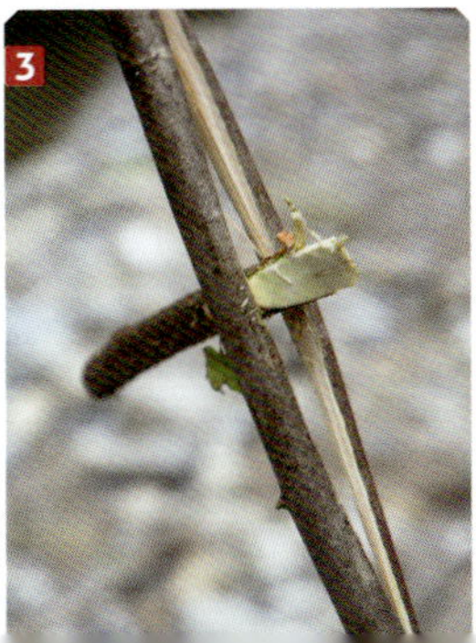

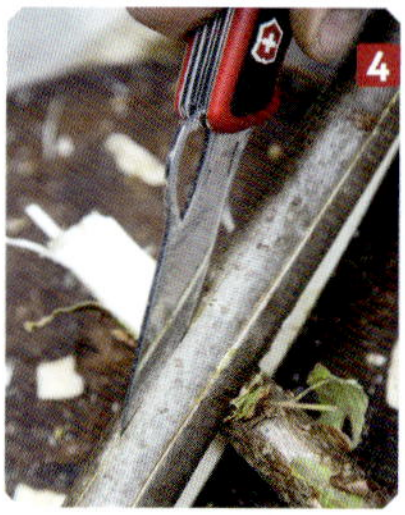

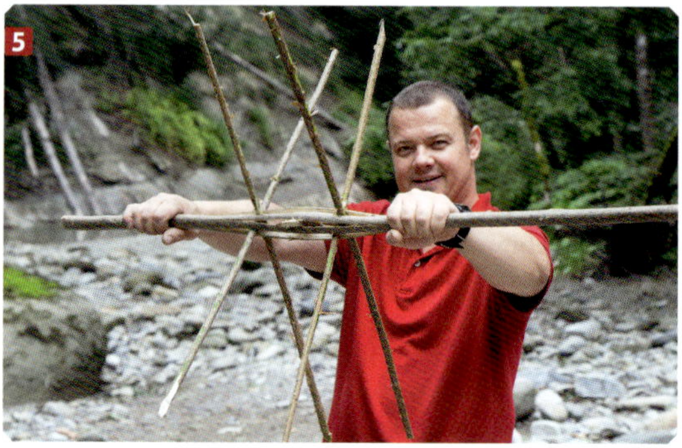

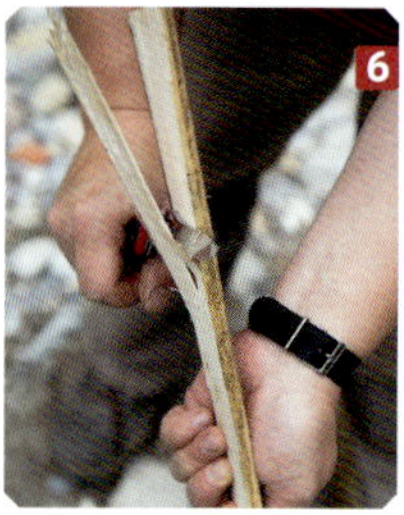

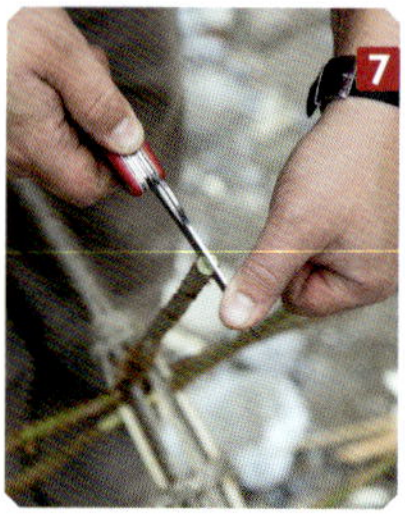

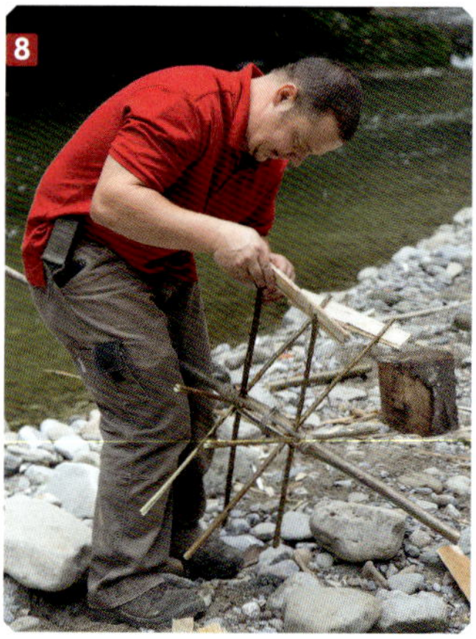

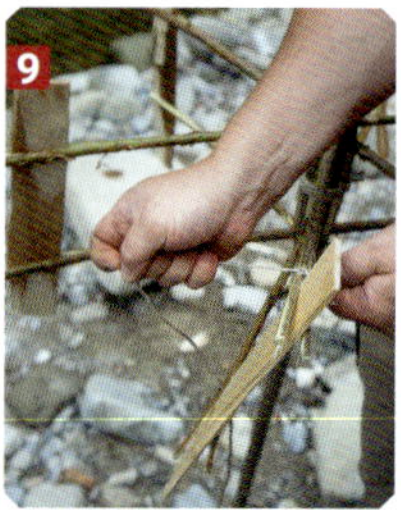

dritten Spalt an 4. Das festgeklemmte Ästchen dient als Anhaltspunkt, damit die Spalte im 60-Grad-Winkel zueinander stehen. Durch die drei Spalte werden nun die Speichen im Abstand von etwa 20 cm eingesteckt 5. Die Speichen müssen vorher auf die notwendige Länge gekürzt werden. Diese ermitteln Sie, indem Sie die Achse in die Astgabeln legen und den Abstand von der Achse bis zum Wasser abmessen. Um die Klemmwirkung zu vergrößern, zurren Sie die gespaltene Achse zwischen den Speichen mit einem Stück Schnur zusammen. Aus dünnen Holzbrettchen, wie man sie bei einer umgeknickten Tanne finden kann, werden sechs möglichst gleich große, dünne Schaufeln angefertigt 6. Mit der großen Klinge werden die Speichen gespalten, sodass sich die Brettchen einschieben und festbinden lassen 7, 8, 9. Ein erster Test im Bach zeigt, ob sich das Wasserrad gleichmäßig dreht.

Nun verlängern Sie die Achse mit einem Stück Waldrebe. Für die Kraftübertragung werden an den Übergängen an der Achse und an der Waldrebe 10 Flächen zurechtgeschnitzt, übereinandergelegt und mit Schnur zusammengezurrt. Dank des flexiblen Mittelteils der Achse lässt sich das Gefälle zum Grillplatz überwinden. Am anderen Ende der Waldrebe wird auf dieselbe Art der Hühnchenspieß fixiert. Der Spieß wird in der Mitte der Länge nach aufgespalten und ein kleines Distanzstück hineingesteckt 11. Danach schiebe ich das Huhn auf den Spieß und stecke einen Querspieß durch das Huhn und den Spalt im Spieß 12. Nun setzen wir das Wasserrad ins Wasser. Das Hühnchen dreht sich etwas unregelmäßig, da durch das Wasserrad immer erst Kraft aufgebaut werden muss, die sich dann ruckartig über die Achse überträgt. Die verschiedenen Seiten des Huhns befinden sich dadurch unterschiedlich lang über dem Feuer, und die weniger gegrillte Seite muss am Ende noch etwas nachgebraten werden.

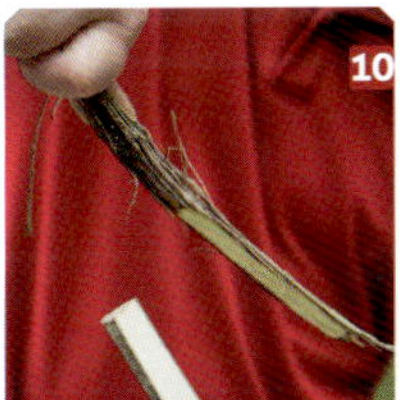

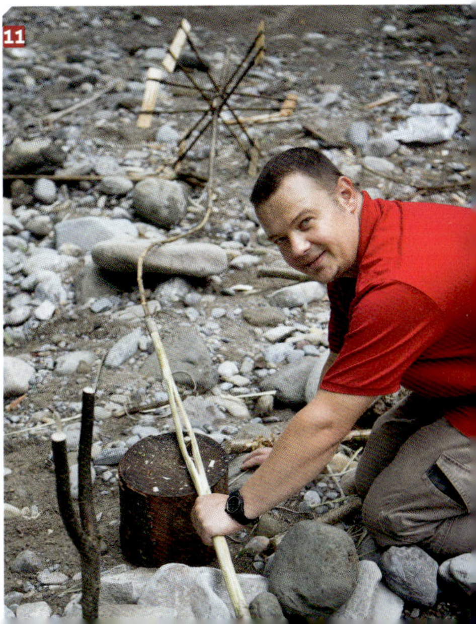

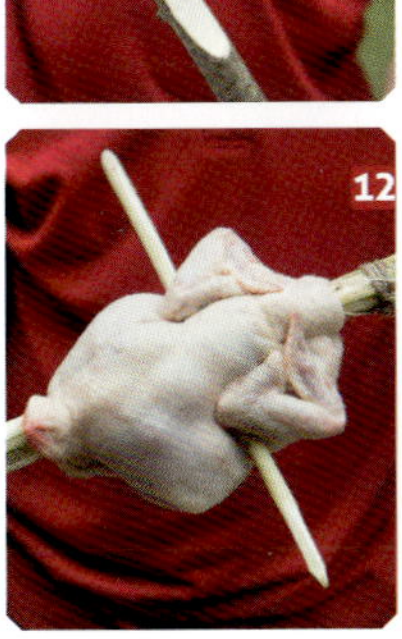

GRUNDLAGEN

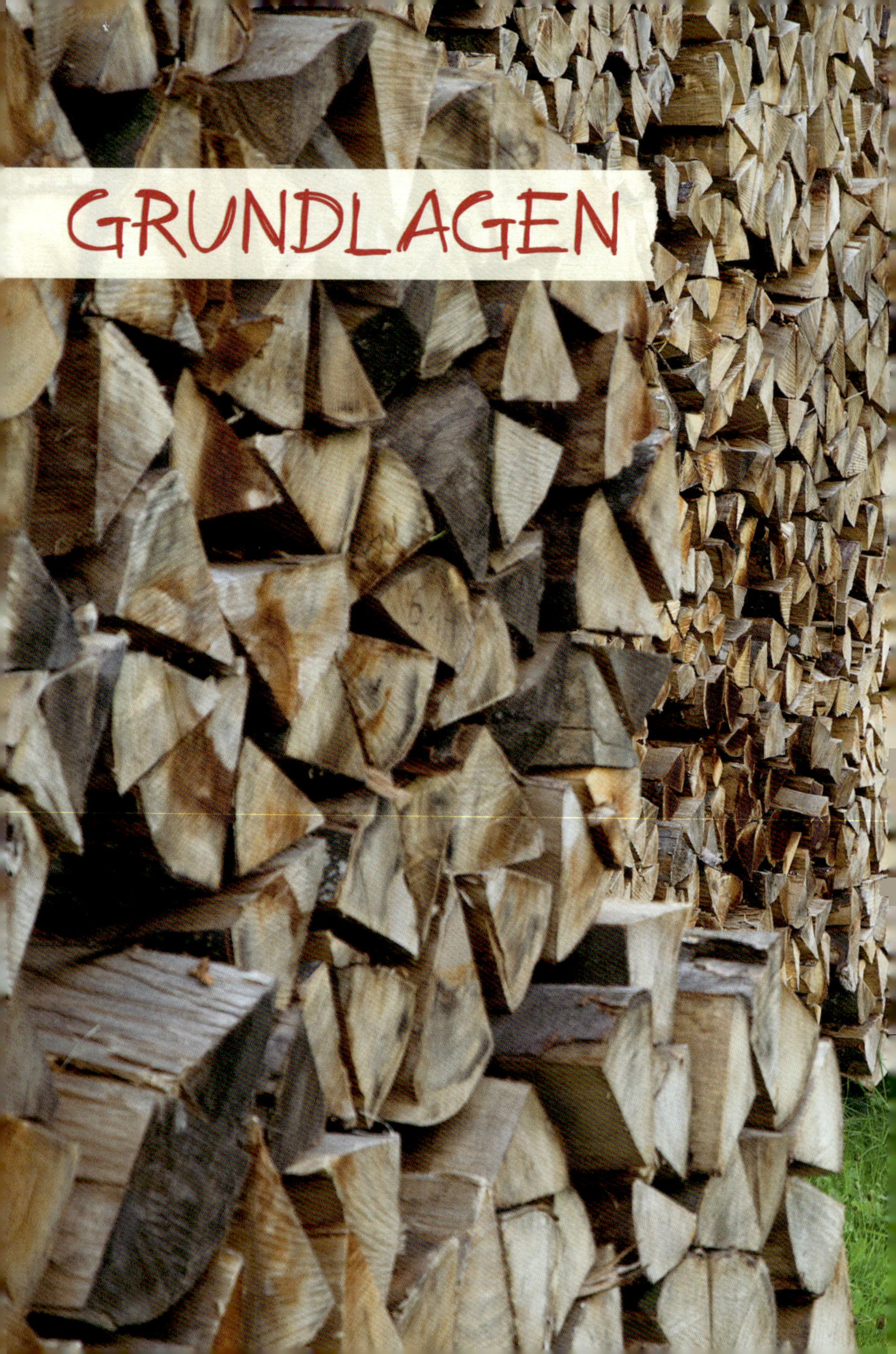

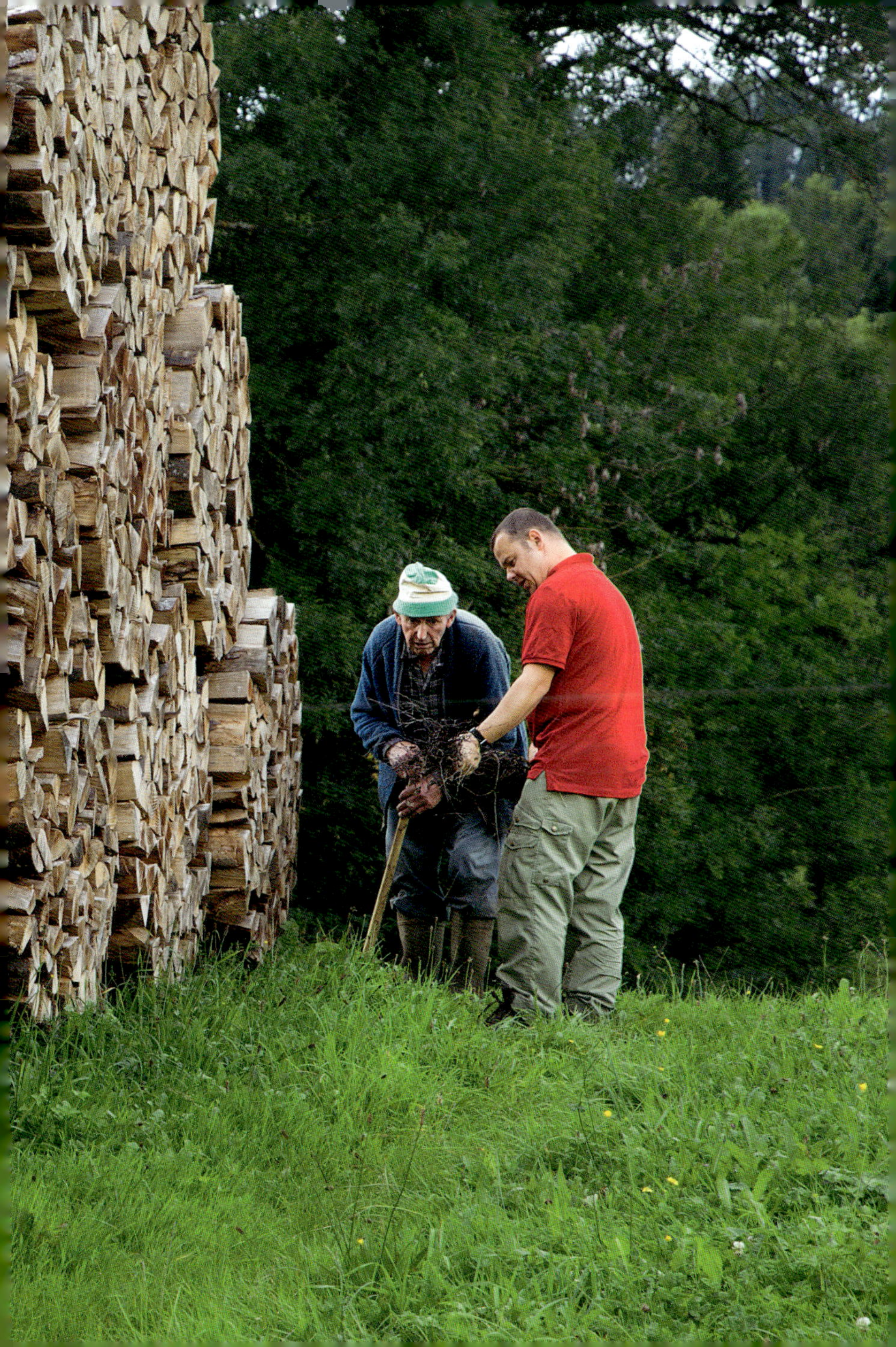

DAS SAMMELN VON WERKMATERIALIEN

Für die Projekte in diesem Buch benötigen Sie verschiedene Materialien aus der Natur. Wer nicht in einer akuten Notsituation steckt, ist dazu angehalten, die Materialien für seine Projekte so zu sammeln, dass in der Natur kein oder nur möglichst geringer Schaden entsteht. Wer beispielsweise ein Schutzdach regendicht abdecken möchte, sollte eher eine dicke Laubschicht oder Reisig einer umgestürzten Tanne verwenden, statt das Dach mit ausgerissenen Moosziegeln zu decken. Das Sammeln von Moosziegeln hinterlässt dauerhafte Narben im Moosteppich des Waldbodens. Für alle Bauten und Projekte sollte daher nach Möglichkeit immer Totholz verwendet werden. Sammeln Sie auch nicht alle Pflanzen einer Art am selben Platz. Lassen Sie immer ein paar Exemplare stehen. Die Verhältnismäßigkeit und der gesunde Menschenverstand sind die wichtigsten Ratgeber eines verantwortungsvollen Bushcrafters, der einen respektvollen Umgang mit der Natur pflegt. Lesen Sie zu dieser Thematik die Regeln zur »Leave no trace«-Philosophie auf Seite 124.

Nachfolgend finden Sie Erklärungen zu einigen Naturmaterialien, die ich aufgrund ihrer spezifischen Eigenschaften oft beim Bushcraften verwende.

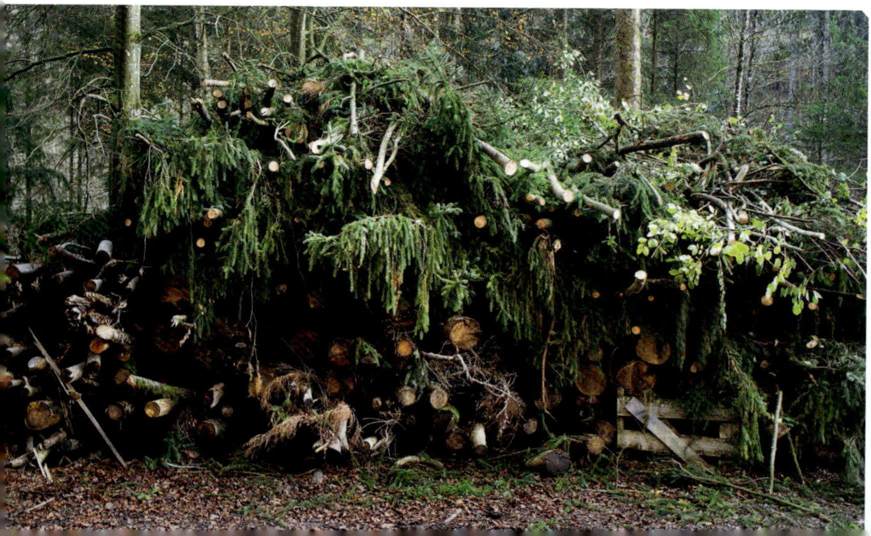

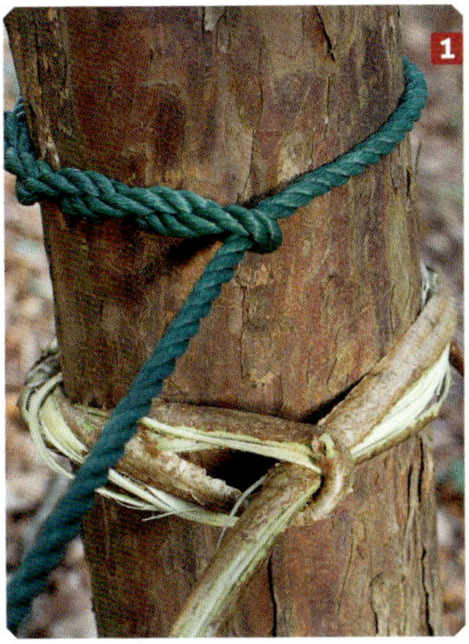

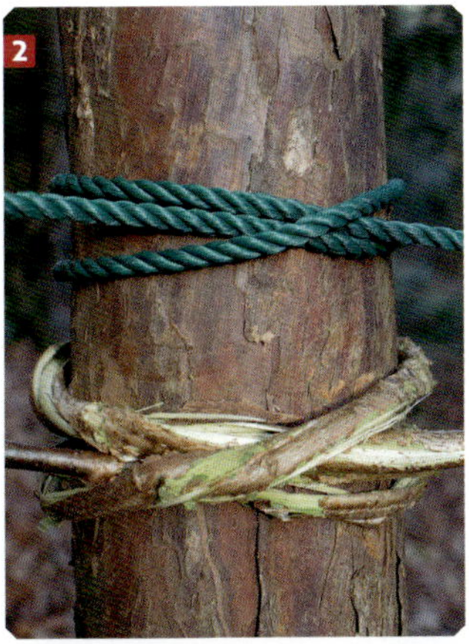

Natürliche Bindematerialien

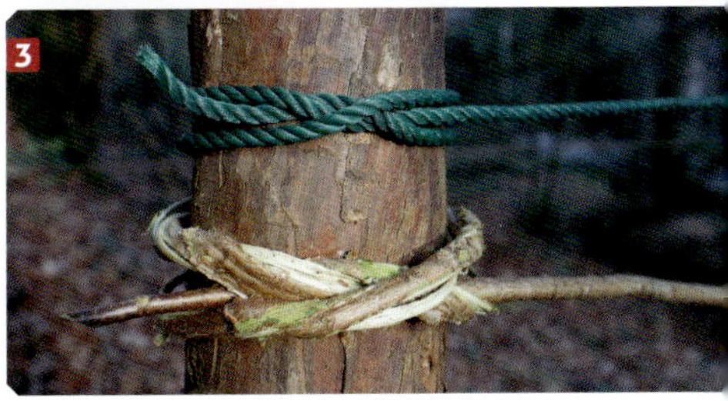

Wenn keine Schnur zur Verfügung steht, kann man auf natürliche Materialien zurückgreifen. Allerdings hat das in den meisten Fällen einen deutlich höheren Zeitaufwand zur Folge, weil die Materialien erst gesammelt und aufbereitet werden müssen. Einige natürliche Bindematerialien verlieren beim Austrocknen ihre Flexibilität und reißen leichter. Zum Binden mit natürlichen Materialien eignen sich vor allem Knoten, bei denen das Bindematerial möglichst wenig Umlenkung bzw. möglichst wenig Beanspruchung erfährt. Ich verwende meistens den Zimmermannsknoten 1, den Mastwurf 2 und den Würgeknoten 3, ein dem Mastwurf sehr ähnlicher Knoten, der jedoch mit einem zusätzlichen Schlag versehen wird. Allen diesen Knoten ist gemeinsam, dass sich das Bindematerial beim Zusammenziehen selber zusammenklemmt. Ausführlichere Informationen hierzu finden Sie im Internet, mit vielen Anleitungen und Erklärungen zum Anwendungsbereich der Knoten und zur jeweiligen Machart.

Pflanzenfasern, Gräser oder Rindenstränge zu einer Schnur verdrehen

Grundsätzlich lassen sich fast alle Pflanzenfasern ab einer Länge von 20 cm zu einer Schnur verdrehen. In diesem Beispiel wurden Binsen verwendet. Die eine Hälfte der Binsenhalme wird so über die andere Hälfte gelegt, dass die Spitzen gegeneinander stehen 1. Nun hält man das Faserbündel etwas außerhalb der Mitte fest und verdreht es in sich 2, bis sich der verdrehte Strang von selbst einschlägt und eine Schlinge bildet. Diese Schlinge fasst man mit Daumen und Zeigefinger der linken Hand. Die ungleiche Länge der Schenkel ist wichtig, damit beim Ansetzen neuer Fasern der Übergang – und damit eine mögliche Schwachstelle im Seil – nicht bei beiden Strängen an der gleichen Stelle liegt.

Nun den längeren Bündelstrang (im Bild violett eingefärbt) mit Daumen und Zeigefinger der rechten Hand fassen und den Strang im Uhrzeigersinn um etwa eine Umdrehung eindrehen 3. Anschließend wird er, nun gegen den Uhrzeigersinn, hinter den kürzeren Strang gelegt 4. Mit Daumen und Zeigefinger der linken Hand nachfassen, sodass sich der verdrehte Strang nicht aufdreht. Mit der rechten Hand nun den kürzeren Strang fassen, erneut im Uhrzeigersinn eindrehen 5 und wieder gegen den Uhrzeigersinn hinter den längeren Strang legen 6. Mit Daumen und Zeigefinger der linken Hand nachfassen, damit sich die verdrehten Stränge nicht aufdrehen.

Diese Schritte wiederholt man, bis das kürzere Faserbündel fast vollständig aufgewickelt ist. Dann einfach ein neues Faserbündel ansetzen und mit

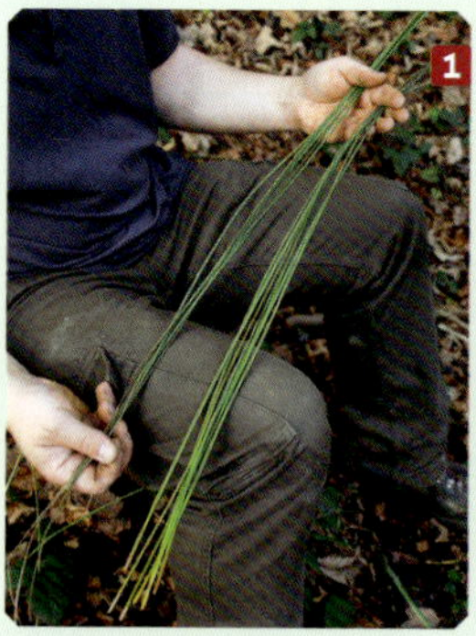

1

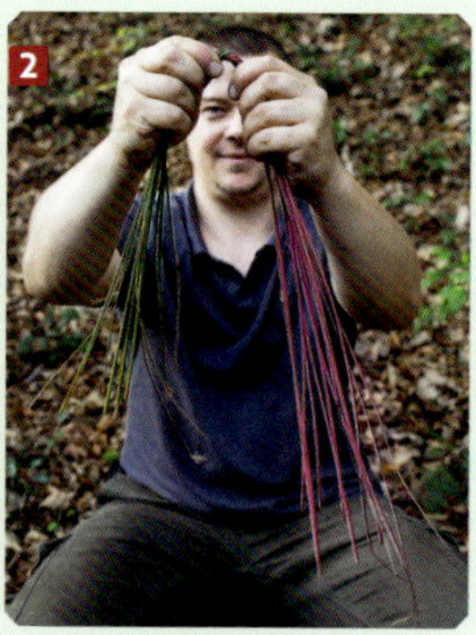

2

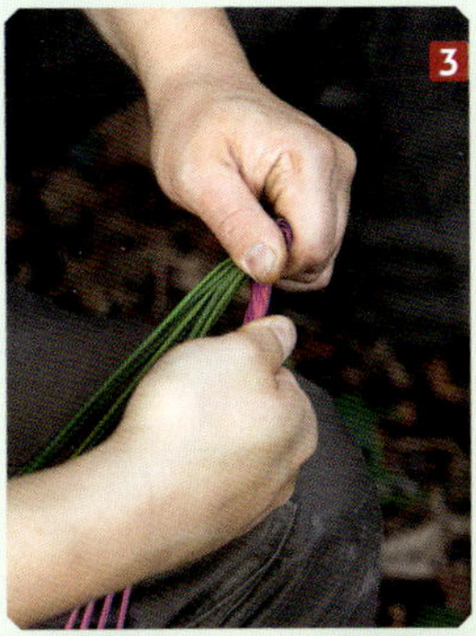

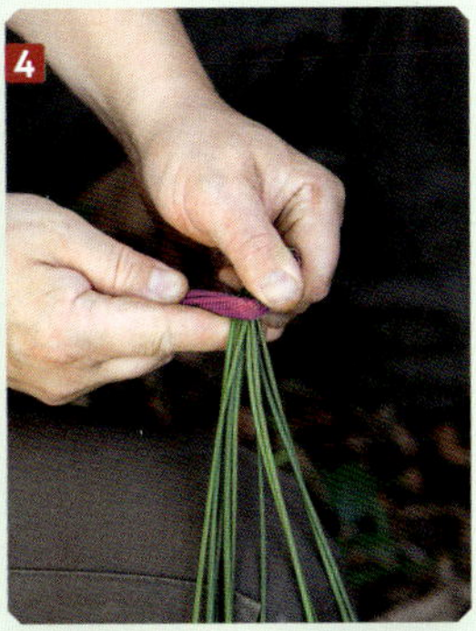

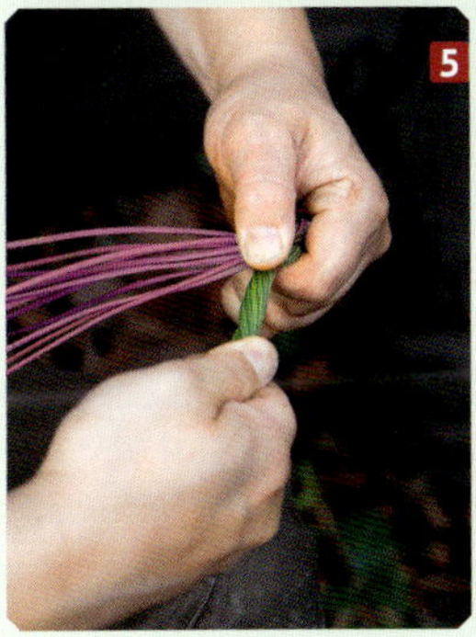

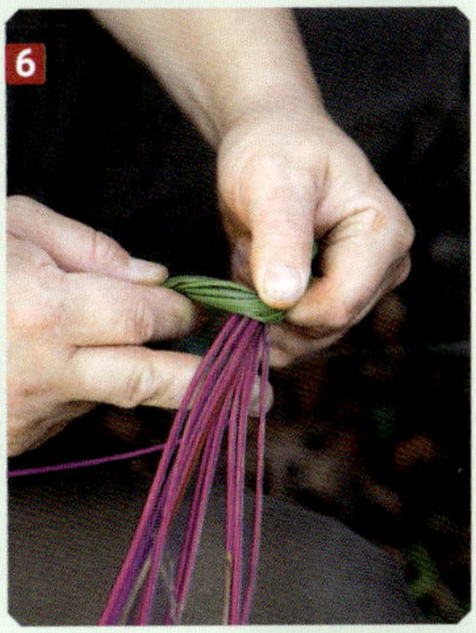

der Verdrehtechnik wie beschrieben fortfahren. So kann eine beliebig lange, stabile Schnur hergestellt werden 7.

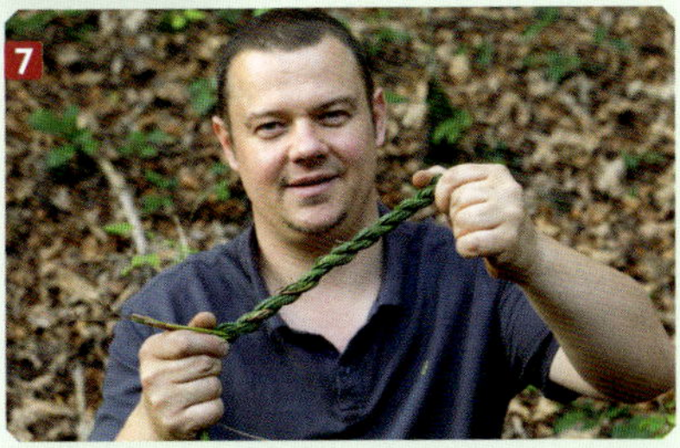

(Diese Technik ist im bewegten Bild einfacher nachvollziehbar. Es gibt einige Youtube-Videos zum Thema Schnurherstellung aus natürlichen Materialien. Jenes des deutschen Survival-Experten Johannes »Joe« Vogel erklärt diese Verdrehtechnik besonders anschaulich. Das Video trägt den Titel »Schnurproduktion II«.)

Gedrehte Hasel-, Weiden oder Birkenruten

Haseläste, wie auch andere frische Zweige, können, indem man sie der Länge nach verdreht, in Fasern aufgespalten und so biegsam gemacht werden. Dazu klemmt man das Ende eines Zweiges zwischen der Schuhsohle und einem festen Gegenstand wie einem Stein ein 1 und verdreht den Zweig so lange in eine Richtung, bis er beginnt sich aufzukringeln 2. Anschließend wird die Prozedur wiederholt, der Ast nun jedoch etwa 30 cm weiter oben eingeklemmt und erneut aufgedreht, bis er sich der Länge nach spaltet und wiederum aufkringelt. Diesen Vorgang wiederholen, bis die Rute auf der gewünschten Länge flexibel geworden ist. Die so hergestellten Seile halten erstaunlich viel Zugkraft aus 3.

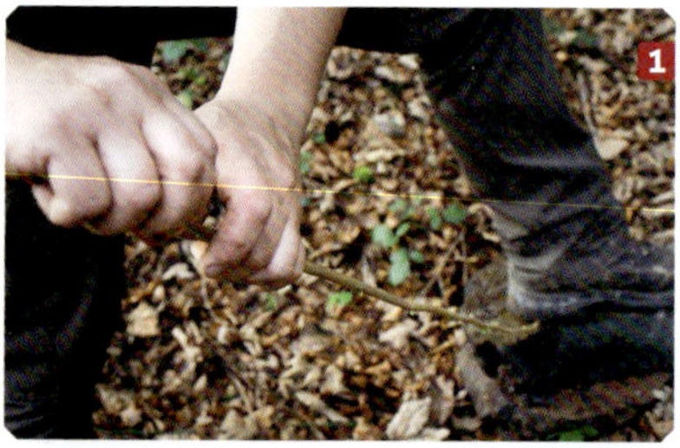
1

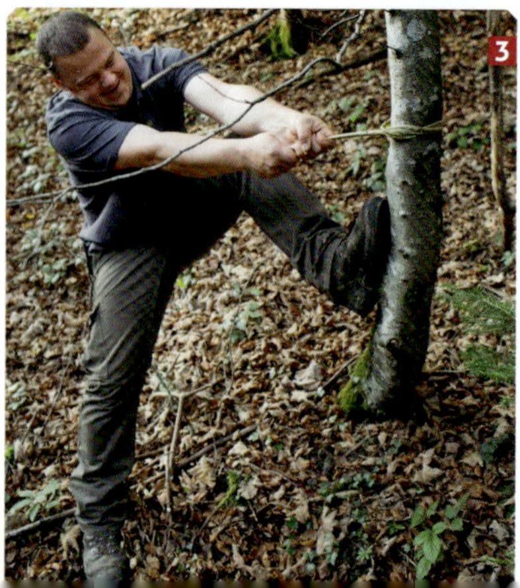
3

Brombeere

Auch aus Brombeerranken können stabile Seile hergestellt werden. Allerdings müssen zunächst die Stacheln entfernt werden, damit man sich an den Ranken nicht verletzt. Am einfachsten zieht man die Ranken von allen Seiten über eine Steinkante. So können die Stacheln relativ effizient und zuverlässig entfernt werden. Danach klopft man die Ranken mit einem Knüppel oder Stein weich. (Siehe dazu das Video »Seile herstellen Brombeerstauden« auf dem Youtube-Kanal »survival-Kurse«.)

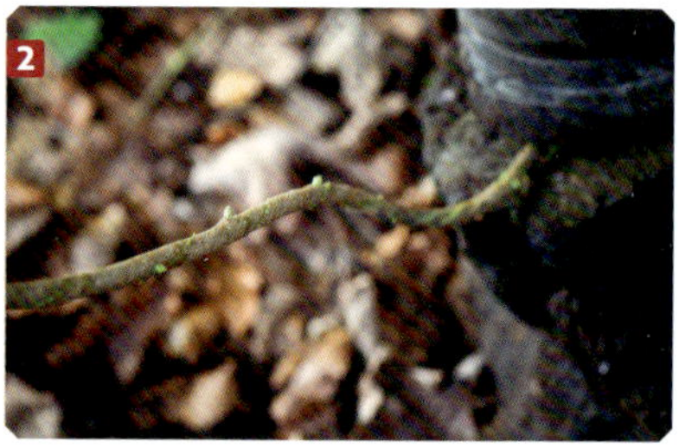
2

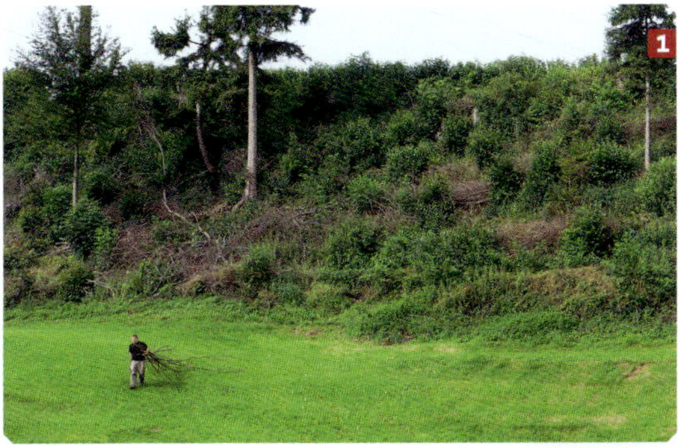

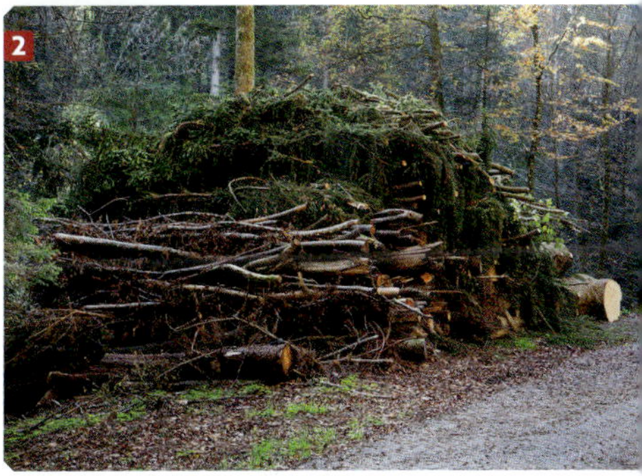

Äste und Bretter

Es ist grundsätzlich verboten, frische Äste von Bäumen abzusägen. Also bleibt uns nichts anderes übrig, als mit Totholz zu arbeiten. Ich hatte in meinem Camp das große Glück, dass rund 250 m Luftlinie und 100 Höhenmeter vom Camp entfernt in einer steilen Böschung Haselsträucher ausgelichtet worden waren 1. So gab es dort mehr als genug Material für alle geplanten Bauten. Allerdings mussten wir das ganze Material einen sehr steilen und rutschigen Wildwechsel hinunter zum Camp schleppen. Es lohnt sich also, die Wahl des Standorts eines Camps eher nach der nahen Verfügbarkeit der Baumaterialien auszurichten als nach der schönen Lage.

Flüsse führen bei starkem Hochwasser Holz mit sich fort. Diese Baumstämme werden oft in engen Kurven nach außen getragen, lagern sich am Ufer ab und stauen alle folgenden Hölzer, Äste und Stämme. An solchen Plätzen kann der Bushcrafter viel Material für sein Camp finden. Auch Forstplätze 2 sind natürlich ergiebige Material-Fundgruben.

In der Wildnis Bretter für einen Tisch, ein Regal oder ein Schindeldach zu finden, ist hingegen kein einfaches

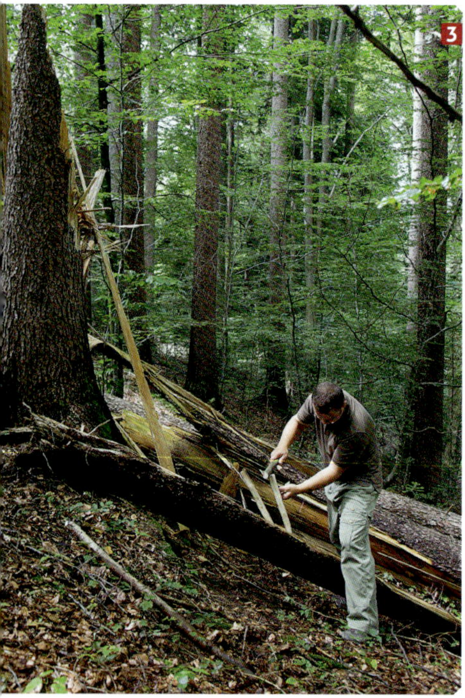

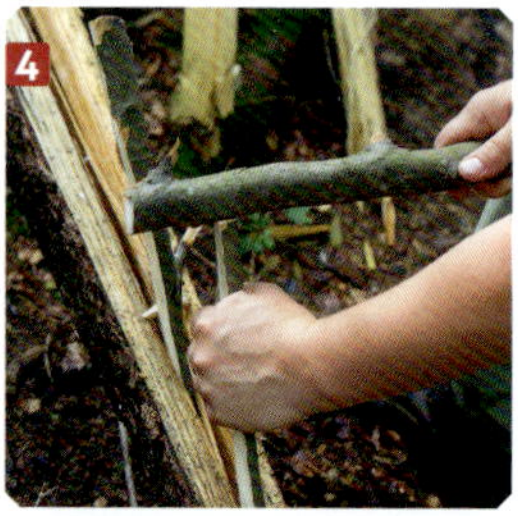

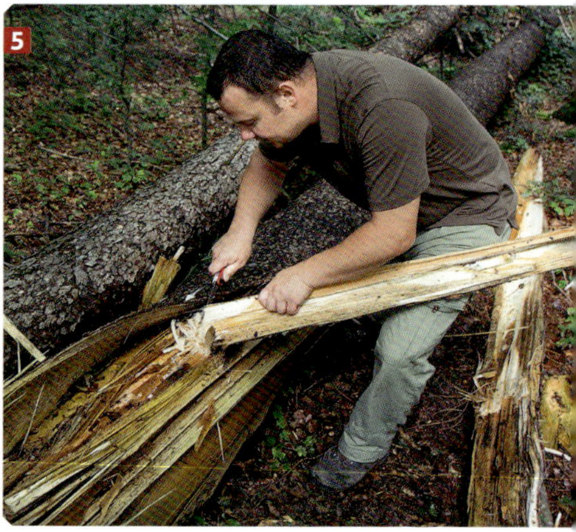

Unterfangen. Die Möglichkeiten, mit einem Taschenmesser oder mit Spaltkeilen die brettähnlichen Holzbruchstücke zu bearbeiten, sind ebenfalls beschränkt (3, 4, 5). Darum ist man auf einigermaßen flache und dünne Fundstücke angewiesen. Solche natürlichen Bretter findet man vor allem an gebrochenen Baumstämmen, wenn diese zum Beispiel durch Schneelasten oder starke Winde abgeknickt sind. Oft ragen an den Strünken solcher Bäume meterlange Bruchstücke in den Himmel (6, 7). Eine andere gute Fundstelle für solche Bretter ist an alten, morschen Tannen-Baumstrünken. Der Innenteil dieser Strünke ist weich und modrig, während die äußersten Jahresringe oft noch stabil sind, weil dort Harz eingelagert ist. Diese stabilen Teile können manchmal recht einfach mit Keilen abgespalten werden 8.

6

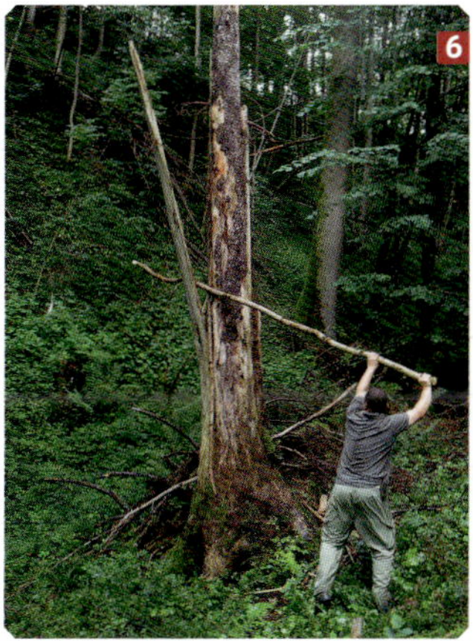

7

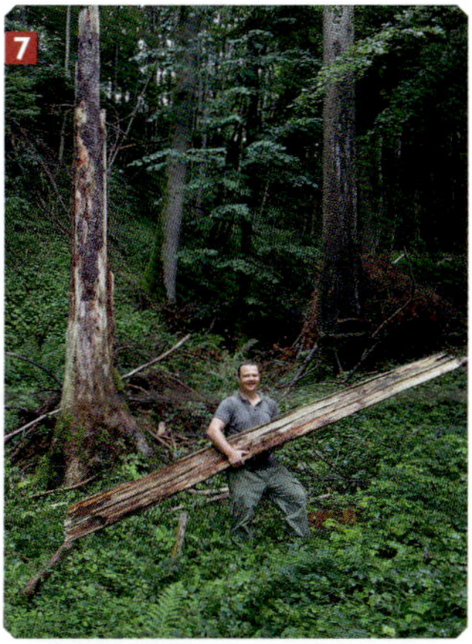

8

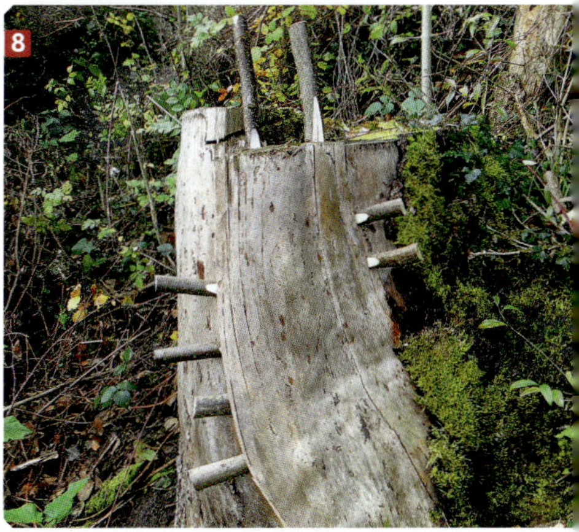

UMGANG MIT DEM TASCHENMESSER

Geeignete Taschenmesser

Für die Projekte in diesem Buch wurden Hölzer von höchstens 8 cm Durchmesser verwendet. Um solche und auch etwas kleinere Durchmesser zu bearbeiten, empfiehlt sich ein Victorinox-Taschenmesser aus der 111-mm-Serie oder aus der 130-mm-Delémont-Kollektion. Wenger-Taschenmesser aus der 130-mm-Ranger-Serie sind selbstverständlich auch geeignet. Für die Projekte in diesem Buch wurde das Victorinox »Ranger Grip 79« verwendet, das nach drei Monaten intensiver Nutzung durchweg positive Erfahrungen brachte.

Die neun Sicherheitsregeln

Für das Schnitzen mit Kindern gibt es klare Regeln. Auch erwachsene Personen tun gut daran, sich in ihrer Vorbildfunktion an die Regeln zu halten, insbesondere wenn sie mit Kindern zusammen sind.

Ich schnitze immer mit einer scharfen Klinge.

Scharfe Messer können präziser geführt werden, sie greifen besser, und es kann mit weniger Kraftaufwand gearbeitet werden. Stumpfe Messer bedeuten eine große Gefahr, da mehr Kraft aufgewendet werden muss und die Klinge leicht abrutscht. Damit die Schneide scharf bleibt, darf mit ihr nicht auf Stein, Metall oder Glas geschnitten werden, da das jede Klinge schnell stumpf macht. Die Klinge des Taschenmessers steckt man nie in den Boden.

Wer schnitzt, der sitzt.

Schnitzen erfordert ungeteilte Aufmerksamkeit. Sobald man aufsteht, klappt man das Messer ein. Wenn man beim Gehen mit aufgeklapptem Messer ausrutscht oder stolpert, hat man die Klinge nicht mehr unter Kontrolle und kann sich so selbst gefährliche Stich- und Schnittverletzungen zufügen.

Ich halte ausreichend Abstand zu anderen Personen.

Um zu überprüfen, ob genügend Abstand zur nächsten Person ist, kann man die Arme ausstrecken und sich einmal drehen. Wenn man niemanden berührt, ist genug Platz.

Ich führe die Messerklinge beim Schnitzen immer vom Körper weg und von der Hand, die das Holz hält.

Nie in Richtung Hand oder Körper schneiden. Das sollten nur erfahrene Benutzer tun, die sehr geschickt im Umgang mit dem Taschenmesser sind.

Es ist immer nur ein Werkzeug ausgeklappt.

Alle Teile des Taschenmessers, die gerade nicht benutzt werden, werden eingeklappt. An diesen anderen Werkzeugteilen könnte man sich verletzen.

Ich stecke mein Messer immer gleich weg, wenn ich es nicht mehr brauche.

Eine offene, herumliegende Messerklinge ist gefährlich, weil man sich selbst oder eine andere Person sich daran verletzen kann.

Ich übergebe das Taschenmesser immer mit eingeklappter Klinge.

Um Gefahren zu vermeiden, sollte das Taschenmesser nach Möglichkeit mit eingeklappter Klinge weitergereicht werden.

Ich ritze oder säge keine Bäume und andere Pflanzen an.

Die Rinde eines Baums dient nicht dazu, ein Herz oder einen Namen einzuritzen. Wie die Haut für den Menschen dient die Rinde dem Baum vor allem als Schutz. Über die Bastschicht unmittelbar unter der Rinde werden aber auch die vom Baum benötigten Nährstoffe transportiert.

Das Messer ist ein Werkzeug und keine Waffe.

Andere Menschen oder Tiere dürfen niemals mit dem Taschenmesser bedroht oder verletzt werden.
Das Taschenmesser ist auch kein Wurfmesser.

Auf- und Einklappen der Werkzeuge

Das in diesem Buch verwendete Victorinox Ranger Grip 79 ist ein Einhandmesser. Das bedeutet, dieses Messer kann mit einer Hand geöffnet und auch wieder einhändig eingeklappt werden. Natürlich können Sie ein Einhandmesser auch mit beiden Händen öffnen und schließen. Ich beschreibe aber ganz bewusst die Technik mit einer Hand. Wer sein Messer mit einer Hand bedienen kann, hat die andere Hand frei, um etwas zu halten oder zu fixieren.

Aufklappen

Zum Öffnen halten Sie das Messer in der rechten Hand. Legen Sie die Daumenkuppe in die Öffnungshilfe 1. Nun können Sie die Klinge ausklappen, indem Sie mit dem Daumen eine Halbkreisbewegung im Uhrzeigersinn ausführen 2, 3, 4.

Einklappen

Halten Sie das Messer in der rechten Hand und drücken Sie mit dem Daumen auf den Entriegelungsknopf, das Victorinox-Schild auf der Griffschale. Mit dem Zeigefinger derselben Hand stoßen Sie die Klinge an der Daumenrampe etwa 90 Grad in Richtung Gehäuse 5. Mit dem Daumen lässt sich das Messer nun den restlichen Weg zurück in den Messerschacht drücken.

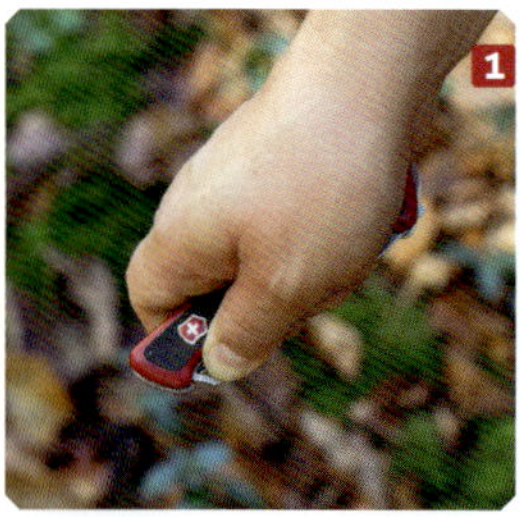

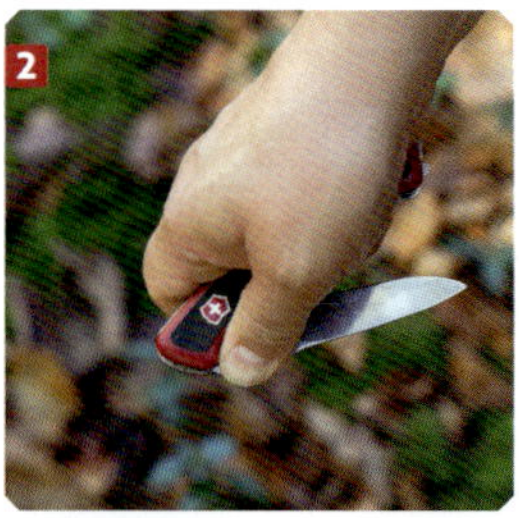

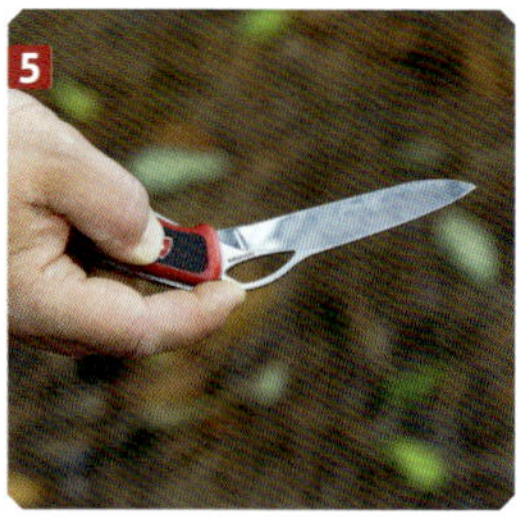

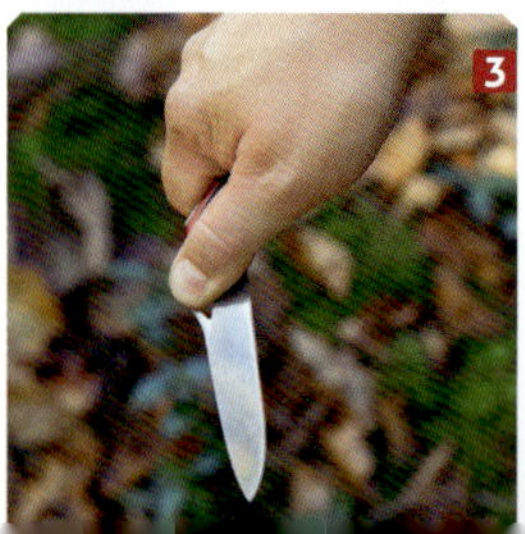

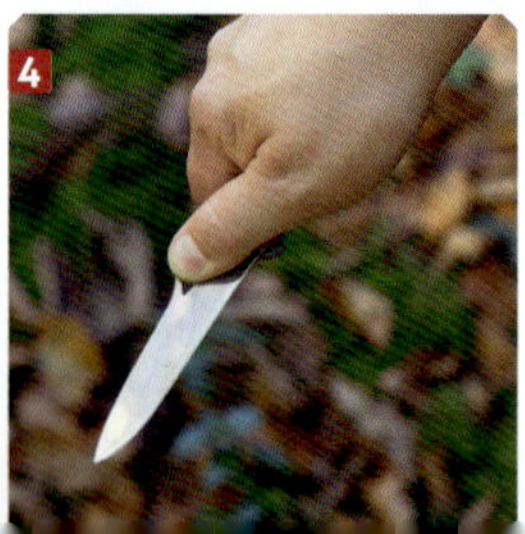

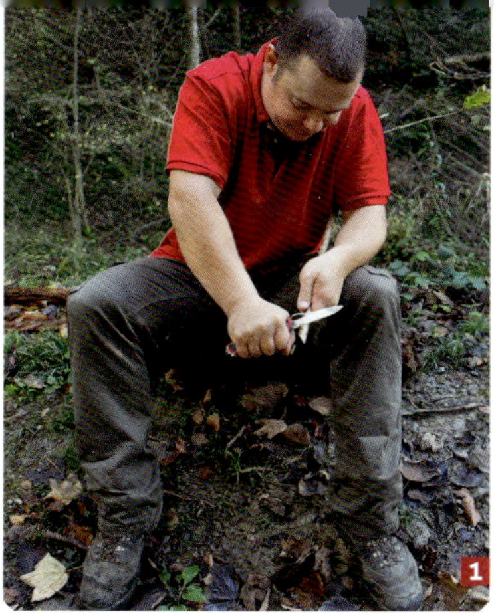

Korrekte Haltung beim Schnitzen

Wer schnitzt, der sitzt! Diese Grundregel sollte beim Schnitzen stets beachtet werden. Lassen Sie sich auf einer soliden Sitzgelegenheit nieder. Stellen Sie die Füße etwas mehr als schulterbreit auf dem Boden ab. Schnitzen Sie vor den gespreizten Beinen oder seitlich der Beine. Halten Sie das Werkstück im hinteren Bereich fest und stützen Sie den Unterarm der ruhenden Hand oberhalb des Knies ab 1. Das gibt Ihnen beim Halten des Werkstücks mehr Stabilität. Die Hand, die das Holz festhält, befindet sich immer hinter dem Messer – auf keinen Fall davor. Die Schnitzbewegung erfolgt in Richtung Boden. Die Auslaufbewegung des Messers muss ins Leere gehen. Schnitzen Sie nie gegen die Oberschenkel in Richtung Schoß; auf der Schenkelinnenseite verlaufen Blutbahnen, die sehr viel Blut transportieren! Der Schnitzbereich liegt immer vor den Knien.

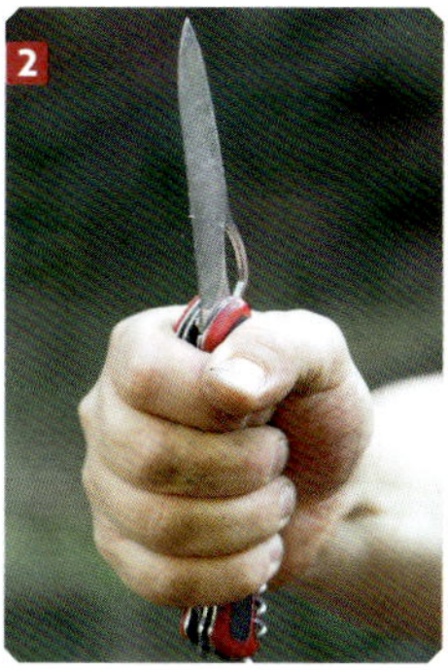

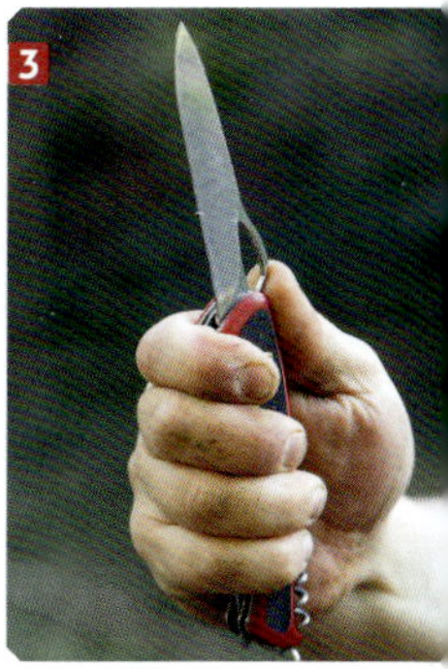

Der Faustgriff

Um die Kraft des Arms optimal auf die Schneidekante zu übertragen, muss das Messer fest in der Hand sitzen. Viele Personen nehmen das Messer zu zaghaft in die Hand und halten es nur lose in der Faust. Um effizient und sicher schnitzen zu können, ist ein kräftiges, aber nicht verkrampftes Fassen des Griffes notwendig. Halten Sie das Messer nicht zu weit hinten am Griff, denn dadurch verlieren Sie an Kraftübertragung. Wenn nur noch ein kleines Stück der Griffschalen vorne aus der Faust herausschaut, ist die Messerhaltung korrekt 2.

Der Faustgriff ist der Grundgriff beim Arbeiten mit Taschenmesserklingen. Um mehr Gefühl für die Schnittbewegung zu bekommen oder für eine größere Hebelkraft legen manche Leute zusätzlich ihren Daumen auf den Messerrücken 3. Probieren Sie aus, was Ihnen liegt!

Der Grobschnitt

Der Grobschnitt ist eine oft angewendete, grundlegende Schnitztechnik, mit der ein Anfänger beginnen sollte. Hier zieht man das Messer mit Kraft von sich weg durch die abzutragende Stelle, bis das Messer wieder aus dem Werkstück austritt.

Der Grobschnitt dient zur ersten groben Formgebung oder wenn viel Material abzutragen ist. Die lange Schneide der großen Klinge kann beachtliche Späne produzieren. Beim Grobschnitt wird ein Maximum an Kraft auf die Schneidekante übertragen. Für feinere Arbeiten eignet sich der Grobschnitt nicht, weil sich die Schnittbewegung nicht gut dosieren oder stoppen lässt.

Effizient ist der Schnitt dann, wenn sich die Schneidekante während der Vorwärtsbewegung auch längs vom Griff bis zur Klingenspitze bewegt.

Halten Sie das Messer im Faustgriff. Setzen Sie die Klinge flach und so nahe wie möglich am Messergriff auf das Werkstück. Während der Druckbewegung von Ihrem Körper weg ziehen Sie gleichzeitig die Klinge so durch das Werkstück, dass sie sich im Lauf der Bewegung vom Griff bis zur Spitze verschiebt 1, 2, 3, 4.

Übung: Ast schälen oder Astende anspitzen

Eine klassische Anwendung des Grobschnitts ist das Schälen einer Baumrinde oder das Anspitzen eines Astendes.

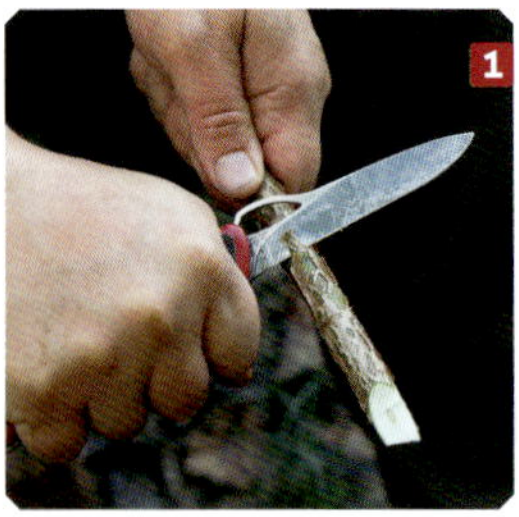

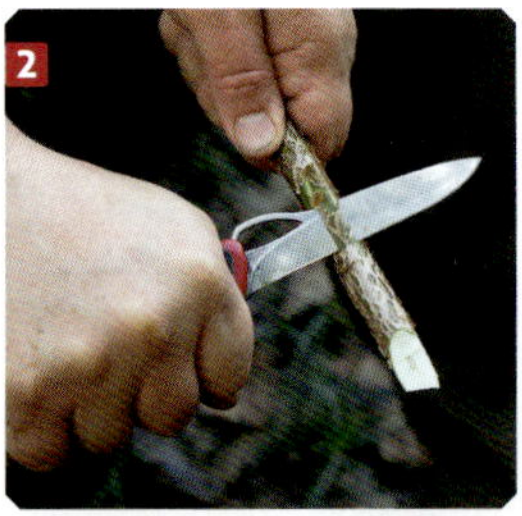

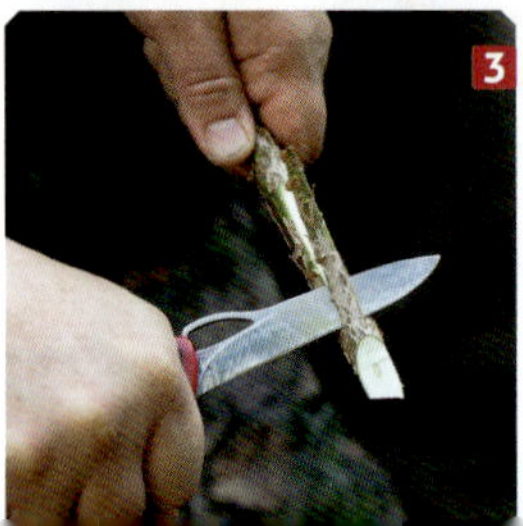

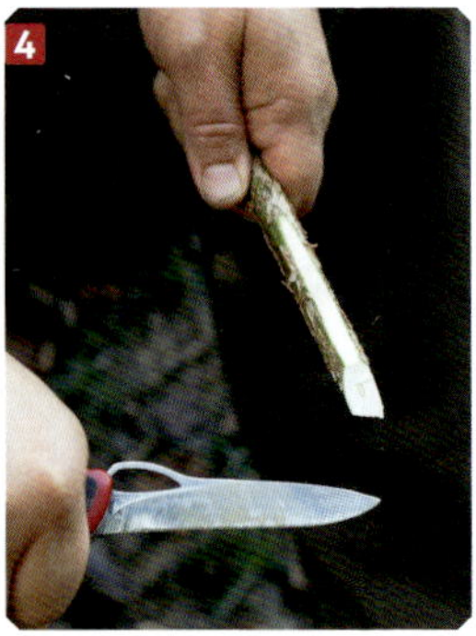

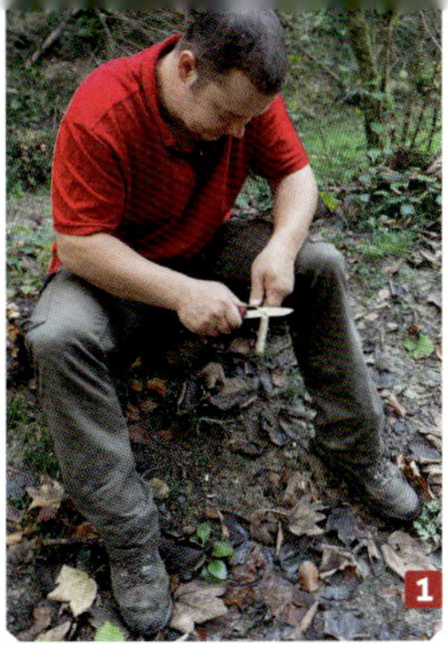
1

Der Feinschnitt

Achten Sie auch beim Feinschnitt auf korrekte Sitzhaltung 1. Bei dieser Technik wird die Klinge nicht mit der Führungshand durch das Holz gedrückt. Beim Feinschnitt wird das Messer am Messerrücken durch den Daumen der Hand, die das Werkstück hält, nach vorne gedrückt. Diese Technik ermöglicht ein sicheres und exaktes Führen der Klinge. So kann ein Schnitt punktgenau gestoppt werden. Der Feinschnitt eignet sich zum Beispiel, um eine Kerbe zu schnitzen. Vor dem Ausführen des Feinschnitts setzt man die Messerklinge rechtwinklig auf das Werkstück und führt einen Stoppschnitt aus 2. Beim Feinschnitt hält man das Werkstück wenige Zentimeter hinter der Bearbeitungsstelle fest. Der Daumen der Hand, die das Werkstück hält, drückt auf den Klingenrücken. Das Messer dringt ohne Seitwärtsbewegung bis zum Stoppschnitt vor 3, 4, 5. Wiederholen Sie diesen Vorgang, bis die Kerbe tief genug ist.

Bringen Sie zuerst die Begrenzungsschnitte an, bevor Sie mit der Feinschneidetechnik eine Verzierung oder ein Rindenmuster schnitzen wollen.

Übung: Schnitzen eines Rindenmusters

Um eine ringförmige Verzierung zu schnitzen, schneidet man zuerst zwei umlaufende Begrenzungsschnitte im gewünschten Abstand in die Rinde bis auf das Kernholz. Die Einschnitte verhindern, dass man beim Ablösen der Rinde über die Begrenzung hinausschnitzt. Die Klinge wird an der näher liegenden Kerbung angesetzt und die Rinde bis zur vorderen Begrenzung gelöst. Wichtig dabei ist, dass man die Klinge flach hält.

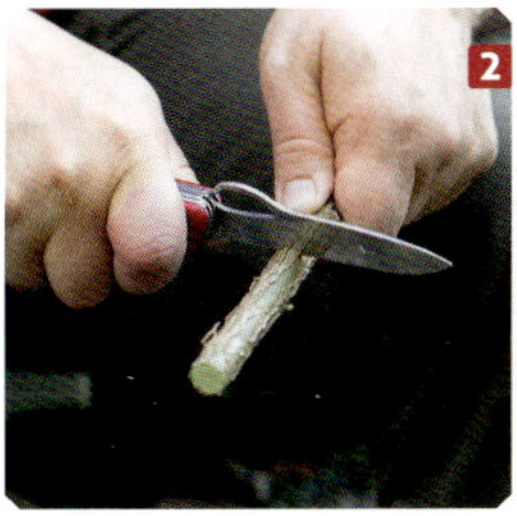
2

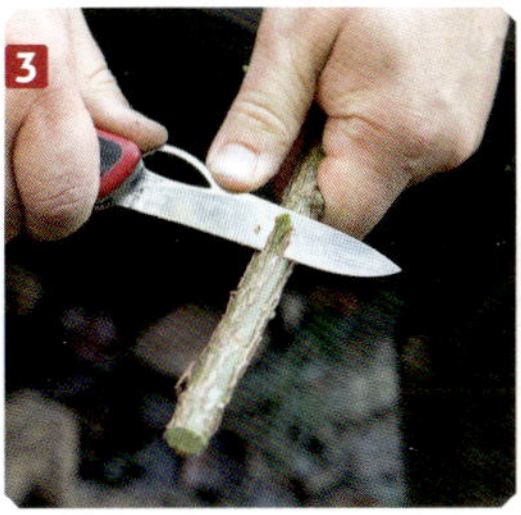
3

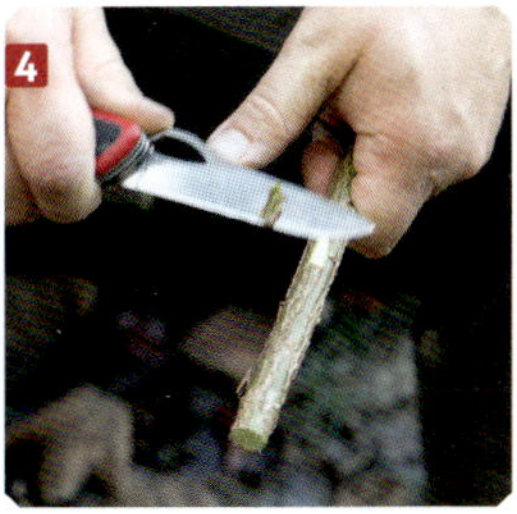
4

Das Spalten

Um bei nasser Witterung an trockenes Feuerholz zu gelangen, müssen einige Äste der Länge nach gespaltet werden. Das Spalten von Ästen ist auch für mache Schnitzprojekte erforderlich. Um Äste zu spalten, eignen sich Messer mit einer feststehenden Klinge besser als ein Taschenmesser. Mit einem Taschenmesser lassen sich Äste mit einem Durchmesser bis 2,5 cm spalten. Bei allen größeren Durchmessern empfiehlt es sich, das Messer lediglich bis zum Messerrücken ins Holz zu treiben und danach mit einem Holzkeil weiter zu spalten. Zur Herstellung von Holzkeilen siehe Seite 28.

Zum Spalten stellt man den abgelängten Ast auf eine feste Unterlage (z. B. Baumstrunk). Die Klinge wird genau im Mark angesetzt **1**. Mit einem Schlagstock schlägt man vorsichtig auf den Klingenrücken, bis das Messer im Holz verschwindet. Die Schläge treffen den Klingenrücken genau über dem zu spaltenden Holz. Wenn der Messerrücken im Holz verschwunden ist, wird das Messer mit vorsichtigen Schlägen auf die vordere Klingenhälfte weiter vorangetrieben **2**. Dabei reißt im Idealfall das Holz entlang des Marks fortwährend ein **3**.

Sägen mit der Holzsäge

Die Holzsägen der Victorinox-Taschenmesser sind sehr scharf geschliffen. Wenn die Säge nicht in Gebrauch ist, sollte sie aus Sicherheitsgründen immer eingeklappt sein. Obwohl die Taschenmessersägen sowohl bei Stoß- als auch bei Zugbewegung sägen, empfiehlt es sich, vor allem die Zugbewegung zu nutzen. Arbeiten Sie ohne übermäßigen Druck, und lassen Sie die scharf geschliffenen Zähne für Sie arbeiten.

Hilfsmittel zur Fixierung des Werkstücks

Zur Unfallverhütung beim Sägen mit dem Taschenmesser soll das Werkstück so fixiert sein, dass es sich beim Sägen nicht bewegt. Am sichersten ist diese Fixierung, wenn Sie das Werkstück in einen Schraubstock einspannen oder wenn Sie das Werkstück mit einer Schraubzwinge an einer stabilen Unterlage befestigen.

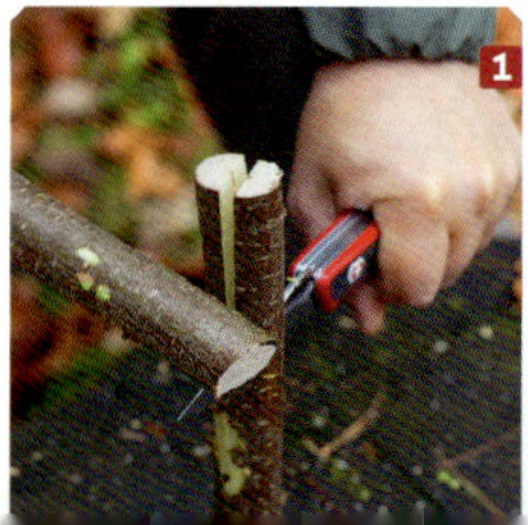

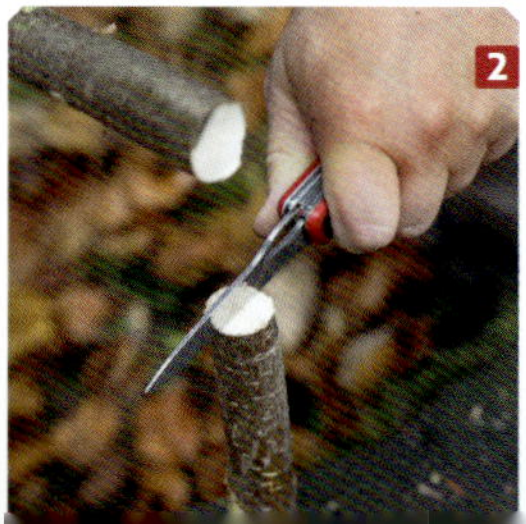

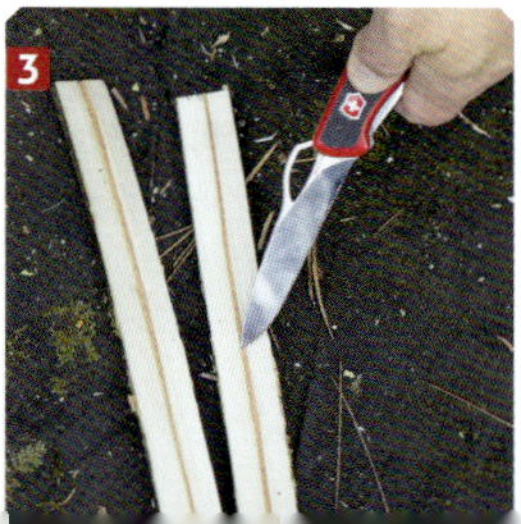

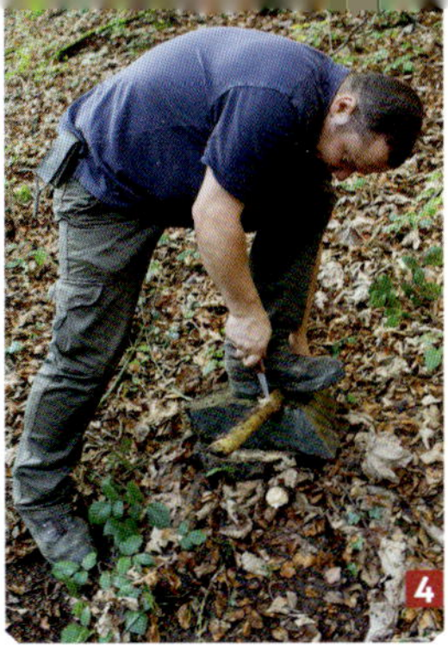

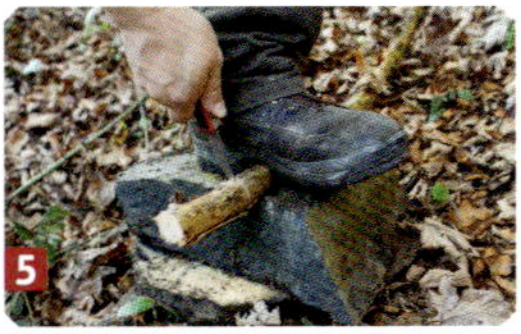

Fixierung des Werkstücks ohne technische Hilfsmittel

Wenn kein Schraubstock oder Ähnliches zur Verfügung steht, pressen Sie das Werkstück immer gut auf eine feste Unterlage. Das kann ein großer, flacher Stein sein, eine kleine Mauer oder ein Baumstrunk. Wenn Sie das Werkstück gegen einen Absatz oder in eine kleine Vertiefung drücken, ist es auch gegen horizontales Verrutschen gesichert.

Wenn Sie das Werkstück unter dem Schuh fixieren, können Sie mit Ihrem Körpergewicht einen hohen Pressdruck aufbauen und es besteht keine Gefahr, dass Sie sich in die Haltehand schneiden 4. Der Fuß ist durch den Schuh geschützt 5.

Bohren und Stechen mit der Ahle

Die Ahle kann für diverse Anwendungen sehr nützlich sein. Sie kann bohren, stechen, auskratzen, entstopfen, reinigen, vorbohren und sogar nähen und lässt sich auf sehr unterschiedlichen Werkstoffen anwenden, zum Beispiel Leder, Karton, Kunststoff, Speckstein, Aluminium und natürlich Holz.

Die Ahle von Victorinox hat eine Schneidekante, die im Uhrzeigersinn arbeitet. Sie schneidet sich ins Material, arbeitet also spanabhebend 6. Die Ahle hat zudem ein Loch. Damit können mit einer Sehne oder einem Faden geeignete Materialien durch eine grobe Naht verbunden werden.

Die ausgeklappte Ahle wird zwischen Daumen und Zeigefinger festgehalten 6, 7. So hat man eine gute Kontrolle über das Werkzeug. Wenn Sie die Ahle mit Daumen und Zeigefinger stützen, spüren Sie auch sofort, wenn die Ahle zum Einklappen neigt. Vorsicht: Durch unkontrolliertes Einklappen der Ahle kann man sich verletzen.

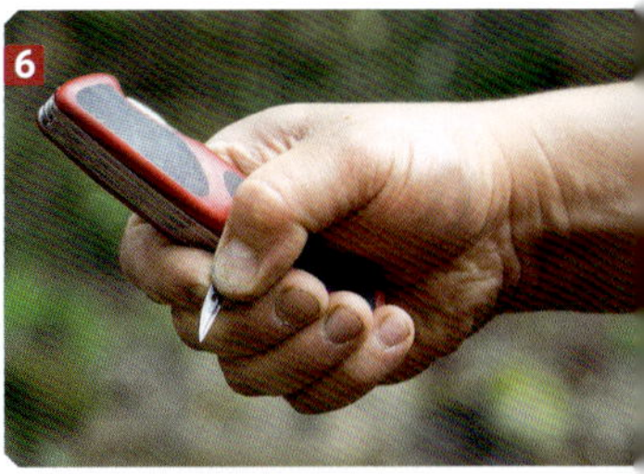

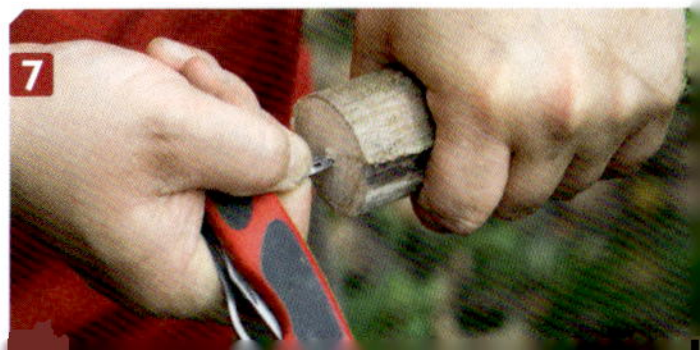

GESETZLICHE ASPEKTE, VERHALTENSREGELN UND STANDORT DES LAGERS

Ist es erlaubt, im Wald zu übernachten?

Während wildes Campieren im Zelt in Deutschland und Österreich verboten ist, gibt es in der Schweiz kein generelles Verbot. Jedoch können auf Gemeindeebene spezielle Vorschriften gelten. Außerhalb von Schutzgebieten und ohne explizite behördliche Verbote ist in der Schweiz rücksichtsvolles Campieren oder Biwakieren in Waldgebieten in der Regel möglich, zumindest wenn es sich um eine einzige Übernachtung einer kleinen Anzahl von Personen handelt. Meiden Sie Schutzgebiete, Feuchtbiotope, Moorlandschaften, Auen, Waldweiden, Jungwald, Wildwechsel oder Bereiche mit vielen Wildspuren (Tierbauten, Trittsiegel, Kot). Denn diese Zonen sind Lebensräume, in denen sich die Tiere gerne aufhalten. Wenn Sie Ihr Lager auf Privatgrund aufschlagen wollen, ist eine vorherige Absprache mit dem Grundbesitzer zu empfehlen. Bewegen Sie sich wenn immer möglich auf vorhandenen Wegen oder auf belastbarem Untergrund wie Felsen, Geröll oder übersichtlichem, unbewachsenem Waldboden. Passen Sie Ihre Liegestätte der Natur an und nicht umgekehrt. Gute Lagerplätze werden gefunden und nicht gemacht!

»Leave no trace« – Hinterlasse keine Spuren

Immer mehr Menschen betreiben neue Hobbys, die in der Natur stattfinden, zum Beispiel Geocaching, Canyoning, Kajaken, Mountainbiken, Walking, Freeriden, Skitouren oder Survival. Auch traditionelle Hobbys wie Wandern, Klettern, Pilzesammeln, Strahlen (Kristalle suchen) oder Goldwaschen erleben eine Renaissance und sind beliebter denn je. Dieser an sich erfreuliche Trend birgt für die Natur aber auch Gefahren. Denn beim Ausführen dieser Hobbys stoßen die Menschen immer öfter und immer weiter in sensible Naturzonen vor. Auch für Bushcrafter ist in der unberührten Natur, wo man ungestört ist und Tiere beobachten kann, das Erlebnis oft am schönsten. Doch genau von diesen naturbelassenen Lebensräumen gibt es immer weniger, weswegen diese Gebiete besonders schützenswert sind. Unter dem Schlagwort »Leave no trace« werden einige grundsätzliche Regeln zusammengefasst, die es zu beachten gilt.

Schutz der Landschaften und Pflanzen

Handeln Sie so, dass sensible Lebensräume von Pflanzen und Tieren durch die Mitnutzung des Menschen nicht aus dem ökologischen Gleichgewicht gebracht werden. Brechen oder sägen Sie zum Beispiel nicht unnötig Äste ab, ritzen Sie keine Baumrinden ein. Pflücken oder zerstören Sie nicht unnötig Pflanzen. Beim Sammeln von Pflanzen für den Verzehr oder als Heilmittel ist darauf zu achten, dass man an einem Ort nicht alle Pflanzen derselben Art erntet. Lassen Sie immer ein paar Pflanzen stehen. Geschützte Pflanzen dürfen nicht gepflückt werden. Wenn Sie nach einem Aufenthalt oder einer Übernachtung den Platz wieder verlassen, sollten Sie möglichst alle Spuren beseitigen.

Schutz der Tiere

Landschaften mit einem guten Angebot an Nahrung und Deckung sowie wenig Störungen sind die wichtigste Grundlage für das Leben der Wildtiere. Beobachten Sie Tiere nur aus der Entfernung, verfolgen Sie sie nicht. Füttern Sie keine Tiere. Fütterung schadet den Tieren, verändert ihr natürliches Verhalten und macht sie angreifbarer, weil sie ihre natürliche Scheu verlieren. Seien Sie besonders rücksichtsvoll während der Zeiten, in denen die Tiere Nester bauen, brüten, Junge aufziehen und auch im Winter. Vermeiden Sie jede Störung der Tiere, und verändern Sie nichts an Tierbehausungen. Seien Sie leise, lassen Sie den Geräuschen der Natur die Oberhand und halten Sie Ihren Hund unter Kontrolle!

Feuer im Wald

In Deutschland und Österreich gilt ein generelles Feuerverbot in Wäldern, außer auf öffentlich ausgewiesenen

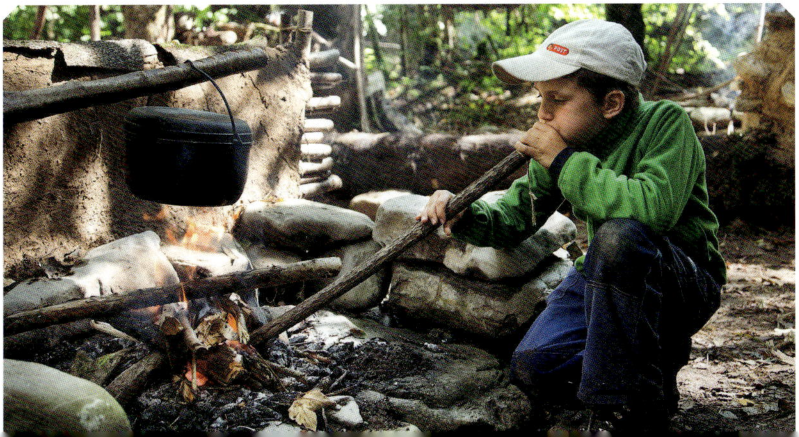

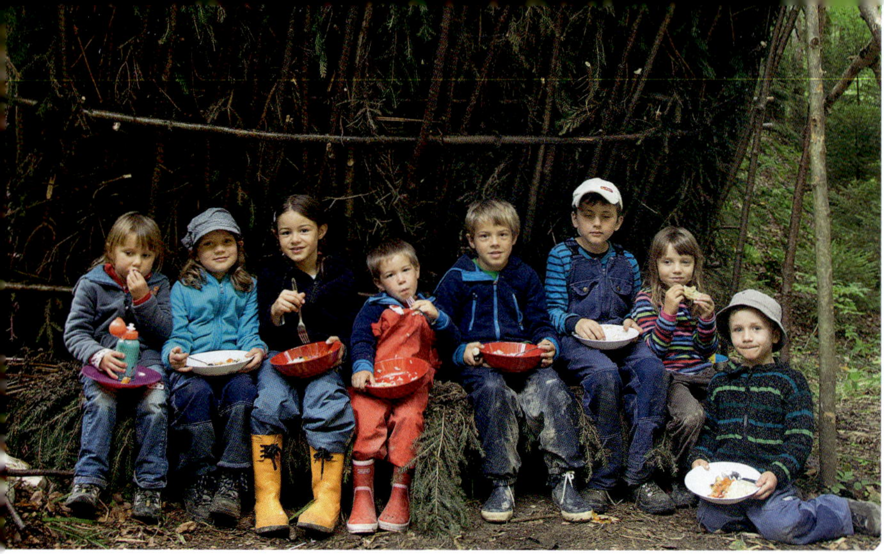

Feuerstellen. In der Schweiz sind unter Anwendung der gebotenen Vorsichtsmaßnahmen kleine Feuer gestattet. Auf Kantons- und Gemeindeebene können aber auch andere Regelungen gelten. Informieren Sie sich in jedem Fall über die aktuelle Waldbrandgefahr! Verzichten Sie bei starkem Wind – wegen des Funkenflugs – auf Feuer. Benutzen Sie wenn möglich bereits vorhandene Feuerstellen. Lassen Sie das Feuer nie unbeaufsichtigt und lassen Sie es vollständig abbrennen, bis nur noch Asche übrig ist. Löschen Sie das Feuer immer mit ausreichend viel Wasser. Das Feuer kann sich durch Glimm- und Schwelbrand auch über die Wurzeln unterirdisch weiterverbreiten. Auf dem Waldboden hinterlässt das Feuer eine Narbe. Gaskocher, Benzinkocher, Holzgaskocher, Hobokocher, Esbitkocher, Notkocher und dergleichen sind zum Erwärmen einer Mahlzeit einem offenen Feuer vorzuziehen, weil sie bei sachgemäßer Anwendung sicherer sind und weniger Schaden in der Natur hinterlassen. (Kai Sackmann, der deutsche Bushcraft- und Survival-Profi, erklärt auf seiner Homepage die rechtliche Situation zum Thema »Feuer machen im Wald« in Bezug auf Deutschland in einem empfehlenswerten Video.)

Keinen Abfall hinterlassen

Es ist selbstverständlich, dass Sie allen angefallenen Müll wieder einpacken und mit nach Hause nehmen. Anders ausgedrückt: Alles, was Sie in die Natur tragen, tragen Sie auch wieder zurück. Es ist lobenswert, wenn Sie zusätzlich sogar noch den Müll einsammeln und entsorgen, den andere liegen gelassen haben. Überflüssiges Verpackungsmaterial Ihres Proviants entsorgen Sie am besten schon zu Hause.

DANK

An der Entstehung dieses Buches waren viele Personen und Institutionen mit großem Engagement und Wohlwollen beteiligt. Mein Dank richtet sich an alle, die zum Gelingen dieses Buches beigetragen haben.

Matthew Worden Der vielleicht beste Bushcraft-Fotograf aller Zeiten! Er war während diesen fünf Monaten nicht nur mein Fotograf, sondern auch Bauhandwerker, Troubleshooter, Motivator und Freund. www.matthewworden.com

Meine Frau Silvia Ohne deine Bereitschaft, während der Projektmonate den Haushalt und die Betreuung unserer Kinder beinahe im Alleingang zu meistern, wäre dieses Projekt nicht möglich gewesen.

Victorinox Ein großes Dankeschön richtet sich an Victorinox. Ich schätze die Offenheit und das Vertrauen meines Arbeitgebers außerordentlich. www.victorinox.com

Andi Thiel Danke, lieber Andi, für deinen großartigen Einsatz als Bushcraft-Lektor! Youtube-Kanal: Andi1878

Remo Gugolz Danke Remo, alter Kumpel, für deine fachliche Unterstützung! www.buchhorn.ch, Youtube-Kanal »Erlebnisgarten Buchhorn«

Taro Mit dir einen Freund aus der Szene zu haben, mit dem ich jederzeit Bushcraft-Themen erörtern konnte, war superwertvoll. www.swissbushcraft.ch, Youtube-Kanal »Taromovies«

Roman und Karin Brülisauer Besten Dank, dass ihr mir das Vertrauen geschenkt habt und ich auf eurem wunderschönen Waldstück mein Camp errichten durfte.

Johannes Vogel Danke für die Erlaubnis, die Leser zum Thema »Schlafen in Freien« auf deine Wissensdatenbank verweisen zu dürfen. www.vivalranger.com

Reini Rossmann Danke für das Gespräch zum Buchtitel. www.ueberlebenskunst.at, Youtube-Kanal »Reini Rossmann«

Peter Wörner Vielen Dank, lieber Peter, für die Inspiration zur Kastanienseife. www.abenteuer-ueberleben.com, Youtube-Kanal »Wolfs Zeit«

Sepp Fischer Dank für die Inspirationen aus deinem Youtube-Video »Stein Hammer«. www.waldhandwerk.de, Youtube-Kanal »Waldhandwerk«

Kai Sackmann Lieber Kai, danke für die Erlaubnis, deine Videos zum Thema Feuer und Übernachten im Wald verlinken zu dürfen. www.kaisackmann.de

Regina Freiburghaus, Natur- und Umweltpädagogin aus Wittnau. Danke für die Inspiration zum Spaghettischöpfer.

Pipapi und Grosi Besten Dank für eure Unterstützung und die Hüte-Einsätze während des Projekts!

Roger Kluser und Familie, Rubel U. Vetsch und Familie, Holderschwendi-Clan, Matthias und Michele Suhner Vielen Dank für die spontane Zusage zum Shooting.